舒雨帆 编著

从碎片化知识到训练体系的构建

如何设计
健身计划

How To Design

A FITNESS PLAN

人民邮电出版社

北京

图书在版编目（CIP）数据

如何设计健身计划：从碎片化知识到训练体系的构
建 / 舒雨帆编著. -- 北京：人民邮电出版社，2024.8
ISBN 978-7-115-60787-4

Ⅰ. ①如… Ⅱ. ①舒… Ⅲ. ①健身运动—运动训练
Ⅳ. ①G883.2

中国国家版本馆CIP数据核字（2023）第031360号

免责声明

本书内容旨在为大众提供有用的信息。所有材料（包括文本、图形和图像）仅供参考，不能用于对特定疾病或症状的医疗诊断、建议或治疗。所有读者在针对任何一般性或特定的健康问题开始某项锻炼之前，均应向专业的医疗保健机构或医生进行咨询。作者和出版商都已尽可能确保本书技术上的准确性以及合理性，且并不特别推崇任何治疗方法、方案、建议或本书中的其他信息，并特别声明，不会承担由于使用本出版物中的材料而遭受的任何损伤所直接或间接产生的与个人或团体相关的一切责任、损失或风险。

内 容 提 要

本书是一本全面而深入的健身指导书。小红书人气健身教练舒雨帆凭借十年丰富的健身教练经验、深入解析和独到见解，为读者精心构建了一套科学、系统的设计健身训练计划的体系框架。

本书全面涵盖了训练、营养、恢复等新手和教练都需要的健身基础知识。同时，它还系统介绍了如何根据个人体质和目标，量身定制训练计划，以及如何通过合理的饮食与运动的结合，达到最佳的健身效果。书中详细解答了众多健身爱好者在健身过程中遇到的常见问题，着重培养读者的独立思考能力，帮助读者在纷繁复杂的健身信息中，提炼出真正适合自己的训练理念和方法。

无论你是健身新手，还是资深教练，都能从中获得宝贵的知识和启发，实现自我提升和突破。

◆ 编　著　舒雨帆
　　责任编辑　裴　倩
　　责任印制　马振武

◆ 人民邮电出版社出版发行　　北京市丰台区成寿寺路 11 号
　　邮编　100164　　电子邮件　315@ptpress.com.cn
　　网址　https://www.ptpress.com.cn
　　北京七彩京通数码快印有限公司印刷

◆ 开本：700×1000　1/16
　　印张：16.75　　　　　　　　　　2024 年 8 月第 1 版
　　字数：277 千字　　　　　　　　2025 年 9 月北京第 7 次印刷

定价：99.00 元

读者服务热线：(010)81055296　印装质量热线：(010)81055316
反盗版热线：(010)81055315

PREFACE 序

　　中国的竞技体育训练中心里拥有一批世界上最好的教练，他们培养出了一些世界上最优秀的奥运选手。特别是中国举重队，是近年来最具统治力的团队之一，这一情况全世界的人都看在眼里。除了在最高竞技水平上的出色表现，这些运动员还拥有令人难以置信的体格，那种体格是我们每个健身人都想要的（无论他们是否公开承认）。

　　然而，那些被掌握在专业训练中心里的知识似乎并未很好地走出精英训练室。这促使我在北京开设了 CrossFit Slash，并且结识了舒。当时我想创建一个健身房，是那种能专注于帮助人们改变生活而不仅仅是收钱的健身房。后来我们的业务发展起来，我们需要更多的教练，舒就是申请者之一。

　　我当时在面试他时很快就意识到了两件事：首先，他会成为一名优秀的教练，我们应该雇佣他；其次，我无法长期留住他。舒显然很有干劲和雄心，他在未来注定会从我们的环境中脱颖而出。现在回过头来看，在这两点上他的确证明了我的判断是正确的。虽然我很难过他离开了我们，但我为他能开设自己的健身工作室而感到骄傲。他也从未停止学习，而这本书就是他的学习成果。

　　那么，为什么你应该读这本书呢？简而言之，这本书可以帮助你作为训练者或教练取得最佳成果。你可以选择浪费时间和金钱，然后试图从这个行业中许多假装专业的人那里自己进行筛选，或者你可以直接阅读这本书，理解舒所阐述的原则，开始获得你想要的成果。

　　舒汇集了来自行业不同领域的知识和智慧，并且用一种易于理解的形式呈现出来。训练、营养、恢复等方面的内容都包括在内，你不需要有博士学位就能理解这些。一切都是为了帮助你能尽快采取行动，这正是帮助你减肥、增肌或者完成自己的第一个俯卧撑所需要的。

蒂姆·希尔（Tim Hill）
CrossFit 在中国的早期推广者

INTRODUCTION 前言

我的经历

在过去 8 年健身训练经验积累的过程中，可以说几乎每一天我都在探索新的训练知识，以便我能更好地为自己和其他人设计健身训练计划。在最开始的时候，我只是希望通过掌握更多的健身训练知识，来帮助自己在健身训练时不再走重复路，花更少的时间达到更好的健身训练效果。我深入研究后发现，探索健身训练知识是一个永无止境的过程，会经历很多自我肯定和自我否定的阶段。如果你也正在经历这样的阶段，这说明你也许正走在进步的路上。

通常，对某件事情完全不了解，你会因意识到自己的无知而保持虚心；而当对某件事情非常了解，你也会因清楚地认识到自身在这件事情上的不足而保持谦虚。而在这两个极端之间，我们会经历各种各样的状态：骄傲、自大、沮丧、迷茫等等。

刚开始接触健身训练的我就是这样的，因为之前完全没有接触过健身训练，没有这方面的专业知识，也不想直接去健身房盲目地训练，所以我就专门花了差不多一个月的时间上网学习如何正确进行健身训练，我希望能一次做好的事情就不做第二次。当时我把社交媒体上一个作者写的各种健身训练文章都整理打印出来，仔细地研究，这样才开始建立起了一些健身训练的理论基础。所以从一开始，我就为自己设计了具体的健身训练计划，甚至还专门设计了一份记录健身训练的表格，用于在训练过程中记录下所有的重量、次数、组数和训练感受。

后来阅读了更多的书籍，我自认为掌握了一些知识，开始在内心轻视健身房里其他的训练者和教练，认为自己知道的才是正确的，其他人都是在"瞎练"。幸好我没有停止学习的脚步，当我了解了新的知识点并且开始质疑之前自认为正确的观念时，我意识到之前自认为正确的想法和判断也不一定正确。

尤其是在正式成为健身教练之后，我有幸受到一名英国教练蒂姆（Tim）的引导，开始接触到更多国外先进的健身训练知识，我的健身训练理念和方法变得更加多元化和丰富。查尔斯·波利金（Charles Poliquin）、本·帕库尔斯基（Ben Pakulski）、保罗·奇克（Paul Chek）、克里斯蒂安·蒂博多（Christian Thibaudeau）、文森特·吉龙达（Vince Gironda）等国际上优秀的教练，都是我学习健身训练知识的榜样。我还从其中的一些教练身上学习了除健身训练知识之外的内容——他们的授课方式、生活方式，以及他们的生活态度。

所以，在不断探索健身训练知识的过程中，我也逐渐得出了自己对于健身训练的独特理解并建立起了个人知识体系。我对自己的认知也越来越清晰，比如我是谁、我能做什么、我想做什么、我为什么要这么做。

为什么写这本书

我开始时是在微信公众号上写关于健身方面的内容。最开始我只是想把一些自己认为正确的健身训练理念和方法分享出来，给自己留下一些实质性的记录。同时，我可以通过微信公众号进行教练工作的宣传，这样陌生人可以有渠道进一步了解我，进而能招募到更多学员。

最初我只是将授课或训练过程中偶尔得到的灵感用文字记录下来。比如有学员告诉我他遇到瓶颈了，我会突然想到以这个话题写一些东西，文章也就随之而来。文章更新频率逐渐提高（我一开始每天更新一篇文章），但我不一定每天都有灵感，于是我就开始了解更多的健身信息，让自己主动寻找写作的灵感。社交媒体上的运动专家、讲解视频、训练文章、不断发现的英文原版训练书籍，以及我专门到外地参加的教练训练课程，都帮助我为持续的知识输出建立了强大的知识储备。

随着知识的不断积累，我脑海里零散的健身训练知识碎片逐渐拼凑在一起，形成了一个比较完整的健身训练知识体系。开始有更多健身爱好者认可我的健身理念，有更多教练想要和我学习如何正确教授健身训练，所以我开始试着将自己对训练知识的理解传播出去。于是,我在 2019 年年底开展了第一次知识培训课程"精通力量训练",写作本书也被列入我的 2020 年年度计划。

网络上充斥着各种各样的健身信息,但很多从网络上了解健身方法的健身爱好者和教练告诉我:"一人一个说法,都不知道该信谁的。"是的,事实上网络上的很多信息都是专门挑选的最容易得到关注的内容和话题,它们会趋向于告诉你如何做,而不是为什么这样做。最重要的是,网络上的很多信息都已经过时了,近年来的最新运动科学研究成果已经提供了一些和以前不一样的训练指导方向,但网络上许多训练信息的创作者似乎还没有及时获取到这些信息。

所以我希望可以通过这本书,带给你比较准确的、及时的、全面的、科学的对健身训练的整体理解,帮助你进一步增加健身知识、提高训练水平。不管你是自我学习的健身爱好者还是健身教练,都能从本书中了解到很多新的训练理念和方法。本书既可以帮助你自己练得更好,也可以帮助你带别人练得更好。如果你在阅读过程中发现一些不认同的观点,这其实很正常,我们要通过不同的学习和经历形成个人独特的训练理念,这并不意味你是错的或我是对的,也许只是你我看问题的角度不同。留下你觉得有用的,扔掉你觉得没用的,然后最终形成你自己的。我希望你可以从本书中吸取知识,像我一样最终形成自己对健身训练的理解和知识体系,这其实也是我在探索健身训练知识旅途中的学习过程。

谁适合看这本书

虽然在本书中我会用比较容易理解的方式来讲述健身训练知识,但我还是期待你可以具备一些基础的训练知识和经验,利用这本书帮助自己梳理整个训练知识体系。比如你应该大概了解健身训练的不同形式,你进行过肌肉和力量训练,在饮食上你尝试过不同的饮食方案,计算过食物热量。你对于这些和训练有关的信息都有一些了解,但目前可能都是比较零散和碎片化的。虽然单独拿出某一个知识点来你知道该如何应用,但要把不同的碎片拼凑在一起,你可能就会有些手足无措。

不论你目前是具备一定健身训练知识和经验的健身爱好者、想要进一步精进自身专业训练知识的健身教练,还是健身训练的职业选手,这本书都会对你有所帮助。很多训练领域比较前沿的训练理念,以及目前有科学依据支撑的训练方针都被包含在这本书中。允许我不太谦虚地说,这些整合的信息应该是在目前的中文健身文献资料中不太容易获取到的。

　　如果你不具备上面我所提到的那些健身训练知识和经验，没关系，你可以将这本书作为科普读物，就像我在一开始进行健身训练前打印出来的健身资料一样，先利用这本书提供的信息帮助自己建立有关健身训练的知识和理论基础。随着训练经验和体会的积累，一段时间之后再回过头来阅读这本书，相信你会理解我的一些理念，得到新的体会。

　　祝你学习愉快，健身愉快！

CONTENTS 目录

第 3 章　生活策略

第 4 章　核心价值

开始健身

第 1 章

理解抗阻训练

抗阻训练，也可称为阻抗训练（Resistance Training），其实可以理解成对抗阻力进行的训练。人们通常都会把在健身房中利用各种器械，如哑铃、杠铃进行的训练内容称为抗阻训练。这当然没错，那些都是移动身体之外的重物的训练形式，即以物体的重量作为身体进行训练的阻力。除此之外，还有其他抗阻训练的形式经常被人们忽视，比如移动自己身体的训练形式——自重训练。

不管你是在进行杠铃卧推、杠铃硬拉，还是俯卧撑、引体向上，其实这些都是通过对抗阻力所进行的训练，都属于抗阻训练的范畴。所以我在帮助学员理解杠铃卧推的技术要点时，经常会这样说："把它想象成躺着进行的俯卧撑！"从抗阻训练概念的角度来理解，身体并不知道进行的是俯卧撑还是杠铃卧推，只知道是在进行水平推的时候出现了阻力，或者说是在有阻力的情况下进行了水平推。

在这个过程中，我们就是在进行抗阻训练。

了解力量训练

虽然我们进行的健身训练，主要的形式都是抗阻训练，但健身训练还包括很多其他内容，比如耐力训练、柔韧性训练、速度训练等其他体能训练。

在我形成了比较全面的训练知识体系之后，我认为"力量训练"非常适合作为所有健身训练的总称。提到力量训练，大多数健身爱好者会将其理解成了提高绝对力量水平而进行的训练。如果你有一些训练经验，可能还会将其说成是进行每组1~5次的训练，或是用相对大的重量进行的训练；也许你还会把力量训练和肌肉训练、有氧训练区分开来理解。但对我来说，我可以把所有这些训练内容统称为力量训练（Strength Training），因为这里的"力量"二字是指一个广泛的、包容的、宏观的总称，你将会从本书中了解我对于力量训练的理解。

可以联想一下专业运动队里的教练员的名称，他们被称为力量和体能教练（Strength and Conditioning Coach）。这样的角色不只是会帮助你提高力量水平而已。如果你需要增长体重来调整比赛级别，他们会给你多安排一些肌肥大（增肌）

的训练内容。如果你需要增强身体的心肺能力、长时间维持高水平的运动表现，那他们就会帮你多安排一些耐力方面的训练内容。当然，如果你的动作受到了一些限制，他们也知道该如何帮助你改善身体柔韧性和灵活性，而不需要你专门去请一名"柔韧性灵活性教练"来做这件事。

你看，此处的力量（Strength）是一个更广泛的概念，这就是我想表达的意思。不论是提高力量水平、增加肌肉，还是增强肌肉耐力，都属于力量训练的一部分，甚至在阅读完本书之后，你会发现身体柔韧性和灵活性的训练其实也可以是力量训练的一部分。

这样我们就可以把训练大致分为两类：力量训练和技巧训练。篮球运动员在篮球场上进行的所有有球训练可以统称为技巧训练，比如运球、投篮、上篮等，但他们还会去健身房进行各种身体素质的训练，他们会进行深蹲、硬拉、核心训练，甚至进行称为有氧训练的心肺耐力训练，以及帮助改善灵活性的训练。这些为了提高身体素质进行的训练，就都可以称为力量训练。

这就是我所理解的力量训练的意思，也是我想要称自己为"力量教练（Strength Coach）"的原因。

训练没有真正的对和错

我经常发现新接触健身训练的人乐于判断对和错，很多刚入行的教练也经常跟学员讲："这样做不对，那样做才正确。"网络上的健身信息更是如此，也许它们的作者认为，只有让你觉得自己"有错或不对"，你才会愿意继续点击和阅读他们的内容。

可事实上，训练没有真正的对和错。同一个训练动作，有各种各样的动作变式和训练方式。不同的训练方式有各自的优势和劣势、着重强调的部分和不着重强调的部分。每个人需要根据自己的具体情况、训练目标、训练经验等选择和调整训练方式。

我在学习的过程中最常听到的一句话就是"It depends（得分情况来说）"。我在悉尼参加训练课程时，有学员在课堂上提出一个具体的问题，首先会被导师反问："这个问题你是针对谁来问的？他是什么情况？他的目标是什么？"当提问的学员回答了这些问题之后，他似乎已经找到了答案。

的确，在不了解各种前提的情况下，我们无法给出一个具体问题的答案。虽然还是会有一些通用的原则和方法，但前提是一定要了解不同变式之间的区别。这也是我想通过本书带给你的，没有一种方式会适合所有人，希望你能从这本书中有所体会。

没有完美的训练计划

我曾经在学习训练知识的过程中产生了一个困惑。那就是在执行一份训练计划的过程中，如果我了解到了新的知识点，就会想要改善我目前的训练计划。我希望我的训练计划变得更有效，并认为经过调整之后的训练计划会更全面地覆盖我的训练目标，给我带来更好的训练效果。结果这样的困惑在我阅读、学习、探索训练知识的过程中不断出现。后来我了解到，我想要的太多了，我既想要达到一个目标，又想要提高另一个方面的水平，可我的训练时间和精力是有限的。

所以我开始认识到，一份训练计划不能兼顾所有方面，目标总是有优先级的。

除此之外，就算是一份有效的训练计划，能给你带来的效果也是有时效性的。可以这么理解：所有的训练计划都会有效，但不会一直有效。其实最好的训练计划就是你还没有执行的，因为它会给你的身体带来没有经历过的训练刺激。这意味着在一段时间之后，你就需要更换一份新的训练计划，这对于长期取得训练进步和效果来说十分关键。

所以在本书中，我不希望带给你一种神奇的训练方法或一份完美的训练计划，而是想要展示给你我所了解的不同的训练方面和角度，帮助你习得为自己找到合适的训练方法和制订有效的训练计划的能力。

健身训练不是健美训练

我一开始接触健身训练时，网络上能接触到的健身训练信息基本都是和增肌有关的健美式训练方法，它们让我以为这就是健身训练所应该采用的方式。可在这几年不断接触不同训练体系、训练书籍和向不同教练学习的过程中，我逐渐了解到：健身训练可以包含健美训练，但健身训练不只是健美训练。

对于大多数健身爱好者来说，增加一些肌肉的确是有好处的，但我们不应该只局限在传统的健美训练中，认为健身训练就是健美训练的人群采用的，通常只要开始举铁就每组都要进行 8~12 次，通常只要开始训练就采用今天练胸、明天练背、后天练腿这种每天只练一个部位的训练方法。我们进入一家健身房，随意看过去，绝大多数的训练者都还在延续这种训练方法。不论有着怎样的训练目标，他们都在进行或教授健美训练，涉及和谈论训练动作技术的时候，也都是运用健美训练的思维。

甚至目前大多数传统健身房的设立方式和具体经营模式，也都一直深受健美训练文化的影响。比如他们会有很多固定器械，他们的私教课程时长都是 1 小时。通过本书你可能会了解到，健身训练不一定需要使用固定器械，每次训练也不一定都需要 1 小时，等等。

也难怪，一些经营健身场所的老板并没有有规律地健身的习惯，更别提他们会对健身训练进行深入研究来得到个人的理解、理念和知识体系了。他们把经营健身房当作一种商业模式，这只是他们获得经济利益的途径，所以市面上不少健身房还是采用传统健身房的经营模式，只不过他们在各种基础内容上增加了一些新奇的概念。

我这样解读的目的，是希望你能了解健身训练是一个很宽泛的训练概念，而健美训练更多是一项专门的竞技运动项目。两者会有一些交集，但也有不同的部分。其实健身训练几乎和所有运动都有一些交集，因为对于广大的健身人群来说，具体的健身训练形式其实可以根据个人目标的不同而变得非常多样化。我之所以把这本书称为《如何设计健身计划：从碎片化知识到训练体系的构建》，也是希望帮助那些热爱健身训练的大众健身读者，因为这是我每天接触最多的人群，也恰恰是我最希望能帮助他们理解训练知识、树立正确训练观念的人群。

训练的主要原则

训练也是有原则的，主要的两个原则是超负荷（Overload）和针对性（Specificity）。

也许你听说过渐进超负荷（Progressive Overload），其中的渐进（Progressive）就是我们在进行周期安排时需要考虑的一部分。

超负荷

超负荷的意义在于，我们通过锻炼或训练带给身体新的刺激，这个新的刺激需要带给身体一些挑战，身体才会为此产生新的适应。比如你本有能力一口气完成 50 个俯卧撑，但每组只进行 10 个，这样的训练就不会给身体带来足够的挑战；如果你跑步可以跑得很快，但每天的训练只选择走路的方式来进行，那跑步的能力自然不会随之提高。当身体受到超负荷的刺激之后，才会开始产生相应的适应过程。所以你应该可以了解到，超负荷需要有一个刺激门槛。

超负荷带来的刺激也应该有一个上限，这意味着你不能无限制超负荷。单纯给身体带来训练上的超负荷还是相对比较容易的，比如每组努力做到力竭、做很多组、训练频率更高，但你需要考虑的是身体需要花费多少时间才能从这些超负荷中恢复过来，来支持你下一次继续带给身体新的超负荷。如果你在某一次训练中带给身体巨大的超负荷，当这种训练压力超过身体的承受能力时，你的生命安全可能会受到威胁，这肯定不是我们希望从健身训练中得到的。

训练的超负荷原则是指，你需要通过健身训练带给身体一定程度的挑战，但这种挑战需要跨过一个低门槛来让身体真正为之产生适应，也不能超过上限导致身体无法恢复。训练挑战的困难程度和持续时间是我们可以调节的方面，以使超负荷落在我们理想的适应范围内。

针对性

你会通过学习英语来帮助自己学习中文吗？你会通过跑步来锻炼游泳技巧吗？答案是不会。针对性原则是指，一种训练方式会带来一种训练方式的适应。如果你想提高硬拉成绩，那么最直接有效的训练就是进行硬拉；如果你想跑得更快，那么最直接有效的训练就是跑步。即使不是通过这么直接的训练来有针对性地提高比赛成绩或运动表现水平，通过其他的训练来对目标运动中所涉及的肌肉进行训练，也是针对性原则的一种体现。

值得特别提到的是，力量是针对性增强的，因为力量受到肌肉神经系统的支配。

在特定的动作范围内训练，你会得到这个训练角度的力量的增强。比如静态收缩的训练会使所训练的特定关节角度，以及训练角度上下的有限范围内产生较大的力量适应，只会在其他范围内产生较小的力量变化。这就是训练中针对性原则的具体体现，所以当你开始进行健身训练时，你需要了解针对性原则的意义。

7 条训练法则

包括以上两个基础训练原则在内，这里有一个对于健身训练或者力量训练比较全面的总结——7 条训练法则。这 7 条训练法则来自弗雷德·哈特菲尔德博士（Dr. Fred Hatfield），人们也称其为深蹲博士（Dr. Squat）。

他是一名力量举冠军，也是一名体育科学博士。深蹲博士更被人熟记的时刻可能是 1987 年，即他在 45 岁的时候完成了深蹲 1014 磅（1 磅≈ 0.45 千克，此后不再一一标注）并打破了世界纪录。

这里的 7 条训练法则就是帮助他深蹲超过 1000 磅的秘诀。这些训练法则不仅适用于力量举训练，也适用于所有抗阻训练。7 条训练法则具体如下。

❶ 个体差异

人们有着不同的基因，虽然都会对运动刺激有类似的反应，但这些变化的速度和程度将受到不同基因的限制。不是每个人都应该执行相同的锻炼计划，不同的人不会以相同的速度或相同的程度获得相同的效果。在制订计划和进行训练的过程中，我们需要认识到因人而产生的细微差别，这就是这条法则的意思。

❷ 超量恢复

手掌摩擦得多了，就会开始长茧。肌肉纤维的大小和力量会随着训练的积累而不断增长。所有这些都适用于超量恢复的训练法则，这也许就是我们人类藏在基因中的一种生存机制——我们的身体会不断适应周围的环境。

❸ 超负荷

为了从训练中增强力量、耐力或者增加肌肉，你必须利用那些不同于平时所使用的阻力。如果你每次训练都用同样的重量、做同样的组数和次数、休息同样的时间，那身体没有理由开始产生新的适应。但超负荷不是指我们一定总是需要增加重量，因为身体只会对压力产生适应并不会对重量产生适应，重量只是容易带给身体压力的一种形式而已，所以还可以通过增加训练量、提高用力程度、提高训练密度、改变动作节奏或者减少休息时间等策略来增加身体负荷。对于大众健身人群来说，一个比较容易实行的建议就是：试着在同样的时间或者更少的时间内，完成更多的训练。

❹ **一种类型的刺激会有一种类型的适应（Specific Adaptation to Imposed Demand, SAID）**

这条训练法则的意思就是，如果你想得到什么效果，你就需要用那一种方式来进行训练。如果你想变得更强壮，那就举起更大的重量；如果你想变得更有爆发力，那就需要训练爆发力；如果你想提高心肺能力水平，那就去训练心肺能力。这一法则从逻辑上很容易解释，强烈的有氧训练会影响绝对力量的增长，因为这是两类相对不同的身体素质。身体的资源是有限的，把更多的资源留给你想要提高的部分。

❺ **用则进，不用则退**

"逆水行舟，不进则退。"这句话正好说明了身体会在锻炼停滞阶段产生的变化。比如你正在进行增肌训练，肌肉维度的增加只发生在锻炼过的那些肌肉上。如果一段时间之后你停止了训练，那么你的肌肉自然就会开始萎缩，恢复到一开始的水平。训练中取得进步很难，退步倒很简单，只要你不锻炼很快就会退步。但有个好消息，你的肌肉会保留一些"记忆"，它们会让你在以后相比于第一次训练的时候，用更快的速度重新达到以前的力量或者肌肉维度。

❻ **针对性**

这一点我们在前文提到了，如果你想增强做引体向上的能力，那就需要做引体向上；如果想要深蹲变得更好、抬起的重量更大，那深蹲就是最具针对性的训练。但这并不意味着我们不需要做辅助训练，比如我们可以通过额外的握力练习来增加硬拉时的握力。但你需要了解的是，动作的进步一定程度上也是神经系统逐渐掌握专门的训练动作技术的过程，所以从这个角度上考虑，通过练习其他的动作哪怕涉及了相同的肌肉群，也并不会给我们带来与直接练习想要增强的那个动作相同的训练收益。

❼ **普遍适应的过程**

这一条训练法则也许应用到了前文所述的一些内容。当我们开始锻炼，或者给身体施加其他形式的压力时，会经历以下 3 个不同的阶段。

（1）警觉阶段（Alarm Stage）：给予身体一定的压力（超负荷原则）。

（2）抗拒阶段（Resistance Stage）：我们的身体为了应对那种压力，开始产生适应来让身体变得可以更有效率地应对那些压力（超量恢复法则、SAID 法则、不进则退法则）。

（3）衰减阶段（Exhaustion Stage）：如果我们继续给身体施加压力，那身体恢复就会因为过度的压力而停滞，从而耗干身体保留的能量；在最极端的压力下，可能会发生死亡。

有这样不同的阶段，其实是因为所有施加给身体的压力都是一种"创伤性事件"，迫使身体"受伤"，然后我们需要给身体足够的恢复时间来适应与恢复。只有保证了恢复和超量恢复的时间，才能确保下一次的创伤不会积累在之前的压力创伤之上，否则会导致身体素质水平螺旋式下降。

这就是为什么我们在进行一段时间的高强度训练之后，需要进行一定周期的低强度训练或者完全的休息来确保身体持续进步，这叫作减负荷（Deload）。同时这也是过量训练（Overreaching）会奏效，而过度训练（Overtraining）不会奏效的原因。

过量训练的意思是，给身体施加有足够挑战难度的压力，它应超越身体恢复能力少许，但注意要让身体能在比较短的时间内恢复过来，等待身体恢复之后再开始接受下一轮新的挑战。而一次性训练到需要很久都很难恢复的状态，叫过度训练。

不同的力量类型

足够的力量和肌肉不仅对于运动表现来说至关重要，也会让我们拥有健康的身体并延长寿命。比如，一项研究结果显示，以握力衡量的肌肉力量下降与全因死亡率和心血管疾病死亡率增加相关。而能让我们增加肌肉并增强力量的关键在于进行合适的抗阻训练，并且搭配合理的饮食、营养和休息。

所以不管你的健身目标是单纯让自己变得更加健康，还是想要举起更大的重量、长肌肉、减脂、增强耐力等，你都应该了解进行合适的健身训练会帮助你达到这些目标。拥有不同的训练目标，其实只是意味着你需要在不同的训练方向上取得进步，但你仍然需要在这个方向上不断挑战自己，让自己变得更好。

我通常帮助大众健身人群区分这些不同训练的方向时，会用到训练强度这个概念。不同的训练强度会使你只能持续相应的训练时间，进行相应的训练次数，最终这会使身体在特定的方面产生适应。所有的训练形式，不论是所谓的抗阻训练还是有氧训练，其实都是有阻力的，区别只是阻力水平的高低，也就是训练强度的高低。

所以这就是为什么我想要把所有能提高身体素质的训练形式都称为力量训练，因为无论我们选择哪个训练方向，都需要在相应的领域内不断进步，变得更加强壮。这里的强壮不是指你需要肌肉发达，而是指你需要击败自己，这是广义上的强壮。这也是为什么我想要称自己为一名力量教练，你现在应该可以体会到"力量"二字的含义。称为力量教练并不是说我只能帮助你得到"力量"，而是说我可以通过安排不同形式的训练，帮助你在你需要的训练领域中变得更加强壮和出色。

不同的训练领域，可以说是针对不同的力量特质。主要的健身训练力量特质包含绝对力量、相对力量、功能性力量/功能性肌肥大、非功能性肌肥大、力量耐力等。如果你的训练目标是提高竞技运动表现水平，还会涉及力量速度、速度力量等力量特质。

绝对力量：在不考虑体重的前提下，可以产生的最大力量；这是在那些没有体重限制的运动中特别需要的力量。

相对力量：考虑到自身体重量级，能产生出的相较于自身体重量级的力量；这是在那些有体重限制的比赛中所需要的力量。

功能性力量/功能性肌肥大：在肌肉变大的前提下，展现出更高的力量水平。

非功能性肌肥大：只在乎肌肉大小，不在乎功能和力量，比如健美运动。

力量耐力：可以维持一定的力量输出水平很长时间，比如马拉松、铁人三项等。

所以不是只有举铁才是力量训练，所谓的有氧运动也可以归类为一种力量训练。只是有氧运动所对抗的阻力的强度比较低，它也因此才可以持续更长的时间，所以此类运动会着重强调心肺能力。如果有一个人可以做 1000 个俯卧撑，那么对他来说俯卧撑就是有氧运动。你可以说他正在锻炼力量耐力，而在这个过程中，心肺能力是力量耐力的支撑。以后你再进行有氧运动时也可以这样说：我在进行低强度的力量训练。

在进行这样低强度的力量训练之后，心肺功能的增强是身体对于不同强度的训练的一种适应。就像进行非常高强度的训练（比如 1~5 次），你得到的更多是绝对力量的提升；进行中等强度的训练（8~12 次），你主要得到的是肌肉纤维变粗，这种训练就是所谓的肌肥大训练，可以帮助你增长肌肉。但记住，不管你在针对哪个力量特质的领域下训练，你都需要让自己变得尽可能强壮。关于训练目的，简单理解就是让自己在特定的强度范围内不断进步，从而变得更加强壮。

无氧运动和有氧运动

在我们开始执行训练计划之前，理解有氧运动和无氧运动的具体区别是非常重要的一步。事实上，身体会根据具体的活动强度和持续时间来安排特定的能量供应系统，具体正在进行什么动作并不是考虑的关键。

不管你是否能感受到，身体活动都是通过肌肉收缩的形式来实现的，而肌肉收缩的具体强度和持续时间会决定身体需要利用什么系统为活动供能。

ATP-CP 系统

三磷酸腺苷（ATP）是身体利用的能量的最终形式。ATP-CP 供能系统会在身体进行特别高强度活动时，比如冲刺跑，立即为身体提供短暂的能量。一旦 ATP 被使用，它就会被分解成二磷酸腺苷（ADP）；而为了得到更多的即时能量，分解成的 ADP 需要重新转换成 ATP，这个过程需要磷酸肌酸（CP）的参与（这就是为什么肌酸的营养补充剂能帮助增强力量）。有了更多的 CP 参与，ATP-CP 系统可以进行 10~30 秒的能量供应。这个供能方式的特点就是，可以支持产生很高水平的运动表现，但持续时间也非常短暂；也就是说，非常高水平的运动表现很难维持。

无氧供能

我们说的无氧供能的代谢方式是指当全力以赴地进行活动超过 10~30 秒之后，剩下可以继续为肌肉收缩提供相对较大的能量的方式，就是消耗肌肉中的糖原。在无氧气参与消耗肌肉中的糖产生能量的过程中，不仅会产生 ATP，还会产生乳酸。

当这种供能方式所产生的代谢废物在肌肉和血液中急剧积累的时候,身体就会经历肌肉疲劳及肌肉酸痛。当一个人在全力活动的时候,这个供能系统通常只能持续 30 秒,最多 1~2 分钟。

有氧供能

利用有氧供能系统,也就是所谓的有氧方式,可以为身体提供更持续的能量,在相对比较低强度的运动情况下,进行长时间稳定的活动主要利用这个供能系统,如长距离跑步或游泳。

在有氧供能系统中,糖和脂肪都是能量的来源。这里需要注意的是,在进行低配速的、长时间的耐力活动时,身体会更多地利用脂肪来提供能量,此时肌肉中的糖用于提供能量的比例会随着活动强度的降低而相应减少。

区别无氧和有氧的关键

在进行不同形式的活动时,不同的供能系统同时在运转,只是每个能量供应系统的贡献程度不同。具体活动进行的时间长度、强度以及活动类型,决定了哪个能量供应系统为主导。

大体上说,高强度、短持续时间的活动主要依赖于无氧供能。如果你还在混淆某个行为或动作是有氧运动还是无氧运动,比如还认为举铁就是无氧运动,跑步就是有氧运动,这显然是还没有理解好这里所讲的内容。有氧运动和无氧运动其实是针对身体活动强度所需的供能系统进行的运动类别分类,关键并不在特定的动作形式上。

以特定的活动形式来思考,到底是什么影响了活动持续的时间,从而影响身体选择了不同的能量供应系统,最终使运动被归类为有氧运动或无氧运动?

这里首先需要考虑的就是活动的强度,因为如果你需要很用力地进行,那自然不可能维持很长时间 [比如全力冲刺跑,或举起 1~5RM (Repetition Maximum, 最大重复次数) 的重量]。如果你进行动作的阻力比较小或速度比较慢,那么你自然可以动作维持更久的时间(比如慢跑,比如举起 30RM 的重量),而身体这时候会自主帮你选择更合适的供能系统来支持你的行动。

很多人把关注点放在了运动是有氧运动还是无氧运动上,但具体什么供能系统会成为主导不是我们能决定的,因为那是身体为我们做出的合适选择。我们只能选择做需要用力很多的或不太用力的动作，也就是说，强度才是我们区分有氧运动和无氧运动的关键。

重新理解有氧运动和无氧运动

现在我们知道了，强度是决定某项运动属于有氧运动还是无氧运动的关键。但事实上，即使是进行某项被定义为有氧运动或无氧运动的单一活动，我们的训练过程也会是有氧运动和无氧运动的结合。

比如你进行 1500 米跑，在活动的一开始主要是利用无氧供能系统来提供能量的，而在跑步的中间或结尾阶段，你会开始主要利用有氧供能系统供能；你在进行混合体能训练方式的训练计划时，假设需要先进行俯卧撑再进行长时间划船，这些活动形式都会是有氧运动和无氧运动的结合。

我收集了一些数据，它们展示了不同活动形式和训练方式所对应的不同的供能系统的贡献比例，你可以从中了解身体是如何协调使用不同的供能系统来进行活动的。

活动	ATP-CP 系统供能占比	乳酸和 ATP-CP 系统供能占比	氧气系统供能占比
马拉松	—	5%	95%
100 米跑步	98%	2%	—
1 英里 * 跑步	20%	55%	25%
3 英里跑步	10%	20%	70%
6 英里跑步	5%	15%	80%
50 米游泳	98%	2%	—
100 米游泳	80%	15%	5%
200 米游泳	30%	65%	5%
400 米游泳	20%	40%	40%
1500 米游泳	10%	20%	70%
间歇训练 *	10%~80%	10%~80%	10%~80%
冲刺跑训练	90%	6%	4%
长时间跑步	2%	5%~8%	90%~93%

*1 英里 ≈ 1.6 千米，此后不再一一标注

* 间歇训练会根据训练时间长度、休息时间长度、训练强度以及重复次数体现出不同的能量供应需求比例

消耗脂肪的时间

现在我们知道了，只要你有活动需求，身体就会为之提供能量，而且活动强度越大，身体越会选择利用糖作为能量的主要来源，这种情况也在大多数人进行的所谓有氧运动中出现。有氧运动的活动强度越低时，身体越依赖于脂肪来提供更多能量；有氧运动的活动强度越高时，身体就越依赖于糖来提供更多能量。

所以"进行有氧运动 30 分钟之后才开始消耗脂肪"是不正确的描述，这是没有理解好身体供能系统的基础知识。产生这样的错误描述，也可能是因为很多人认为当身体消耗完体内的糖时，就会利用更多的脂肪来提供能量。事实上，这个描述也是不正确的。第一，身体很难完全消耗完体内的糖。第二，需要考虑训练前补充糖原的情况。如果你在训练前吃了高碳水化合物含量的饮食，那么 30 分钟这个具体的时间门槛对你来说可能就不适用。第三，如果能持续进行 30 分钟以上的有氧运动，身体利用脂肪来提供能量的比例从一开始就很高。

理解身体的供能系统

上面提到，仅通过一个活动或动作来判断运动是不是有氧运动是不准确的。如果跑步的速度非常快，那就不是有氧运动；如果一个人进行了成百上千次的深蹲，那么深蹲也不会是无氧运动。

以跑步来举例，你会了解整个身体供能时能量转换的过程，并且了解到身体进行供能系统转换的目的，那就是通过这种转换可以帮助我们将身体活动持续下去。比如一个人一直在全力以赴地奔跑，在开始时的十几秒他可以全力冲刺跑；十几秒之后他的速度会变慢，但还能维持比较快的速度 1~2 分钟；在这之后他的速度会变得非常慢，即使他想要用力奔跑也只能维持比较慢的速度，但是后面的这个速度可以维持很长时间，比如说长达几小时或十几小时。

上例中的整个奔跑过程，就体现了不同的供能系统的转换方式和特征。总之希望你能了解，是强度及持续时间决定了身体为进行某一个活动或运动选择了哪个供能系统，而不应直接说某一个活动或动作属于有氧运动还是无氧运动。

决定　　　　　导致　　　　　归类

强度　　　　　持续时间　　　　身体选择合适　　　　有氧运动还
　　　　　　　　　　　　　　　的供量系统　　　　　是无氧运动

心率变化

在进行所谓的有氧运动时，很多人都会观察心率变化，甚至出现了减脂心率区间这种概念。

事实上，心率只是训练强度的一种参考方式。你的训练运动强度越大，身体需要的氧气就越多，所以心脏需要跳动得更快来帮助你实现获得更多氧气的目的。这种训练强度的参考方式，就像在进行力量训练时通常会用次数范围（8~12RM、3~5RM）来代表所使用的训练重量一样，会帮助我们在训练时更容易观察到自己的训练强度，从而在长期训练上取得更多的进步。

但这里的减脂心率区间概念其实又是一个不准确的描述，从下面你会了解到减脂与否最终取决于一段时间内的热量平衡是否有缺口。大多数人认为的那个所谓的减脂心率区间，应该描述成热量消耗或脂肪消耗效率比较高的一个活动强度范围，这样的理解会更加准确一些。

消耗脂肪和减脂是两码事

当我们谈到减脂时，就像谈到增肌一样，说的是一个身体长期动态变化的结果。因为身体不断在合成新的脂肪组织，同时也在不断消耗脂肪（虽然有很多肥胖的人消耗脂肪的能力被严重限制了）；而所谓的减脂，其实是指在一段时间内总体消耗脂肪的量多于合成脂肪的量。

利用公式更好理解：

减脂 = 脂肪消耗量大于脂肪合成量

所以消耗脂肪这件事情，身体每时每刻都在进行，不管你怎么吃、吃多少、吃什么；而减脂这件事，不光要考虑脂肪的消耗，也要考虑脂肪的合成，也就是需要考虑食物的影响。

当你区分好消耗脂肪和减脂这两个概念之后，你就会对训练选择和减脂策略有更深入的理解。身体几乎每时每刻都在利用脂肪供能，身体会根据目前活动的需求，来调整具体的不同供能系统的供能比例。对于供能方式来说，几乎所有活动都会同时利用糖和脂肪供能，其中简单的规律是：活动强度越大，越依赖于糖提供能量；活动强度越小，越依赖于脂肪提供能量。所以如果有人说，需要达到一定的心率才会消耗脂肪是不准确的。事实上，睡觉的时候也会消耗脂肪，而且睡觉时脂肪提供能量的比例比运动时更大。

也许你会产生疑问：那难道天天睡觉或走路就可以减脂吗？这正是很多人感到困惑的地方，他们还是混淆了身体消耗更高比例的脂肪和减脂这两个概念。因为减脂还有另一个需要考虑的因素，就是所消耗的总热量。比如拿慢跑和快跑来说，同样的时间下，慢跑会燃烧更高比例的脂肪，但消耗的总热量更低；而快跑虽然消耗脂肪的比例低，但消耗的总热量更高。

比如说走路 30 分钟消耗了 100 大卡的热量（1 大卡 ≈ 4185.9 焦，此后不再一一标注），90% 的热量来自脂肪，所以消耗了 90 大卡的脂肪；如果跑步 30 分钟消耗 250 大卡的热量，而跑步的强度更高，所以只有 50% 的热量来自脂肪，也就是会消耗 125 大卡的脂肪，这也比走路消耗的脂肪多。

所以你看到了，虽然低强度活动是一种消耗更多脂肪的好办法，但单位时间内消耗的热量其实并不多。当然你可以通过做更长时间的低强度活动来解决这个问题，因为走路这种低强度活动，可以发生在一天中的任意时刻，比如你可以走路上班，午休时散步，下班走路回家。这种不经意的活动既不会占用你太多的时间，又会增加很多脂肪的消耗。

你如果不喜欢走路，可以选择你喜欢的方式来消耗脂肪。你需要知道，如果你总是在进行高强度活动，虽然这样的确会消耗更多的脂肪，但你并不能维持这种活动太长时间，并且这会使你非常疲劳。

现在你应该了解了消耗脂肪和减脂是两码事。减脂需要消耗脂肪，但消耗脂肪不一定会带给你减脂效果，因为想要减脂，最重要的就是在一整天中，和摄入的热量相比，你需要消耗更多的热量，也就是说要保持热量缺口。

身体适应的不同方式

身体对不同强度的训练会产生不同的适应，这些不同的适应可以简单划分为3类：神经系统上的适应、身体肌肉组织上的适应、代谢系统上的适应。就像前面提到的每个时刻不同供能系统都在运转一样，身体每次产生适应都会同时表现为上述3种类型，只不过侧重点有所不同。

神经系统上的适应

学习一门语言、掌握一项技能其实都是神经系统上的适应的结果。对于健身训练来说，当你第一次学习一种复杂的训练动作时，大脑就在学习并试图记住这种动作。当第二次进行练习时，你可能会发现你将动作技术掌握得更好了，这就是你的神经系统适应（学习）了这项刺激。

神经系统上的适应不仅会让我们在动作技术上得到提升，也会帮助我们增强神经募集肌肉的能力，因为我们的肌肉受神经系统的支配。在休息好的一天你会有更好的力量表现，在休息不好的一天你会发现力量明显下降，这就是其具体的表现。在短暂的一天内，我们肌肉组织不会发生快速的变化，我们的神经系统则不同，可以很快受到影响而发生变化。

这就是很多人常说的"今天状态好"或者"今天没状态"，这也是为什么绝对力量（在训练初期）可以很快得到提升，甚至每次训练都能取得力量上的进步。但是身体的肌肉组织不会那么快发生变化，通常需要几周、几个月，我们才能观察到明显的变化。

在我们展现力量，完成某个重量的训练动作的时候，我们需要通过神经系统募集肌肉纤维来产生力量。虽然很多时候我们没有举起某个重量的能力，但并不代表我们没有举起那个重量的潜力。

事实上，我们每个人都有很大的力量潜力，而这种潜力主要依赖于我们的肌肉。受训练之前的训练经验、生活经历的限制，有些人依赖于神经肌肉系统的肌肉潜力并没有很好地被激发出来。所谓为了增强力量而进行的训练，就是激发我们的神经系统进一步调动我们的力量潜力的过程；而所谓的增肌的过程，也就是进一步发掘力量潜力的过程。

需要了解的是，即使经过多年艰苦训练的专业力量运动员也并不会激发出

100% 的力量潜力。只有在危及生命的情况下，人类才有可能激发完全的力量潜力，如"妈妈竟然搬动汽车救下孩子""发生火灾时突破 100 米跑世界纪录"这类事，的确是可能发生的。

对于那些刚刚开始接触健身训练的新手来说，训练早期力量水平的快速提高主要是神经系统适应的结果。当然随着不断重复动作，身体也在不断进行微调和学习，会逐渐学会运动的具体进行方式，从而最终发展出一个更协调的方式来进行该运动，这也就是所谓的动作学习的过程，这也会进一步帮助提高运动效率，从而进一步帮助提高力量表现水平。

这些就是你的神经系统可以给你带来的变化。

身体肌肉组织的适应

前面我们提到身体肌肉组织的变化会比神经系统的变化来得更慢、花费更长时间。如果特别针对健身训练来说的话，身体肌肉组织的适应通常就是我们所说的肌肉大小的变化。当然那些连接肌肉和骨骼的软组织及骨骼本身也会发生变化，但对于健身人群来说，我们可能会更关注肌肉大小的变化，因为大多数人都想通过健身训练得到身体形态的变化。

针对肌肉来说，身体肌肉组织发生的适应变化有不同的情况。目前我了解到，肌肉增长存在两种形式：一种形式是原始的肌肉纤维以变粗大的方式来产生身体组织上的适应，这种可以称为功能性肌肥大；另一种形式是原始的肌肉纤维并没有发生变化，而是肌肉纤维周围的肌浆发生了变化，这种可以称为非功能性肌肥大。

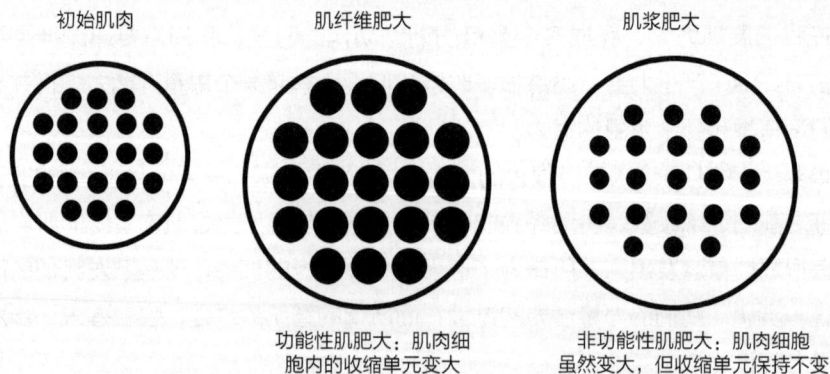

初始肌肉　　　　　　肌纤维肥大　　　　　　肌浆肥大

功能性肌肥大：肌肉细胞内的收缩单元变大　　　非功能性肌肥大：肌肉细胞虽然变大，但收缩单元保持不变

对于健身爱好者来说，其实并不需要特意分清楚这些适应的定义和生理学区别。我们只要知道有这两种不同的适应，并且了解如何通过训练来影响它们就已经足够执行训练计划。

你需要知道，所有的健身训练都会各自在一定程度上产生功能性肌肥大和非功能性肌肥大的适应。这里区分二者的原因是：非功能性肌肥大不会帮助你增加很多的力量，但它会帮助你增长体重并且使你的肌肉看起来更大、更饱满。而功能性肌肥大会让你的肌肉看起来又大、又有力量，这是很多人想要通过健身训练达到的目的。

代谢系统上的适应

代谢能力主要是指身体持续提供能量的能力，包括运输氧气的能力、利用氧气的能力、排除乳酸的能力等。其实代谢系统上的适应也应该包含在身体组织上的适应中，而我特别将代谢系统上的适应单独归类，主要是依据"练力量、练肌肉、练心肺"的常规健身训练思路，帮助你了解身体不同方面对于健身训练的适应。

我们可以将其理解成，身体利用氧气的能力增强和效率提高，身体的代谢系统会运转得更有效率。通常代谢系统上的适应，是进行那些低强度且长时间的训练而产生的适应，比如跑步、骑车、游泳；但一些高强度训练，其实也会带来代谢系统上的适应，比如高强度间歇训练。

很多人都会在运动时监控心率，而运动时心率的提高，其实就是身体代谢正在加速运转的一种体现。因为这时候相比于休息、坐着的时候，身体需要更多的能量，所以不管你在进行什么形式的运动，你的心率都会有所提高。

从心率的角度来说，如果你通过训练使代谢系统产生了适应，那么可能意味着再进行同样的训练时，你的心率会比之前有所下降，或者在同样的心率情况下你的训练表现水平有所提高。简单来说，就是在提高代谢能力水平之后，你就可以更快、更多地进行一些训练。这也是为什么几乎每一名运动员都需要具备一定程度的心肺能力，也是我们经常会听到"力量与体能"（Strength and Conditioning）的原因。

影响肌肉增长的关键因素

几乎所有的训练都会在一定程度上产生肌肥大的效果，虽然目前多数的观点认为有氧运动对骨骼肌大小的影响很小，但也有研究显示，对于久坐人群来说，即使是低强度、长时间的有氧运动也会促进肌肉增长，尤其对于缺乏锻炼的人群来说效果会更明显。而对于已经有一定运动或训练经验的人来说，抗阻训练还是增长肌肉更好的选择。如果你想通过力量训练来得到肌肉的最大化增长，那么深入了解能促进肌肉增长的因素是至关重要的。目前，被广泛认可的能促使肌肉增长的主要因素包括：力学压力、肌肉损伤和代谢压力。

力学压力（Mechanical Tension）

当你刚开始试图使用一个重量完成一个动作时，相应的肌肉就会感受到压力。如果你在你举起某个重量的时候，感受到身体某一块肌肉被拉长或者感觉某块肌肉在用力，这就是一种力学压力的体现。当你在进行训练时，身体中相应的肌肉会进行收缩和拉长，这些肌肉分别进行了离心收缩和向心收缩。比如做俯卧撑时，你在从顶端下落到地面的过程中，胸肌在压力下被拉长，这就是胸肌在进行离心收缩；你在从地面把自己推回的过程中，会依赖胸肌的收缩来产生力量，这就是胸肌在进行向心收缩。

通常来说，使用更大的重量（在不改变技术动作的前提下），肌肉就会承担更大的压力。这种增加的压力会让肌肉开始增长。几乎所有的训练者都认同这个观点：我们需要利用更大的重量来增长肌肉。但在我的训练过程中，我发现增加重量（压力）会有一个最有效点，也就是说当超过特定的重量之后，继续增加重量，单个目标肌肉所承受的压力很可能不会继续增加。比如，你决定在同一个训练动作中使用更大的重量，但在你举起的过程中动作变形了，那么为了举起更大的重量，你的动作技术开始代偿，和之前使用的动作技术就不一样了。在这种情况下，即使你的确使用了更大的重量，也可能没有增加目标肌肉所承受的压力。事实上，肌肉不知道我们利用了多少重量，肌肉只能感受到压力。所以在保证动作技术完全不变、使目标肌肉更能集中发力的情况下，试着使用更大的重量，才能让目标肌肉承受更多的力学压力。

增加动作的下落控制也会增加目标肌肉承受的压力，并且值得记住的一点是：离心下落的过程会募集到快缩肌纤维而不是慢缩肌纤维。因为肌肥大效果更多发生在快肌纤维中，所以在进行肌肥大训练时利用好离心收缩，将会对增长肌肉带来很多帮助。

肌肉损伤（Muscle Damage）

身体锻炼在一定情况下会造成一定程度的局部肌肉损伤，尤其是在进行那些不习惯的训练活动的过程中。传统的健身观念认为肌肉增长是因为肌肉发生撕裂或损伤后，在修复过程中变得比以前更加粗壮，但实际上肌肉增长是因为肌肉蛋白质合成量大于肌肉蛋白质分解量，因此肌肉量增加。在这个过程中，肌肉没有出现损伤不代表没有促进肌肉蛋白质合成速率提高，训练第二天没有出现肌肉酸痛也不意味着之前的训练没有效果。

使用相当大的重量（75%~80% 1RM）进行中等次数训练（5~8次，甚至10次），并且在动作过程中目标肌肉会在负重的情况下被拉长（离心收缩），会达到很好的肌肉损伤效果。相比于其他刺激肌肉增长的途径，肌肉损伤更依赖于逐渐增加的重量。一旦肌肉适应了一个重量并且已经变得强壮和有韧劲，想在同一个动作中带来更深程度的肌肉损伤，就需要用更大的重量。这会导致被募集的肌肉纤维上产生更多的力学压力，增加产生损伤的机会。如果你每周用同一个重量进行训练，那么产生新的肌肉损伤的可能性就非常小。

引起肌肉损伤的另一个方法就是改变训练内容，特别是选择新的训练动作。当你选择新的训练动作时，肌肉内的协调不够高效，这就是产生肌肉损伤的原因之一。这会让肌肉纤维不能有效率地同时工作，它们不会被同时募集激活，这意味着在任意一个时刻，会有更少的肌肉纤维来应付这个重量。这会使肌肉纤维处在更大的压力之下，所以更容易引起肌肉损伤，这也是为什么当你第一次进行一个新的训练动作或训练计划时，第二天更容易出现肌肉酸痛。但是经过几次训练之后，第二天肌肉酸痛的程度就会降低。肌肉的协调性也会随着每次训练而提升，使肌肉纤维更加协同地工作，减少单个纤维所承受的压力，从而降低引起肌肉损伤的可能。除此之外，在动作过程中增加停顿时间（静态收缩）、扩大动作范围、提高每组训练的用力程度，都可以增强肌肉损伤的程度。

代谢压力 （Metabolic Stress）

当肌肉开始通过收缩产生力的时候，肌肉内就已经在开展一系列的代谢活动。持续的肌肉收缩会阻止血液从肌肉中流出，导致细胞肿胀和肌肉承受较高的代谢压力，例如肌肉在训练过程中会产生充血感。短时间休息的训练方式会导致肌肉内代谢不充分，从而产生更多的乳酸，也就是我们常说的肌肉已经开始"酸"了。

一直以来健美运动员将训练过程中的肌肉酸痛、灼热或者积累的乳酸，与肌肉增长联系在一起。2019 年的一项研究证实了他们可能是对的，乳酸本身就可以触发肌肉增长。

代谢压力会在那些依赖糖原进行无氧代谢的供能方式中最大化，通常会在持续 15~120 秒的时间内的运动中出现；反而在使用比较大重量（大于 90%1RM）的训练中，代谢压力会很小，因为之前提到过训练强度决定了可以持续的时间，当使用比较大的重量时，通常每组训练只能持续比较短的时间，这也许就是为什么比较传统的健美或健身观念会认为，想要肌肉增长需要将每组训练进行 8~12 次，而不是 1~5 次。

新的科研成果

前面这些关于肌肉增长（肌肥大）原理机制的信息，来源于运动科学领域的专家布拉德·舍恩菲尔德（Brad Schoenfeld）在 2010 年发表的一篇论文。到目前为止，那篇论文已经被其他研究引用超过 1000 次。而最近我看到布拉德·舍恩菲尔德本人在网络上说："那篇论文的发表时间距离现在已经有 10 多年，其中的信息对现在来说已经过时了。这 10 多年间进行的研究已经为肌肉增长原理机制这个主题的探讨提供了很多新的视角，并且向论文中对于训练计划设计的建议提出了'挑战'。从应用的角度来说，我对于之前论文中的很多内容已经不再赞同。"

虽然目前运动科学领域对于肌肉增长的原理机制又有了新的解释，但我们不如试着结合之前的内容来一起研究关于肌肉增长的新视角，这样其中的逻辑和道理似乎会变得更加清晰。

- 力学压力可能是最有效的肌肥大刺激来源。
- 肌肉损伤或代谢压力导致肌肥大的有关证据大部分是间接的，有些甚至是矛盾的，还需要更多研究和讨论。
- 在力学压力缺席或减少的情况下，其他的原理机制只对肌肉增长有很小的影响。
- 力学压力、肌肉损伤和代谢压力，这三者是相互关联的。
- 可能存在一个促进最大化肌肥大效果的最佳点，这时力学压力、肌肉损伤和代谢压力，会相互组合，协同作用，从而得到最大限度的肌肥大反应。

肌肉尺寸和肌肉力量可能独立存在

你想过肌肉尺寸和肌肉力量可能是独立存在的因素吗？通常我们都会认为，训练导致的肌肉尺寸变化和训练导致的肌肉力量变化是相互关联的两个因素。毕竟那些肌肉块头大的人，所展示出来的力量都不小；而那些力量大的人，通常肌肉块头也都很大。

所以力量项目运动员如果在没有体重限制的情况下，会通过增加体重也就是增长肌肉的方式来提高力量水平；即使是有体重限制的力量运动员，也会尽可能达到体重级别的高限，使运动成绩最大化。专业的健身爱好者通常也会在健身训练周期中交替进行侧重于力量和肌肉的训练。其中的逻辑很好理解，因为力量增长了就可以在肌肉训练中使用更大的重量，而肌肉变大了，力量水平也会有更多的增长，两者不断循环，可以帮助他们更好地取得训练上的进步。

正如在身体适应一节中提到的，肌肉具有力量潜力，神经系统决定是否可以展现潜力，这也是目前用来解释肌肉力量变化的模型：神经机制起着主导作用，其次才是肌肥大的影响。二者在实际训练和生活中的紧密关联是事实，但如果想要探究身体力量和肌肉大小之间真正的关系，我们需要创造一些极端的训练情况。

所以有研究学者开始质疑："通过训练引起的肌肉尺寸变化是否有助于运动引起的肌肉力量变化？"并且研究结果似乎逐渐证实了：肌肉尺寸变化和力量变化可能是独立存在的因素。

为了探讨肌肉力量变化是否会影响肌肉尺寸变化，一项试验专门设定了一组人只训练一只手臂，另一只手臂不训练作为试验参照。结果显示被试者两只手臂的力量都有所增强（训练过的手臂力量增强得更多），这被认为是因为神经适应的"交叉效果（Cross-over Effect）"的影响，但在肌肉尺寸上，没有经过训练的那只手臂中没有明显的变化（这很好理解）。并且在很多情况下，个体经过幻想动作进行的训练（在特定动作中），就可以真实增加力量，这也被以为是神经适应的结果。所有这些信息似乎都支持这一观点：肌肉力量增加，肌肉尺寸大小可以不发生变化。

而为了探讨肌肉尺寸变化是否会引起肌肉力量变化，研究人员又设计了另一个试验。试验利用自重训练，发现在增加肌肉尺寸的同时，自主力量（Voluntary Strength）并不一定改变。文献中还提到另外两个研究，利用非常小的负重进行阻力训练，从肌肉尺寸上观察到了明显变化，但是肌肉力量并没有变化。这似乎证实了肌肉尺寸发生变化，但肌肉力量可以没有变化。

以上研究信息似乎证实了在极端的情况下，肌肉尺寸和肌肉力量可能是两个相互独立的因素，也就是说：增长肌肉不一定增强力量，而力量增强也不一定会增长肌肉。

也许你看到这里，还是会很难不想到肌肉块头非常大的人力量通常都不会小。的确，健美运动员的确也有很大的力量，但是要考虑和谁比较。如果和同体重的举重运动员和力量举或大力士运动员相比，那他们的力量属于相对较小的；而且需要考虑一点，那些健美运动员在训练过程中，也利用了很多大重量来进行肌肉刺激，所以他们在进行针对肌肉尺寸的训练过程中，也直接对绝对力量和神经系统进行了训练。

当我了解到这些信息之后，我进一步体会到了肌肉尺寸和肌肉力量之间的区别和互相的影响程度。对这些因素进行了解，相信会对你进行健身训练计划的编排提供很多帮助。这样你就不会在每组只进行1次训练时，还期待身体在形体和肌肉上发生很大的变化；或者在进行几乎都是所谓的"小重量高次数"肌肉训练时，还期待可以增长绝对力量、突破自己最大一次的重量。并且，你也会知道，如果想要同时获得肌肉力量和肌肉尺寸的变化，该怎么具体安排训练。

这就是我在这里写下这些信息的目的，这些信息正是曾经帮助我构建个人健身完整体系的重要串联环节；这些信息使碎片化的内容开始形成网络，不同的知识点也开始产生交集。

延迟性肌肉酸痛

如果你去健身房训练过，那么你一定会很熟悉锻炼之后发生的肌肉酸痛。通常这种酸痛会在训练结束后的 12~36 小时产生，并且根据训练的强度不同，这种疼痛可能会持续 1~5 天不等。特别是当训练强度大并且不被身体所适应的时候，这种延迟发生的酸痛感会比较明显。

很多人会把这种肌肉内发生的酸痛感和训练效果画等号，实际上这种迟发性肌肉酸痛并不是评价训练好坏的一个直接参照。如果你没有在训练之后产生这种酸痛，也不意味着你之前的训练是在浪费时间。

但同时，也需要参考我们那次训练的目标到底是什么。如果你的目标就是希望带给肌肉一些损伤，利用一些使肌肉长时间受到压力的训练带来一些代谢压力，那么应该是可以期待在之后几天产生一些肌肉酸痛的。当然这种酸痛也会因个人因素而区别呈现，但大体上的建议是不要让这种酸痛超过两天。如果你在某一次训练之后，连续 3 天以上还有肌肉酸痛，那就意味着你之前做的训练可能太多了或者太过度了。

如果你在某次训练之后一点酸痛都没有的话，有可能你仍然为身体带来了好的训练刺激，但你只是进行了维持的训练量或最小有效训练量，又或者是你的身体恢复能力非常好，这些情况都有可能。这些情况也意味着，你可以在下次训练中试着给身体带来更多的刺激，不管是练得更多或是练得更狠。

发生这种延迟肌肉酸痛的具体原因还没有被研究清楚，但至少我们现在知道哪些具体的训练方式会增加这些肌肉酸痛出现的可能性。例如，如果你每组进行比较多次数（15~30 次）的训练并且努力训练到力竭，那么会显著增加这种肌肉酸痛出现的可能性；或者你的训练量很大，甚至把很多训练都进行到了力竭，也会增加迟发性肌肉酸痛出现的可能性。更多的是，如果在训练中你特别关注离心下落，或者强调在肌肉拉长的位置进行训练，那么这种酸痛感出现的可能性会显著增加。

前面说过，虽然这种迟发性肌肉酸痛不是训练效果好坏的一个直接参照，但它可以成为帮助我们进行训练内容调整的一个好的指导。如果你的迟发性肌肉酸痛只持续不到一天，或者根本没有，这意味着你很可能需要让训练更进一步；如果你的迟发性肌肉酸痛保持了 1~2 天，那么说明你的训练量和训练刺激都比较合适；如果你有 2 天以上的迟发性肌肉酸痛，则意味着现在的训练量与训练强度对你来说过度了。

轻微的肌肉酸痛并不会太影响你的训练表现，你可以在这种情况下继续保持训练；但是中等或严重的肌肉酸痛的确会开始影响你的肌肉力量，所以在肌肉酸痛感还比较明显的时候继续进行训练，似乎并不会帮助你进一步产生肌肉适应。另外，肌肉酸痛感消失也不意味着你的身体 100% 恢复了，你可能需要额外的 1~3 天让身体继续恢复。这些情况你都需要在安排训练计划的过程中仔细考虑，并且在执行训练计划的时候随时观察自己的身体情况。

如果你正处在强烈的肌肉酸痛感之中，那么有很多可以缓解这种酸痛的办法，包含并不仅限于拉伸、泡沫轴放松、按摩、压缩技术、低温疗法、冷水浸泡、冷热水疗法、主动恢复等。虽然拉伸可能是最先被想到的方法，但研究结果没有显示出拉伸对于缓解迟发性肌肉酸痛的作用。一项关于这个话题的综合研究分析显示，按摩疗法对缓解迟发性肌肉酸痛有较好的效果，因为它会加快血液流速和减少肌肉水肿。

就像健身领域中的很多现象一样，这种身体带给我们的信号不是一个判断训练效果好坏的工具，更多的是一种信息，可以为我们之后的训练提供一些有意义的指导方向的信息。

训练计划

第 2 章

训练计划安排的各种变量

深入了解各种训练变量是进行有效训练计划安排的前提条件。不同的训练计划其训练变量的组合方式不同，而不同训练计划所带来的效果区别取决于计划制订者对训练者和不同训练变量的了解和理解。只要你开始进行健身训练，就肯定已经开始与训练变量有一些接触。回想一下你在每次训练前都在考虑的，比如今天要练什么、练哪里、做多少组、做多少次等，这些正是你安排训练计划中训练变量的过程。

作为本书篇幅最长也最重要的一部分，希望本章可以帮助你进一步了解训练变量的具体含义、不同训练变量之间的相互关系，以及不同训练变量对于我们进行健身训练的影响。这些重要的知识在其他健身知识培训课程或书籍中很少被提到。这使得很多教练即使拥有很多职业认证证书，还是无法熟练应用理论知识。这也许就是理论知识和实际应用之间存在的鸿沟，希望你可以通过更深入理解这些知识内容及其相互间的影响关系，不断积累自己的日常训练经验和教学经验，逐渐弥补二者之间的鸿沟。

健身训练涉及的训练变量包括次数、组数、训练强度、组间休息、动作选择、动作顺序、动作范围、训练频率、收缩方式、肌肉压力时间、用力强度、周期安排等，这些你都将通过阅读本书一一了解。在了解了不同的训练变量之后，通过对其进行不同方式的组合，你就可以有针对性地实现训练目标，比如常见的健身训练目标包括增强力量、增加肌肉、减少脂肪或者增强心肺耐力。如果你可以总结出一套易于实行的训练模型，并且将这种特定训练变量的组合方式重新命名，使其广为流传，成为一种新的运动形式，那你就做了像格拉斯曼（Glassman）建立 CrossFit（一种综合性健身训练体系）时一样的事情。

虽然这里提到的训练变量众多，但其中也存在训练变量的优先级。这意味着你不一定要在每次训练中都完全兼顾所有的训练变量，因为这将会是非常复杂的事情，所以你可以首先把握住和自己目标更为相关的重要变量，这足以带给你非常好的训练效果。但如果你像我一样想更加了解健身训练这件事，那么对所有训练变量进行深入的了解会帮助你形成更全面的训练知识体系。这样不管是你自己进行训练还是帮助别人进行训练，都会变得更加有效。

次数

次数和训练目标相关

次数几乎可以说是在进行健身训练时，应该最先考虑的和最关键的训练变量。因为如果你的主要目标是增长肌肉，那几乎所有人都知道要选择 8~12 次的次数范围。如果一个人的训练目标是增强绝对力量，那他通常都会知道要选择进行更少的次数，比如 1~5 次。因为训练次数很大程度上和训练目标直接相关，所以这是我们会首先谈论的训练变量。

次数通常代表重量

当我们在谈论训练次数时，我们通常同时会谈论应该选择的重量。次数在一定程度上就代表了重量，当我们说每组要进行 8~12 次时，那么大多数健身训练者应该都知道要选择只能进行 8~12 次的重量来进行训练。也许他做完 12 次之后并没有真正力竭，实际上没准儿能做到 14 次，但大多数人肯定知道不应该选择一个可以进行 30 次的重量来进行 12 次，因为这样是无法取得健身效果的。

这里有一个例外，就是当训练者试图发展速度力量（Speed Stength）时，会利用相对比较轻的重量快速进行动作。简单的理解就是这种训练会帮助增强爆发力，但目前这种训练似乎还没有被大多数训练者了解和利用，所以这里主要针对的是传统的健身训练方式。

当我们在谈论次数的时候，还是拿熟知的 8~12 次举例，有时候可能说的不是进行 8~12 次的次数范围，而指的是 8~12RM 的重量范围。在训练领域，1RM 代表进行 1 次所使用的最大重量，而 8~12RM 指的就是能进行 8~12 次所使用的最大重量。

回想我们在供能系统中谈论到的，训练强度决定了可以持续的训练时间，决定了身体为进行某一个动作和活动选择什么供能系统，也决定了身体将会为之产生什么样的适应。每组进行的不同的次数对应着不同的身体适应结果，但实际上并不是由次数来决定身体适应结果的，最根本是由次数所代表的重量来决定的。

增长肌肉的训练次数不限于 8~12 次

虽然前面我在利用 8~12 次为增长肌肉举例子,但 8~12 次的次数范围(重量范围)可以更好刺激肌肉增长这个观念,应该更新了。现在的研究给出了证据,最大化地增长肌肉的次数范围要比传统所认为的大得多。

一项研究表明,当训练量(组数 × 次数 × 负荷)相等时,利用 4RM、8RM 和 12RM 进行训练得到的肌肥大效果没有什么差异;但是力量的适应,也就是绝对力量的增长在使用 4RM 和 8RM 的训练中会比利用 12RM 的进行训练增长更明显。其他针对有训练经验的男性所做的研究,也得到了类似的结果。

考虑其他文献的话,目前已经有足够的证据表明:负荷(重量)大小对于最大限度地增强力量很重要,但在负荷 > 30% 1RM 的范围内,负荷与肌肉发展的相关性则很小。这就意味着,如果你想要增强力量,那么就用更大一些的重量进行更少的次数;如果你想要增长肌肉,不管是利用 4RM、8RM、12RM,还是 20RM,在总训练量相等的情况下,区别其实不是很大。

所以关于"增肌到底需要选择大重量还是小重量"这个话题,现在我们知道了两种方式都对增长肌肉有效,只要每一组都进行到力竭或者接近力竭。接近力竭是指在结束这一组时,你应该只能再多进行 1~2 次完整动作,或者说你只要再多进行 1~2 次就会达到这一组的完全力竭。所以每一组都要达到力竭或者进行到接近力竭的程度,也许就是我们在说无论使用大重量或是小重量都会得到相同增肌效果的前提。但在实际训练中需要考虑这几个问题:重量大小如何界定?你是否在意你花费的训练时间?怎么定义这里所说的力竭?

增肌的大重量和小重量需要根据每个人的情况来判断,我们前面提到了通常会用次数来表示重量。比如在说大重量的时候,我们应该是指每组进行 5~8 次,而小重量是每组进行 15~30 次。对于训练经验更多、力量更强的训练者来说,所谓的大重量对应的次数应该会比前面提到的次数更少;而对于刚开始接触健身训练的人来说,也许 10~15 次对应的都可以算作大重量了。

考虑使用大重量还是小重量也需要考虑个人倾向的训练时间,如果要利用小重量进行多次并达到力竭来增长肌肉,那意味着每一组训练需要花费更多的时间来训练。比如每组要进行 20 次,前 15 次似乎只是在为最后几次积累疲劳感,你甚至都不会对前面那些次数进行的动作产生任何感觉。也许对于很多训练者来说，正是因为这种训练时长的增加，他们反而更愿意使用大一些的重量，只要努力进行每一次就可以更快速地达到力竭，然后就可以结束这一组训练了。

不同的训练者对于力竭也有不同的理解和感受。我们在这里对力竭的理解是：当你无法继续完成一个完整动作时，就意味着你达到了动作上的力竭。所以当你使用 5RM 进行训练时，完成 5 次你就会达到力竭，完成 3~4 次就算是接近力竭；而如果你选择 25RM 进行训练时，这意味着你需要进行 22~25 次才算达到了保证增肌效果的门槛。但对于这种需要进行如此多次才能真正达到力竭的小重量，你通常做到 15~20 个的时候肌肉就已经变得很酸了。因此我发现有一些训练者，他们不是因为达到力竭才结束一组训练，而是因为无法忍受那种强烈的代谢压力才结束这组训练。他们没有足够强烈的努力训练的意愿，所以他们不会忍着强烈的酸痛感而激励自己继续多做几次。

也就是说，使用大重量即使没做到力竭但是至少距离力竭会更近；使用小重量虽然可以带来近似的增肌效果，但要确保训练者自己会努力训练，在训练的过程中尽可能克服肌肉中的酸痛来接近或达到真正意义上的力竭。

次数的安排

关于次数除了要考虑上述因素之外，还要考虑训练计划中次数的安排规划。你不能期待所有训练动作都一直利用一个次数进行训练；也不能期待整个训练从头到尾都一直使用一个强度进行训练。

例如你想要增长肌肉，那么将哑铃卧推、杠铃卧推、哑铃飞鸟、俯卧撑、臂屈伸这些动作都进行 5~8 次或都进行 20~25 次是不合适的。有些动作更适合进行更多次，这意味着要使用小重量；有些动作要用一些大重量，这意味着只能进行很少的次数。选择不合适的次数可能会让你更容易出现伤病，训练效果也会大打折扣。

对增肌训练来说，比如哑铃卧推、杠铃卧推这些多关节复合动作就适合选择大重量少次数进行，而俯卧撑这种比较难增加负重、哑铃飞鸟这种会对活动范围末端产生很大压力的动作来说，更适合选择多次数进行，比如 15~25 次就很合适。

你还可以从训练量上对次数进行划分，比如利用 1/2 的训练量进行 8~12 次；

而 4~6 次和 15~20 次则分别使用 1/4 的训练量；甚至在整个训练过程中，随着训练的进行逐渐增加所进行的次数，这意味着随着疲劳感的累积逐渐降低你的训练强度。比如在训练一开始选择进行那些 4~6 次的训练，然后进行那些 8~12 次的训练，最后利用 15~20 次的训练作为本次训练的结尾。

对于增强绝对力量来说，也可以遵循这样的安排逻辑。例如将大约 2/3 的训练量都保持在 1~5 次，剩下的 1/3 训练量保持在 6~15 次。在训练一开始利用最大的重量进行少次训练，随着训练的进行逐渐过渡到小重量多次数。

组数

组数通常是在安排训练计划时比较难确定的训练变量之一。组数的概念不仅可以代表每个动作所需要进行的组数，也可以用来代表每个肌肉群所需要进行的组数，甚至可以用来代表每次训练所需要进行的所有组数。特别针对增肌训练来说，通常会用每周针对同一个肌肉群所进行的所有组数来代表所进行的训练量，比如胸肌每周进行 10~20 组训练。

虽然组数是比较难确定的因素之一，但它和很多其他可调节变量一样遵循着剂量 - 反应关系（Dose-Response Relationship），意思是说：组数从 0 开始增加的时候，训练效果也会随之增加，直到达到某个点之后，随着组数的增加，训练效果不会继续增加反而会开始减少。

也就是说，做太多组数和做太少组数都不太好。我经常会跟学员说："我更倾向于做得少，因为这样能确保以后有逐渐增加组数的空间；而不是一开始就做得很多，这样会不知道具体该减少多少。"

总之，我们了解次数和组数之间的安排规律及更多关于组数的信息之后，会更容易在实际计划安排中确定所需要进行的组数。

训练量

这里提到了不同的衡量训练量的概念，很多训练者发现这些概念很难懂，因为不同的人对于训练量这个词有着不同的定义和理解，但首先能达成共识的是，训练量就是代表一段时间内衡量所进行训练内容的一个概念。有的地方称其为"训练容量"，可能这样称呼会显得比较正式，而我个人更喜欢"训练量"这样简单直接的描述。

对于训练量的体现形式来说，有些地方会用组数直接表示训练量，那么最终表示训练量的就是组数；有些地方会用"组数 × 次数"表示训练量，那最终表示训练量的就会是次数；有些地方还会用"组数 × 次数 × 重量"来表示训练量，那最终训练量的表现形式就是所移动的重量。

在我查阅的训练相关的文献研究中，我发现科研人员会用训练量负荷（Volume Load）来精确代表"组数 × 次数 × 重量"，以和训练量（Volume）这样的词语区分开来。在增肌方面的研究中，训练量则会经常用组数来表示，这也是本书在绝大多数情况下用来表示训练量的方式。

训练量负荷和训练量是不同的描述训练量的方式，只要你清楚这些不同词汇的含义，那么以后在其他训练书籍中看到相关表述也就不会感到迷惑。

避免训练过度的调整

通常在安排训练计划的时候，我们会安排减负荷（Deload）周期。这是指在重复一定时间的训练之后，减少特定时间段内的训练量或重量来试图让身体更好地恢复，从而在更长期的训练中取得持续的进步。

有研究结果显示，训练过度更可能是训练量过大的结果，而不大可能是训练重量过大的结果。也就是说，进行大训练量会比进行小训练量更容易给身体带来疲劳，即使小训练量使用了比较小的重量。比如对于一个跨度约为 3 个月（12周）的训练周期，每到四周的倍数周时都可以通过减少训练量的方式来安排减负荷周期。

训练量的减少可以通过减少组数而不是次数得到。因为前文说过，次数基本就代表了重量，具体的重量又取决于我们想要身体产生适应的方向。查尔斯·波利金曾经就对一个 12 周的训练周期这样建议：同一个计划每进行到第三周时，就减少 40% 的组数安排减负荷周期，并且由于减少了所需要进行的组数，甚至在减负荷周期中还可以增加训练所使用的重量。例如第一周和第二周进行了 5 组某个动作，那么在第三周中就可以减少 40% 的组数，只进行 3 组。

对于有经验的训练者来说，虽然这样安排减负荷周期的频率看起来比较高，但我根据个人训练经验发现，至少这样可以一直让在身体处在良好恢复的状态下。对于那些刚开始健身训练的新手，可以根据情况降低减负荷周期的频率，比如进行4~8周的训练后再安排一次减负荷周期。

组数和次数的关系

在安排训练计划时，没有完美的次数和组数组合方式，但就像大多数健身爱好者都知道的（4×8）~（4×12）一样，次数和组数的组合方式也存在一些规律和方法。除去10×10这种特殊的训练模型，在大多数训练计划中，次数和组数的安排可以遵守反比例的原则。也就是说，如果你每组所进行的次数少，那么就需要安排更多的组数；如果你每组进行的次数比较多，就只需要安排更少的组数。

这种反比例安排次数和组数的方式，从连续的角度来考虑可以从12×1一直延续到1×100，覆盖不同的次数区间，覆盖不同的身体适应方向，具体的参考指南如下。

- 如果你是为了增强绝对力量而训练，那么组数可以为6~12组，次数可以设置为1~5次，比如从6×5到12×1之间都是你可以选择的。
- 如果你的目标是增长肌肉，可以在4~6组和6~12次的范围内进行选择，比如从4×12到6×6都是可以选择的。
- 如果目标是增强力量耐力，那么就选择进行3~5组，每组进行15~30次，可以在3×30到5×15之间进行选择。在更为极端的力量耐力训练下，可以选择进行1~2组，每组进行几十甚至上百次，比如1×100的选择。

需要再次提醒的是，这些组数和次数的安排是针对一般情况的建议。大多数健身爱好者已经可以由此得到非常好的训练效果了，但大众健身人群之外的人群，总会需要特别的安排。

另外，本书展示的各种训练计划，比如4×10或者3×5等，都是"组数 × 次数"的表达方式："×"前面的数字代表组数，"×"后面的数字代表次数。

多组数对于肌肉增长和力量增强的影响

在20世纪70年代，高强度训练（High Intensity Training）开始流行。这种训练理念认为，你可以通过一个训练动作只进行一组的形式来达到足够刺激肌肉增长的条件。这样训练的特点是，每次都进行到力竭的状态。高强度训练认为，在第一组之后进行额外的组数是多余的，甚至可能会对肌肉增长产生负面影响。

比如迈克·门策（Mike Mentzer）和 6 次获得奥林匹亚先生称号的多里安·耶茨（Dorian Yates），这些在健身领域比较知名的训练者，都相信高强度训练的理念，也让更多人开始了解到这种训练方式。甚至现在还有一批训练者仍然相信并进行着这种高强度训练。

说到这里你可能认为我会反对这种理念，其实不是，这种训练方式对有些人来说确实是一个可行的训练策略。比如对一个时间紧张的训练者来说，这种训练方式可以给他提供一个非常有效率并且会带来效果的训练途径。

但如果想要得到最大化的肌肉增长，这种高强度训练可能就不太可行了，因为增加可观的肌肉需要更多的训练量，实质上每个训练动作至少应进行 2 组。主流的研究都表明，多组数的训练在增强力量及增长肌肉方面都优于单组数的训练。一项发表在《力量和训练研究杂志》（*Journal of Strength and Conditioning Research*）上的综合分析研究显示，多组数训练可以比单组数训练在力量增长上多出 46% 效果，比单组数训练在肌肉增长上多出 40% 的效果。

但到底多组数训练能得到的肌肥大效果是因为产生了更多的肌肉压力，还是更多的肌肉损伤，还是过多的代谢压力，或者是这些因素的结合，还不清楚。清楚的是，如果你想要最大化地挖掘你的肌肉发展潜力，多组数训练是必需的，组数至少要达到 2 组。当然得到最佳效果的最佳组数，对于每个人都不同。这需要考虑到很多个人因素，比如基因、恢复能力、训练经验、营养状况等。除此之外，个人的身体适应也是需要考虑的一部分，另外这和目标肌肉的大小也有关系。更大的肌肉群相比于更小的肌肉群需要更多的训练，比如背、大腿要比胳膊和小腿需要更多的训练，因为那些小肌肉群已经在多关节的动作中得到了非常多的额外的锻炼。另一个需要着重考虑的方面是训练计划的结构。在总训练量相同的情况下，利用分化式的训练方案将会比利用针对全身的训练方案使每个肌肉群在一次训练中达到更多的训练量，这样你就可以针对同一个肌肉进行更多组的训练。

但无论你的每周目标训练量是多少组，在一个训练周期内有策略地进行组数安排会比长期进行大训练量的训练要好，后者容易导致训练过度。我们在前文已经了解到，训练量比训练强度与训练过度有着更强的关联性，所以利用周期性的计划安排，我们能从大训练量的训练中得到好处，同时避免带来坏处，避免导致训练过度。

增长肌肉所需要的具体组数

如果你的目标是增长肌肉，这里会给你一些具体的指导。首先我们可以先区分好"每次训练进行的总组数或训练量"和"每个肌肉部位进行的总组数或训练量"这两个概念。对于那些每次训练只对一个肌肉部位进行训练的健身爱好者来说，两者的概念就是重叠的，但对于那些会在一次训练中对多个肌肉群或动作进行训练的健身人群来说，每次训练所进行的总组数，肯定会大于每个肌肉部位进行的组数，也就是说，其每次训练进行的总组数等于所有肌肉部位进行的组数之和。

对于训练量来说，我们需要通过进行足够多的组数来得到训练刺激，这样才可以引发肌肉合成，促进肌肉增长，但如果在一次训练中对同一个肌肉部位进行太多组数，或者某次训练进行太多组数，过多的训练量就会影响肌肉合成，很可能不仅不会促进肌肉增长，还会导致退步。良好且合适的训练量意味着在我们训练的过程中，目标肌肉群应该至少有一些充血感，但充血感的强弱具体取决于训练量，并且在训练之后相应目标肌肉会有被锻炼到的感觉。

具体来说，刚刚接触健身训练的新手可以在每次训练中对每个肌肉部位进行1~5组训练；中级训练者，可以在每次训练中针对每个肌肉部位进行2~10组训练；而对于高级健身训练者来说，在每次训练中针对每个肌肉部位进行3~12组训练则是一个较好的建议。

一定不要高估自己的训练水平和经验。我在健身房中所见到的大多数人，基本都是健身新手和初中级训练者。对我自己来说，每次针对每个肌肉部位进行6~9组的训练，就已经会有足够充血并且强烈的训练感觉了。但如果你认为自己已经有了很多的健身训练经验，那么在每次去到健身房时对同一个肌肉部位进行12组的训练，相信就能获得非常好的肌肉增长效果。

现在你可能会产生疑问：如果每次训练中对多个部位进行训练，一共需要进行多少组或达到多少训练量呢？这是个好问题，因为你现在清楚了每次训练所达到的总训练量和每个肌肉部位达到的训练量是不同的概念。

当我们考虑每次训练的总训练量的时候，需要考虑当时身体的整体疲劳程度。如果你在训练时积累了很多神经系统疲劳感，也就是身体的整体疲劳感，不管是这次训练带给你的，还是之前训练留给你的，或是生活中除训练之外的其他方面带来的，那你这次的训练就不应该针对特定肌肉部位再进行如此大量的训练。这应该很容易理解，因为如果你身体的整体疲劳度已经很高，那么你在针对某一个特定肌肉部位进行训练时，结束该组并不是因为目标肌肉疲劳而是因为你身体整体感觉太累做不了了。那么在这种情况下进行更大量的训练，肯定就不是一个好的选择。

举例来说，比如你在一次训练中进行了 10 组推胸、10 组拉背、10 组蹲腿；然后还要进肱二头肌（此后简称二头肌）训练，结果在进行二头肌训练时，你不是因为二头肌的酸痛和疲劳而无法继续，只是因为你觉得太累了无法继续。换句话说，就是在结束二头肌训练的时候，你的二头肌没有体会到强烈的酸痛和疲劳感。这时候进行的这些训练，应该也没有什么太大的意义。

所以为了保证身体不会积累太多的疲劳，或者不在之前留下的疲劳的基础上过度疲劳，每次进行 15~25 组的训练，会是一个好的建议，这 15~25 组的训练量已经包含了所有的肌肉部位所进行组数的总和。

具体来说，如果你很强壮，在这次训练中又安排了针对大肌肉群的训练，比如针对大腿和后背的训练，那么进行 15 组就差不多了；如果目前你的体型还比较小，主要训练小肌肉，比如小臂、肩膀外侧、小腿等处的肌肉，那么组数大于 25 可能也会给你带来非常好的训练效果，甚至做完 25 组之后你还能用力地收缩那些目标肌肉，因为这些小肌肉群的训练不会给你带来太多身体的整体疲劳感。

如果你每次只进行不到 10 组的训练，那就意味着你可以每周进行更多次的训练，也就是训练频率可以更高。但如果你每次训练只进行 8 组，还要每周进行 6 次训练，那你不如每周只进行 4 次训练，然后每次进行 12 组训练，这样你在达到相同训练量的同时节省了前往健身房训练的时间，但能得到几乎同样的效果。

如果你每次打算进行 30 组以上的训练，那么不如把这些训练量拆分到在不同的训练中。因为在每次训练进行到十几组之后，你几乎不是在进行训练了，你只是在做出那些动作以消耗力气而已。这时你结束一组训练不是因为目标肌肉的力竭而是身体的疲劳，这就是所谓的垃圾组。

如果你想要知道每周针对每个肌肉群所需要进行的总组数，我给出的具体建议是：每周针对每个肌肉群或每个动作模式进行 10~20 组的训练，并且每周至少训练每个肌肉群或每个动作模式 2 次。

力量截止点

前面的建议是针对组数给出的大体参考。在判断组数方面，我还从查尔斯·波利金那里学到了一种更加实用并且可以针对个人情况进行应用的方法——"力量截止点（Drop-off Point）"计算方法。

随着每组训练的进行，你的力量将会因为身体累积的疲劳感而下降，所以我们利用此法可以计算每组训练后力量下降的程度，从而判断下一组训练是否要继续进行。当力量下降到低于规定的程度之后，就需要准备结束训练了。还记得前文提到"做太多组数和做太少组数都不太好"吧，这种方法就可以为我们找到最佳训练组数提供一些参考。

如果训练目标是增强绝对力量的话，允许的力量截止点为 5%~7%，也就是说力量下降到这个程度就意味着该结束训练或更换训练动作了。对于促进肌肥大来说，停止训练的力量截止点为 12%~20%。

举例来说，如果有一个人为了增强绝对力量，正在进行 7×5 的训练，假设他每组进行的重量和次数如下。

增强绝对力量 7×5						
250kg ×5 次	250kg ×5 次	250kg ×4 次	250kg ×3 次	250kg ×2 次	250kg ×1 次	250kg ×1 次

从训练记录中我们可以看到他的力量下降得很快，并且在第 3 组就已经完不成计划的每组 5 次的目标了，这之后他很可能会有这样的疑问：我还要继续用这个重量做下去吗？即使我现在每组只能进行 1~2 次了，大多数训练者可能会为了完成训练计划而继续进行，但当我们掌握了力量截止点的计算方法，就知道他该在哪里停止了。

具体的计算方法是：在每组训练次数相同的情况下，每组重量的减少就按照其减少的百分比来计算；在每组重量不变的情况下，每组所需要减少的次数就按照每次大约 2% 的力量衰减来计算。

在这个例子中，所有动作的第一组将被作为截止点计算的参照组。从上述记录中可以看到，第二组相对于第一组没有变化，这意味着第二组至少在训练记录上没有体现出力量的下降；第三组相对于第一组减少了 1 次，这就是 2% 的力量衰减；第四组相对于第一组减少了 2 次，这代表着 4% 的力量衰减；第五组已经只能完成 2 次，相比于第一组少完成了 3 次，这就是 6% 的力量衰减。计算到这里，你是不是认为他需要在进行完第五组后就结束这个动作的训练?

其实他应该在进行完第四组后停止训练,因为在这种计算方法中,力量衰减的程度需要按照累计的方式计算,也就是:

0(第二组的力量衰减)+2%(第三组的力量衰减)+4%(第四组的力量衰减)
=6%(总力量衰减)

在进行完第四组之后,如果他进行了力量截止点的计算,会发现这时的力量衰减已经达到了 6%。如果再进行下一组,总的力量衰减就会超过允许的范围,那么此时停止这个动作的训练是最好的决定。

合适的训练安排如下。

增强绝对力量 7 × 5

250kg ×5次	250kg ×5次	250kg ×4次	250kg ×3次	~~250kg ×2次~~	~~250kg ×1次~~	~~250kg ×1次~~

在不同的情况中,假设对于同样一个人来说,他在完成上面计划的时候利用了减少每组重量的方法来确保每组可以继续完成 5 次,他进行了如下重量选择。

增强绝对力量 7 × 5

250kg × 5 次	250kg × 5 次	245kg × 5 次	240kg × 5 次	230kg × 5 次	225kg × 5 次	220kg × 5 次

这时我们计算出第三组的力量衰减是 2%,第四组的力量衰减是 4%,第五组的力量衰减是 8%。那么根据计算结果可以推测,在进行到第四组训练的时候,他已经积累了总计 6% 的力量衰减,这意味着此时就是他需要结束这个训练动作的时候。

合适的训练安排如下。

增强绝对力量 7 × 5

250kg × 5 次	250kg × 5 次	245kg × 5 次	240kg × 5 次	~~230kg × 5 次~~	~~225kg × 5 次~~	~~220kg × 5 次~~

以上两种情况都是原计划要进行 7 组,但在实际训练中发现自己的能力无法继续下去的情况。但随着这个人的力量水平提高,他最终会出现可以完成原计划的 7 组的情况,比如下面这种安排就是完成 7 组训练的过程。

增强绝对力量 7×5

250kg×5次	250kg×5次	250kg×5次	250kg×5次	250kg×4次	250kg×4次	250kg×4次

这时他在前 4 组都维持着同样的力量水平，在第五组、第六组、第七组分别衰减了 2% 的力量，积累起来计算就是总共为 6% 的力量衰减，在完成 7 组后仍然处在允许的范围内。

对于进行肌肥大训练来说，我们假设有一个人计划进行 5×12 的训练，他每组可能进行的重量和次数如下。

肌肥大 5×12

100kg×12次	100kg×10次	100kg×8次	100kg×6次	100kg×5次

通过计算力量截止点，我们就可以知道他应该在进行到第三组的时候就结束动作，而不是继续进行到第五组：第二组相比于第一组减少了 2 次，约为 4% 的力量衰减；第三组是 8% 的力量衰减；第四组是 12% 的力量衰减。

当他进行到第三组的时候，就知道自己已经积累了 12% 的力量衰减，并且预估下一组很可能无法继续做到 8 次，这时候如果继续完成第四组，力量衰减的积累将会超过肌肥大训练的力量截止点，所以他应该在完成第三组后就结束这个训练动作，来保证自己做的每一组动作都有效。

合适的训练安排如下。

肌肥大 5×12

100kg×12次	100kg×10次	100kg×8次	~~100kg×6次~~	~~100kg×5次~~

假设这个人在进行 5×12 的训练时，选择通过减少之后每组的重量来保持每组可以进行 12 次，具体安排如下。

肌肥大 5×12

100kg×12次	95kg×12次	85kg×12次	70kg×12次	60kg×12次

那么同样通过计算力量衰减可以得知：第二组的力量衰减为 5%，第三组的力量衰减已经达到 15%，此时积累的力量衰减已经达到 20% 的力量截止点，他就需要在这时候结束这个训练动作。

合适的训练安排如下。

肌肥大 5 × 12				
100kg × 12 次	95kg × 12 次	85kg × 12 次	~~70kg × 12 次~~	~~60kg × 12 次~~

如果他可以按照以下方式完成 5x12 的训练，那么也可以完成原计划的 5 组训练。

肌肥大 5 × 12				
100kg × 12 次	100kg × 12 次	100kg × 10 次	100kg × 9 次	100kg × 8 次

这时候力量衰减总计为 0%+4%+6%+8%=18%，结束全部 5 组训练时还保持在了肌肥大训练 20% 的力量截止点以下。这意味着在此次训练中，他在训练的第一组中选择了合适的重量。

这就是查尔斯·波利金的力量截止点计算方法，他基于"力量训练应该让我们变得更加强壮而不是更弱"的理念，结合他的知识和经验总结出这个规律。当你了解到这种可以根据自身情况衡量所需要进行组数的方法之后，训练就可以变得非常精确和高效，因为这保证了训练所进行的组数都是尽可能使训练效果大于身体整体疲劳的组数。

相信你通过上面这些例子也可以了解到，为了完成一份训练计划，我们需要选择合适的重量。如果选择过大的重量就会发生上面例子中的情况——无法完成规定组数，我们会为了避免使身体过度疲劳而不得不中途停止训练；但如果选择过小的重量，又会很容易地完成规定的次数与组数，这就意味着需要在下次训练中增加一些重量。

训练量的整体考虑

如果你已经开始进行健身训练一段时间，一定有一个问题会经常让你感到困惑：我到底需要完成多少训练量？我们已经说过，通常利用组数或者组数 × 次数来代表训练量，而训练量又可以表示不同的意思，比如可以表示每次训练完成的总训练量，也可以表示每周每个肌肉部位完成的总训练量。

所以在开始进一步了解训练量之前，你需要弄清楚以下几种训练量。

• 维持的训练量：这是你可以维持目前力量、肌肉量的训练量；这是在这几个训练量概念里，数值最小的一个训练量。

- 最小有效训练量：这是你可以得到力量和肌肉增长的最小有效训练量，要高于维持训练量，而且它的确会给你带来训练效果，但并不会那么多、那么快。

- 最大适应训练量：这是可以使你取得最佳训练效果的训练量，这意味着你做的每一组训练都在帮助你取得更多效果，而不是消耗你的能量。

- 最大恢复训练量：这是指你身体可以恢复过来的训练量，它高于最大适应训练量；这意味着虽然你在最大适应训练量的基础上又做了一些训练，但它还是在你的身体可以恢复过来的训练量范围内；也许它就是很多人所说的过量训练，但它并不会带给你相比于最大适应训练量更好的训练效果。

也就是说，我们每个人对于训练量的反应会呈现一个倒 U 形，当你的训练量从 0 逐渐增加时，你的训练效果也会随之提升；但当训练量增加到一个点之后，随着训练量的增加，你的训练效果反而会下降。

对于以肌肥大为目的的训练来说，研究结果显示，更大的训练量会比更小的训练量获得更好的肌肥大效果。分别对 3 组有训练经验的人士进行每周 3 次，每次分别为 1 组、3 组、5 组的训练，结果显示，当进行更大的训练量时，会得到更好的肌肥大效果。根据这些研究，我们应该可以这样说：在身体可以得到良好恢复的情况下，完成更多的训练量就容易增长更多的肌肉。

虽然相关研究给了我们一些确定训练量的指导方针，但我们还需要考虑很多其他因素来决定具体的训练量。

用力程度是指你与力竭之间的距离，如果每组训练都完全做到力竭，那么这些力竭训练所带来的疲劳感自然就无法支持你完成更多的训练量，也不会让你能持续训练长达 2 小时。另外，动作和重量也会对疲劳有所影响。通常固定的训练器械会比自由重量带来更少的身体疲劳感；而那些如杠铃硬拉、杠铃颈后深蹲可以使用大重量且利用所谓自由重量进行的多关节复合动作，则更容易带来身体疲劳感。可以这么理解，使身体面临越多损伤风险的训练动作，就会带来越大的身体压力和越多的疲劳感。

除此之外，对于训练动作技术的把握也会影响身体可以承受的训练量。比如随着训练水平的提高，我们收缩目标肌肉的感觉会变得更好，对于动作的技术细节也了解得更加清晰，这样就可以在训练过程中集中精神来更好地控制动作节奏、更用力地收缩目标肌肉，以此来完成当天的训练。如果训练是这样进行的话，我们的确会无法承受太大的训练量。

就像是我们经常在生活中的其他方面谈论质量和数量哪个更重要时一样，我认为关于训练量也许也存在这样一条规律：高动作技术质量配合小训练量，中等动作技术质量进行中等数量的训练量，而只有低动作技术质量才可以应对大训练量。

还有需要考虑的一个因素就是你的力量水平，查尔斯·波利金曾说："你的训练经验越多，你就需要做越少的次数和组数。"我认为他是想说，当你变得强壮之后，神经系统募集肌纤维的效率也会随之提高。比如当你是个健身新手时，利用 1RM 的 70% 重量也许能进行 12 次。当你变得强壮时，你用 1RM 的 70% 重量也许只能进行 10 次。因为你是健身新手时，1RM 的重量为 50 千克，训练几年之后，1RM 的重量为 150 千克，如果你还利用 12 次进行训练，那么重量强度的百分比就太低了，这样并不会让你继续变得强壮（变得强壮需要至少使用 1RM 重量的 70% 以上）。

而更大的重量也会带给身体更多的疲劳感。如果你在刚开始接触健身训练时可以利用 50 千克进行 10×10 的深蹲训练，即使你腿部肌肉很酸痛，但身体整体疲劳感可能不会十分强烈，你甚至可以在一周内进行两次这样的训练。从训练量负荷的角度来考虑，这次训练总计有 5000 千克的训练量；但当你变得强壮，可以利用 100 千克进行 10×10 的深蹲训练，即使你的腿部肌肉也有酸痛感，但你的身体整体疲劳感也会让你一周只能完成一次这样的训练，毕竟这总计完成了 10000 千克的训练量。更大的重量会比更小的重量带来更大的身体压力和更多的疲劳感，这不仅仅表现在身体层面，还表现在精神层面，也就是表现在我们的神经系统上。随着训练的增加，虽然力量水平提高明显，但我们身体的恢复能力其实并不会产生那么多的变化。

对于广大健身爱好者来说，理想的情况是利用训练来刺激身体产生适应的同时，尽可能减少身体疲劳感；而过大的训练量则会给我们带来太多的身体疲劳感，过度增加皮质醇这种压力激素的分泌会使我们的肌肉容易流失，并且会消耗更多的身体资源用于身体恢复而不是产生积极适应。

所以我建议，如果你健身训练目的是变得更加强壮或者增长更多肌肉，你可以试着从更小的训练量开始，在身体可以良好恢复的情况下逐渐增加训练量。用上面关于不同训练量的定义来解释就是，从"最小有效训练量"开始，逐渐增加到"最大适应训练量"，并要避免进入"最大恢复训练量"。

训练强度

1RM 的百分比

在常规的力量训练中，训练重量通常就是我们所说的训练强度，其通常会用 1RM 的百分比来表示，RM 是指完成对应次数可以使用的最大重量，比如 1RM 表示只进行一次所能使用的最大重量。

运动科学教科书中通常都试图以下面这样的表格，将不同次数的最大重量和 1RM 相关联。例如，通常 1RM 的 75% 左右的重量可以重复 10 次。但这些参考数据其实只是粗略地估算而来，而且会因为个人及与训练有关的许多因素而产生很大变化，比如是多关节动作还是单关节动作、使用自由重量还是健身机器、是上半身动作还是下半身动作、训练经验如何、经常用什么重量区间进行训练，甚至是男性还是女性等因素。

重复次数	强度
1	100%
2	95%
3	90%
4	87%
5	85%
6	83%
7	79%
8	78%
9	76%
10	74%
11	73%
12	70%
13	69%
14	67%
15	66%
16	65%
17	64%
18	63%
19	61%
20	60%

一项研究专门对举重运动员和耐力跑运动员进行了 1RM 的 70%、80%、90% 的重量的倒蹬次数测试，发现在相同比例的情况下，耐力运动员比举重运动员可以进行更多次。比如在 70% 的重量条件下，耐力运动员所进行的平均次数为 39.9 次，而举重运动员则是 17.9 次。在 80% 的重量条件下，耐力运动员所进行的平均次数为 19.8 次，而举重运动员则是 11.8 次。虽然在 90% 的重量条件下，二者的次数差距并不明显，但耐力运动员还是会比举重运动员进行更多次，前者平均完成 10.8 次，后者平均完成 7.0 次。

所以你可以看到，利用 1RM 的百分比来安排训练重量，其实会和想象中可以进行的次数有很大的出入。因为根据所进行的不同运动项目，身体会为相应的训练产生针对性的适应。也就是说，你在进行训练计划的安排时，如果你已经了解了自己个人化的次数和重量的数据，那么利用标准化的 1RM 的百分比作为训练重量的选择指导，可能就不是一个好的选择。

讲到这里，你应该没忘记次数和重量之间的关系吧？规定的次数在一定程度上就代表着将要使用的重量；所以在安排和进行训练计划时，一个比较可行的方式可能是，利用给定的次数来进行重量的选择，比如进行 2~4 次、10~12 次。但也有一些特殊情况更适合利用 1RM 的百分比进行重量选择，比如进行爆发力训练，也就是速度力量的训练时，我们通常会使用 1RM 的 20%~50% 来进行。

提高训练强度的方式

上面提到的训练强度通常等同于训练重量，这是针对大多数在健身房所进行的力量训练来说的。在有些特别的情况下，即使你所使用的训练重量比较小，但训练强度可能也会非常高。

根据牛顿第二定律（力 = 质量 × 加速度），我们有两种增加力的方式：第一，移动一个更大的重量；第二，更快速地移动当前重量。

第一种情况就是我们常规进行力量训练的情况，这时我们通常都以一个稳定的速度移动重量，所以增加使用的重量就会增加力。

第二种情况是当我们以比较小的重量更快速地移动，这样也可以产生更多的力。比如把常规的俯卧撑变成爆发式的俯卧撑，就是利用比较小的重量或负重，通过加快发力的速度来产生更多的力。所以不光是增加训练重量可以提高训练强度，不要忽视那些可以通过加快速度来提高训练强度的方式。

训练过度的判断

我知道很多健身爱好者非常喜欢训练，很可能会有想要通过多练一点来获得更多训练效果的时候，我非常理解这种心情。但是在多做一些训练之前，了解一些身体对于训练过度的反应，有助于我们安排获得最佳训练效果的训练内容。之前说过，我们身体对于训练的反应有一个高峰，在达到一定的训练量之前，身体会因为多做一些而多获得训练效果；但到达这个高峰之后，多做的训练内容不但不会带来更多的训练效果，反而会开始给身体带来负面影响。虽然我们无法在开始训练之前就预测出这个最佳的训练量范围，但是我们可以通过在训练之后观察身体对训练的反应来推断合理的训练量范围。

训练效果是肌肉合成和肌肉分解共同作用的结果。基本来说，训练过度就是身体内的肌肉分解大于肌肉合成的效果。所以当训练过度的时候，肌肉量和力量都会下降，体重还有可能在第二天早上发生较大的下降。在训练过度的情况发生之前，我们最好能判断出身体的状态并及时调整。

训练过度通常由两种因素引起：强度过大或者训练量过大。两种情况同时存在的概率比较小，前文已经提到，当我们利用比较高的训练强度（比较少的次数）时，我们通常不能够承受太大的训练量（组数）。

这里所说的强度过大通常是指，你使用了太大的重量。强度过大会影响你的神经系统。查尔斯·波利金曾说："一次好的力量训练应该会在结束的时候让你手抖。"这意味着你的神经系统受到了训练的刺激并且产生疲劳感，但这种现象应该是轻微的和短暂的。强度过大也会影响你的睡眠质量，你不会像往常一样睡得那么深。如你在晚间训练时用了过大的重量，你会发现自己当天晚上会很难入睡，第二天早上还会更早醒来，这都是强度过大的表现。强度过大也会影响你的食欲，你会发现你的胃口不如往常那样好。强度过大还会影响你的心情，你会变得冷漠和沮丧，并且易怒。

训练量过大是指，你做了太多组或者太多次。训练量过大在力量训练中体现在进行了太多组上，比如一次 2 小时的训练总共进行了 40~50 组，就很容易造成训练量上的过度。所谓的有氧运动或者说低强度的训练内容的过度，也可以指进行了过多次或时间过长。例如跑步的时间过长，以前一直都跑 20 分钟，突然跑了 2 小时，或者突然有一天做了很多个波比跳。训练量过大主要影响你的肌肉系统，甚至影响你的免疫系统。你会觉得早上起不来，感觉没有睡够，身体非常疲劳；白天会变得容易犯困、想打盹，但你的食欲反而会变好，这可能是因为你的身体需要更多的能量来恢复；在情绪方面，你可能会变得悲伤。

你应该注意到这两种过度形式的不同体现：强度过大主要影响的是神经系统，而训练量过大主要影响的是肌肉组织。这和身体上的适应有着一样的对应关系。

现在你已经知道了在训练之后的几小时到几十小时之中如何判断自己是否合理训练，那么在训练进行过程中和结束的时候，也有 3 个信号来帮助你判断自己的训练是否合适。

- 训练结束的时候你应该感到疲劳，但不至于到达筋疲力尽的程度，并且在锻炼结束、短暂休息之后就能恢复过来。
- 你应该感觉到练过的肌肉有充血感，具体有多强烈取决于你的训练方式，但不管怎么说，你练过的那些肌肉都应该有充血感。
- 训练结束 2 小时之后，你应该还会想要训练。如果 2 小时之后，你还是感到很疲惫并且缺乏动力，那你很可能训练过度了。

其实在实际的训练过程中，很多人对于训练过度有着不同的观点。有些人会认为训练过度确实存在，还有些人会认为根本不存在训练过度这种情况，有的只是不充足和无效的营养和睡眠。不管从什么角度考虑这件事情，我们身体所能承受的训练量和强度在不同时间和不同生活状态下都有所区别。比如对于那些刚开始接触健身训练的人来说，他们每次训练都持续进行 1 小时，可能就不是一个好的开始，也许 20 分钟反而可以让他们感觉恰到好处并且可以持续下去。又如对于那些进行健身训练很多年，并且将生活压力、睡眠质量、饮食营养都管理得比较好的人，他们即使一周 6 天每天训练 2 小时，可能也可以很好地恢复过来。

总之，训练过度需要你从身体外部因素与压力、睡眠、营养等存在于身体内部的因素两方面综合考虑。

肌肉纤维的募集规律

我们知道肌肉纤维被分为各种类别，比如慢肌纤维、快肌纤维，有的书还会有更具体详细的分类，但这不是我们讨论的重点。对我们实际训练有用的信息是，在训练的过程中，神经系统其实不会直接募集所有的肌肉纤维，也就是说，不同类别的肌肉纤维的募集是有门槛的。作为能产生更多力量、产生更多肌肥大效果的快速收缩肌肉纤维，通常在使用更大的重量或者应对更艰难的情况下才会被募集到。这也是身体运转的逻辑：身体不会想花费多余的力气去完成任务。

要想了解具体的肌肉募集原理，我们需要了解关于肌肉纤维募集的假设——亨内曼的大小原则（Henneman's Size Principle）。这个原则表明，先募集慢速收缩、小力量、耐疲劳的肌肉纤维，再募集快速收缩、大力量、易疲劳的肌肉纤维。

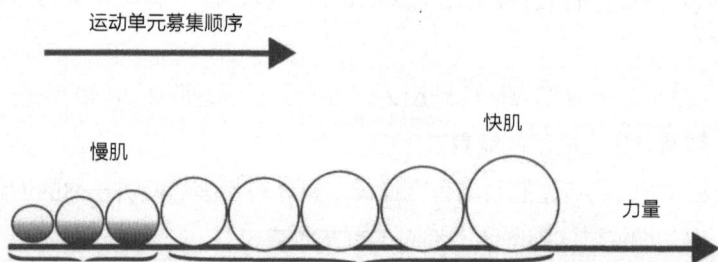

运动单元募集顺序

慢肌

快肌

力量

上图所展示的从小到大的肌肉纤维示意图会帮助我们更好地理解这个概念，图片中向右的横坐标代表产生力量的能力，也就是根据产生力的能力强弱对肌肉纤维进行了排序。需要提醒的是，在真实的身体肌肉组织中，肌肉纤维并不会按照这么规律的方式排列放置。

亨内曼的大小原则具体是指，当我们举起一个重量完成训练动作时，相应能移动这个重量所需的肌肉纤维，就会按上图中从左向右的顺序开始募集。如果你选择的重量比较小，那么只需要募集比较少的肌肉纤维就可以完成这个训练任务，比如一个重量只需要募集上图中的左边 3 个圈的肌肉纤维就可以完成，那就不会募集到第四个圈的，如果你选择了一个比较大的重量，那么光靠左边 3 个圈的肌肉纤维所产生的力不足以完成这个任务，你就不得不额外使用右边几个圈的快肌肉纤维来应对这个训练任务。

这就是为什么当我们使用相对较大的重量时，可以一下子募集到能产生更大力量、更易疲劳的快肌肉纤维。因为如果没有这些肌肉纤维的力量支持，我们就无法移动这个大的重量。如果你选择的重量过大，就算所有的肌肉纤维所能产生的力量的总和也无法移动这个重量，这种情况就是这个重量超过了你的 1RM。

高门槛的肌肉纤维虽然能产生更大的力量但是也更容易疲劳，所以当训练动作持续一段时间之后，比方说进行了一定次数之后，这些高门槛的肌肉纤维开始变得疲劳。之前所被募集到其他的肌肉纤维所能产生的力量的总和不足以支持身体继续移动相同的重量，这时候身体会继续募集更高门槛的肌肉纤维。这些肌肉纤维也开始感到疲劳的表现就是，我们无法继续完成更多次数。

但实际上这时候更低门槛的肌肉纤维还没有完全感到疲劳，而被健身爱好者广泛了解的一种训练技巧——递减重量组，就是针对这种情况而设计的训练方法。通过减少重量，来进一步使那些原本还没有感到疲劳的肌肉纤维变得疲劳，从而在一组训练中让尽可能多的肌肉纤维得到刺激。

组间休息

组间休息的大致分类

每组训练之间为了使身体恢复而间隔的时间就是组间休息。不同的组间休息安排会对训练产生特定的影响，从而给身体带来不同的反应。可以把组间休息大致分为 3 个类别：短组间休息（30 秒或更短）、中等组间休息（60~90 秒）、长组间休息（3 分钟或以上）。

短组间休息会显著增加身体的代谢压力，使前一组训练中所积累的代谢压力不会得到完全的恢复。通常这种组间休息的安排，因为不会让训练者得到充分的身体恢复，所以会显著影响接下来一组训练的表现。短组间休息通常会在进行心肺耐力练习、减脂训练或者增强持续进行某一特定运动的能力时采用。

长组间休息会帮助训练者在组间得到比较完全的身体恢复，所以训练者可以在接下来一组中表现出最大的力量潜力，但是在得到完整的身体恢复和提升下一组训练表现的同时，身体中所积累的代谢压力带来的效果却被放弃了。通常这种组间休息的安排，会在进行增强绝对力量或者保证动作速度及爆发力的训练中使用。

中等组间休息似乎平衡了短组间休息和长组间休息各自的优势和劣势，让训练者可以恢复一部分身体能力又保留一部分代谢压力，通常会在目标是增长肌肉的训练中使用。

组间休息的安排规律

具体安排组间休息时要考虑具体的次数、训练强度、动作选择等训练变量。你需要知道，神经系统恢复比肌肉系统恢复需要更长的时间，所以如果你在训练时选择进行更少的次数，也就是选择了更大的重量，那么通常你都需要更多的组间休息时间。比如你选择了3RM的重量进行训练，如果只安排了1分钟的组间休息时间，那么很容易就能预测下一组你将会无法继续重复完成3次；如果你选择了每组进行20~25次这种比较多的次数及比较小的重量，你当然可以选择更短的组间休息时间。

同样，训练动作的选择也是组间休息时间的一个决定因素。多关节参与的自由重量训练动作允许使用更大的重量，会涉及更多的肌肉，带来更多的身体疲劳感，因此也需要更长的组间休息时间。相反，单关节参与的固定器械训练动作会给身体带来更少的负担，可以使用更短的组间休息时间。比如进行一组10次的颈后深蹲当然比进行一组10次的器械二头弯举需要更长的组间休息时间。

但如果你的训练目标更加侧重于代谢系统方面的适应和压力，或者说你想要提升在某一种特定训练状态下的持续能力，那么相对短一点的组间休息时间应该是你的优先选择。我称这种能力为"续航"，而与之对应的则是"性能"。性能的高低由绝对力量决定，比如一个人的深蹲1RM是200千克，就可以说他比另一个深蹲1RM是100千克的人的性能更强；但这个人只能在10分内利用200千克深蹲3次，另一个人则可以在10分钟内利用100千克深蹲6次，我就可以说后者的续航更好。通常耐力运动员的续航会比力量运动员更好，力量运动员的性能则比耐力运动员更强。比较概括地说，短组间休息的训练会帮助建立续航，这样的训练也是我们常听到的"体能训练"；而长组间休息的训练会帮助建立性能，强调的是如何能最大化地提升身体能力表现，也就是能力峰值。

短组间休息的训练也是减脂训练的优先选择，因为短组间休息不仅会让身体持续保持运动，消耗更多的热量，也会增加体内乳酸的累积。一项研究显示，血液中乳酸浓度的提高是导致生长激素释放的主要刺激。生长激素水平的提高可能有助于帮助增长肌肉，或帮助在锻炼之外消耗更多的身体脂肪，因此短组间休息的训练也许对于减脂来说是一个好用的工具。

如果你的目标是使增肌效果最大化，短组间休息和中等组间休息可能都有帮助。短组间休息可以帮助你增加肌肉内的代谢压力，而中等组间休息则可以帮助你增加下一组完成的动作次数，通过增加总训练量或总训练量负荷的方式来使增肌效果最大化。

对于想要增强绝对力量的训练者来说，长组间休息有助于成功挑战更大的重量。澳大利亚教练塞巴斯蒂安·奥雷布（Sebastian Oreb）可以利用 270 千克深蹲 10 次，利用 200 千克卧推 5 次，还是世界顶级大力士运动员哈夫托尔（Hafthor）的教练，他的训练组间休息时间长达 8 分钟。

总之，对于训练来说，不同的组间休息的安排会带来不同的结果，这里的关键也许不在于我们需要确认哪一种组间休息安排方式会带来最佳的训练效果，而是我们需要通过不同的组间休息安排不断为健身训练带来变化。只有持续为身体带来新的刺激，才会让身体不断产生新的适应。我对于健身训练的一个简单且容易实行的建议是：在每次训练的一开始，利用较长的组间休息进行多关节的训练动作，随着训练的进行逐渐转化为短组间休息的单关节孤立训练动作，以带来更大的代谢压力。

常见训练目的的组间休息安排如下。

- 增强绝对力量的组间休息：5 分钟 ~3 分钟
- 功能性肌肥大的组间休息：3 分钟 ~2 分钟
- 肌肥大的组间休息：2 分钟 ~90 秒
- 增强力量耐力的组间休息：90 秒 ~10 秒

从另一方面考虑，组间休息的安排也是为了保证比较高的训练效率，你当然可以休息更长的时间，但这样完成此次训练的总效率就变低了。上面常见训练目的的组间休息安排，就是既保证训练效果又保证训练效率的一种参考。

动作选择

也许相对于次数、组数、休息时间这些变量，训练动作有着更多的变化选择，所以对很多健身爱好者来说，这也许是制订训练计划时最感到困扰的一个问题：该选择什么训练动作？

同样的训练动作，对于有着不同训练目标或者不同身体情况的训练者来说，其选择会有很大的区别。比如有人想通过平板卧推来锻炼胸肌，那么他所选择的训练动作，就会与另一个想要利用平板卧推来增强绝对力量的人不太一样；比如同样是颈后深蹲，上下肢结构比例不同的两个人就会展现出不同的动作技术细节。训练者的不同经验水平，也是选择和轮换训练动作时需要考虑的因素。训练经验丰富的训练者会有更多的训练动作可供选择，并且相比于刚接触健身训练的人士有更多训练动作上的变化和轮换。

到底选择多关节的复合动作还是单关节的孤立动作？利用自由重量还是使用固定器械？选择身体外的重量还是选择自身重量？同一个动作模式选择哪一种进行方式？这些都是我们在进行动作选择时应该考虑的具体问题。

健身训练不只是使用器械

我经常听到那些刚开始准备进行健身训练的人问："我们是不是要开始用那些器械了？"可能对于大多数没有怎么接触过健身训练的人来说，开始健身训练就等于开始使用器械，而且绝大多数健身房依然在利用丰富的器械进行宣传推广，这无疑会让更多还没有开始健身训练的人士继续把健身训练和使用器械联系在一起。

事实上，不是只有使用器械的健身训练才叫健身训练。健身训练有很多不同的形式，使用器械只是其中一种选择。当然这种选择和其他选择一样，都存在有利的一面和不利的一面。我相信你可以在阅读完这本书之后清楚了解到这些内容，并且知道该如何利用这种思考方式来面对之后在健身训练过程中遇到的每一个问题。

使用器械的缺点在于身体的移动角度会受到器械的限制，你很可能由于不良的姿势导致身体受伤；又由于不需要保持身体的稳定，相关的稳定肌肉群和核心肌肉群不会得到足够的锻炼，在将来也可能会增加你遭受伤病的风险。

使用器械的优点在于简单易学，因为使用器械训练的路线大多是固定的，所以通常坐在器械中推动把手就可以帮助训练者拥有肌肉发力感并且锻炼肌肉。但简单并不代表容易，使用器械时对设备的座椅或对自己的身体姿势的调整非常关键，这将决定你是否可以有效利用器械来达到自己的训练目标,正确锻炼到相应的肌肉。了解器械设备的杠杆力学也很重要,你将在动作范围一节中了解到,其实每个训练动作都只会特别强调某一个特定姿势或角度的局部动作范围。

健身训练不只是使用器械,自重训练也是健身训练的一种。有氧运动也不只是跑步,徒手下蹲 30 分钟也可以算作一种有氧运动。掌握这些概念背后的原理,会帮助你找到更合适且合理的健身训练方式。

根据情况选择训练动作

大多数健身爱好者的训练目标应该都是改善体形、减少脂肪或者变得更加强壮,并且都希望在最短的时间内达成目标。有很多的训练方法可以实现以上目标,但也的确存在一种方法比另一种方法更有效的情况,这具体取决于个人的情况,例如从哪里开始健身训练、在训练旅程中如何逐渐进阶。

对于同一个动作来说,使用越大的重量,就会募集越多的肌肉纤维;对于不同的动作来说,越接近于人类处于求生状态时的动作,越按人类最初被设计的方式运动,就会募集越多的肌肉纤维。引体向上就类似于"被挂在悬崖边上,需要把自己拉上去才能求生"的状态。我们人类的身体最初也是被设计成需要进行比如举起石头、搬运东西这类活动。

对比举重中的高抓和高翻,高抓就会募集更多的肌肉纤维,因为高抓需要把重物举过头顶,对于身体来说就有更大的风险。风险越大,也就意味着募集越多的肌肉纤维,这就是为什么会有"自由重量优于器械"的观点。

我在这里列出了 7 个不同层级的肌肉激活程度,其风险级别由低到高,第 7 级是最高风险的肌肉激活。力量训练中最重要的因素之一就是选择合适的动作,所以建议你根据自己的情况选择合适的动作,并在此基础上尝试进阶。对于大多数健身人群来说,我建议将大部分训练动作选择集中在 3~6 的级别,并且逐渐从第三级进阶到第六级,以获得比较高效和长远的锻炼效果。

❶ 器械的孤立动作。这是低技术技巧要求、低风险的训练动作类型,主要是利用器械进行的稳定、孤立的动作。这类动作对于健身新手来说很友好,对于学习健身动作有困难的、身体平衡性或稳定性欠佳的,或者害怕进行不稳定动作的人来说是好的开始。这类动作也是辅助训练动作、康复动作,以及以某一部分肌肉为训

练关注点的好的选择。器械腿屈伸、器械腿弯举、器械二头弯举都属于这一类型。

❷ 器械的复合动作。这是器械的孤立动作的进阶动作，同样具备使用器械的各种好处，比如动作容易稳定、动作技术容易掌握等；但在这一级别中，关注点从以单个肌肉为主逐渐过渡到了以整个动作为主，所以这类型的动作包括器械卧推、倒蹬、器械下拉等。

❸ 绳索的孤立动作。第三级的动作回到了孤立动作，通过使用绳索降低了使用器械时的稳定性，需要训练者开始对动作进行更多的控制。具体对会对训练者产生多少稳定性的影响，取决于动作进行的具体方式。比如以站姿进行的低位绳索二头弯举就要比利用绳索进行的牧师椅弯举带来更大的稳定性考验；站立的绳索夹胸要比可以将臀部靠在凳子上进行的绳索夹胸带来更大的稳定性考验。

❹ 绳索的复合动作。第四级动作和第三级动作的概念一样，但又由孤立动作进阶到了复合动作，比如绳索坐姿划船、绳索坐姿下拉、绳索站姿推胸、绳索站姿推肩等。

❺ 自由重量的孤立动作。这是训练者开始使用哑铃或者杠铃的时候了，从这些动作开始，训练者就需要更多地控制动作和使用的重量了。这类型的动作包括牧师椅的二头弯举、仰卧哑铃飞鸟、坐姿的哑铃侧平举等。

❻ 自由重量的复合动作。这些动作是我们安排健身训练计划时的主要动作，是会为我们带来最主要训练效果的动作类别，比如杠铃深蹲、杠铃硬拉、哑铃卧推、哑铃俯身划船等。进行这个级别的动作时，应该关注在稳定动作技术的情况下试图移动大重量。

❼ 自由重量的技巧动作。这类动作是最快速进行的或最具爆发力的、具备最高技巧性的与最大风险的动作。这些动作有着高水准的动作技术要求，想要进阶的话也需要花费最长的时间。这些动作适合中高水平训练者或运动者，即对技巧、速度、运动表现有要求的人。这类型的动作包括但不限于高难度的体操动作与举重动作、高水平的跳高动作与跳远动作。

虽然器械的确会为健身训练带来变化及多样性，但一般来说，不建议器械的训练量超过总训练量的 20%，但如果你的身体存在特殊情况，这个比例可能对你来说也不适用。总之，自由重量会通过募集更多肌肉纤维给你带来更多训练效果，同时也会通过激活小肌肉群来增强身体动作的稳定性，但器械所带来的稳定性和容易程度，对一些特定的人群也自然有相应的价值。

并不是说新手不应该直接进行高级别的动作，需要了解的是，如果你没有一步步合理地实现进阶，终有一天需要倒退回低级别的动作打好基础，才能保证在健身过程中尽可能取得更大的、长远的进步。

扔掉感觉不好的动作

在进行任何机械式重复的运动时，你的大脑都可能会"漫游"；但是，当你利用大脑努力控制特定的肌肉时，你的大脑就会瞄准一个确定的目标，不会漫游。这样的益处是持续性的，并且那种精神集中的力量会逐渐增强。

20 世纪的德国体操运动员马克斯·西克（Max Sick）早已了解到需要通过控制肌肉来进行健美运动。他说："移动重量的训练只会在肌肉被用到的情况下产生好的效果。如果大脑只想着去完成动作，那么肌肉中的张力会在到达一定的点之后停止。为了使训练效果最大化，把精神集中在肌肉上非常重要，而不应集中在所进行的动作上。"

现在，健身行业似乎比以往任何时候都更加关注外在运动的表现和运动训练量。他们会开始限定训练时间以要求训练者完成更多次数，但我们不能忘记大脑和肌肉的内在联系，即需要关注运动的意图和肌肉张力。

在这里我想说的是：开始更多关注你的训练动作和所需要涉及的肌肉，并且扔掉那些让你感觉不好的训练动作。如果你在做训练的时候感觉不到某个肌肉的张力，那么你很可能是在浪费训练时间。这个建议不仅仅局限于健美训练，在进行其他目标的力量训练时，你也应该能感受到适当的肌肉充血感。有些时候你需要根据自己的感觉来，而不是做那些"被大家所认为需要的事情"。

具体来说，就是你的训练需要围绕那些可以让你感觉很好的动作进行，然后你需要围绕这些动作来做一些训练上的变化。比如佛朗哥·哥伦布（Franco Columbu）是知名的奥林匹亚健美运动员，和阿诺尔德·施瓦辛格（Arnold Schwarzenegger）是非常要好的朋友和训练伙伴，他们两个在同一时期达到巅峰状态。作为该时期最强壮的健美运动员之一，他说自己在做下斜杠铃卧推的时候，什么都感觉不到，所以他直接把这个动作扔掉了。知名健美运动员和教练米洛斯·萨尔切夫（Milos Sarcev）在每次进行手臂训练前都会从非常轻的集中弯举开始，他首先集中关注肌肉的缩短和拉长，直到开始感受到神经系统控制肌肉，他才开始继续他本来计划的训练内容。虽然这些是非常规的方法，但正好适合他们。

健美运动家文森特·吉龙达称常规的卧推不是练胸肌的动作，所以他提倡孤立训练。他的意思很可能就是：如果想要练胸肌，那就单独练胸肌，而常规的卧推并不会有这样的效果。因为在进行常规的卧推动作时，肩膀和手臂都会尽可能地帮助推起更大的重量和做更多的次数，所以他推崇利用一种卧推的变式（Neck Press）来进行胸肌训练，他说这样就会更孤立地训练胸肌。

我们每个人开始健身训练之后，都可能存在一些固有的训练观念，甚至在感觉不好的情况下也一直舍不得扔掉那些训练动作或者改变原有的训练方式。但在实际的健身训练过程中，根据自己的目标和身体感受来调整训练方法是关键一步，这也是大多数教练倡导"找到适合自己的训练方法"的一种体现。

不一定要做杠铃颈后深蹲

杠铃颈后深蹲通常被认为是必做的健身训练动作。很多健身爱好者想要在这个动作上抬起更大的重量，以此来展示自己已经变得强壮。虽然很多人把杠铃颈后深蹲当作下肢训练的"黄金动作"，但在我的教学过程中，我发现很多人并没有做好杠铃颈后深蹲的准备。我会对他们说："其实你们不是非得做杠铃颈后深蹲。"

杠铃颈后深蹲常被作为增强力量的"参照动作（Reference Lift）"。健身爱好者在相互交流的时候，通常会问"你深蹲的重量是多少"，这就是我们在利用这个动作作为力量的参照动作的表现。对于健身爱好者来说，这个动作也只是各种下蹲动作的一个变式，只是经常被大家利用而已。

力量举运动会将杠铃深蹲、杠铃硬拉、杠铃卧推作为竞技项目，而举重运动员也经常会进行杠铃颈后深蹲来帮助提高举重成绩。也许大多数训练者受到了这些影响，都将这些所谓"标准"的参照动作作为自己训练的参照动作。除非你热衷于力量举或举重运动，否则杠铃颈后深蹲其实可以不纳入你的训练内容，如果你发现自己并不喜欢或不适合这个动作的话。

除了杠铃颈后深蹲，健身爱好者们要想增强下蹲的力量还有很多其他可行的选择，比如你的力量参照动作可以为杠铃颈前深蹲、哑铃高脚杯深蹲、杠铃泽奇深蹲、哑铃保加利亚分腿蹲、双脚在地的杠铃分腿蹲等；或者你仍然可以选择颈后深蹲，但利用一些特殊的异形杠铃杆来进行，以使其更加适合自己特定的身体情况。比如有一种杠铃杆被称为安全深蹲杆，虽然其使用方式还是会像传统的杠铃颈后深蹲一样被扛在肩上，但其杠铃片所处的位置会带来身体重心位置的变化，最终在下蹲过程中产生和使用传统杠铃完全不同的下蹲线路。

对于硬拉来说，除了传统的杠铃硬拉，你还有很多的变式可以选择，比如罗马尼亚硬拉、脚垫高的宽握硬拉、六边形杠铃杆硬拉等。如果还是想继续选择传统的杠铃硬拉，你也可以将杠铃片垫高，以此来减少传统硬拉对身体灵活性的考验，使你可以更加安全地完成训练动作。

对于上肢来说，如果你不喜欢杠铃平板卧推或者发现这个动作让自己的关节不太舒服，那么你可以选择哑铃平板卧推、负重臂屈伸作为上肢推的力量参照动作，甚至俯卧撑。对于上肢拉的力量参照动作，我通常会建议选择负重对握或反手引体向上。

总之，希望你在进行健身训练时不要被某种特定的动作限制住。如果你发现某个动作不适合你，不管是关节灵活性的问题，还是伤病的原因，不要再执意去做那个动作。不管是增强力量，还是增长肌肉，都可以从其他的训练动作中获得同样或更多的训练收益。所以以后如果有人再问你："你的杠铃深蹲重量是多少？杠铃硬拉重量是多少？杠铃卧推重量是多少？"

你可以这样回答："为什么要用杠铃做这些？"

可变阻力的负重方式

如果你一直在使用固定的重量进行各种形式的健身训练，那么你应该开始试试可变阻力（Accommodating Resistance）的负重方式了。固定重量是指利用哑铃、杠铃、绳索等负重方式在你整个运动范围内呈现的固定的重量负荷；而可变阻力的负重方式意味着你所使用的重量将在你的动作范围内随着动作范围的改变而改变，通常会利用弹力带或铁链这样的工具来实现可变阻力的负重方式。

在了解可变阻力的训练形式之前，我们需要先深入了解一下常规训练的方式。你应该在健身训练过程中听到过这样的描述：链条有多强壮，由链条最弱的一环来决定。在实际训练过程中，如果说你做杠铃颈后深蹲的最大重量可以达到 200 千克，那么就是意味着你在整个深蹲过程中，在最弱的一点上最多能举起 200 千克的重量。

通常我们所说的 1RM，也就是能举起 1 次的最大重量，实际上也是指你在最弱的一点能举起的最大重量。换句话说，你可以在最弱点之外的动作范围内产生更大的力量、移动更大的重量。在实际训练中很容易发现这一现象：如果下蹲动作的范围变得小一些，那么你就可以举起更大的重量；如果进行全范围的下蹲动作，也就是臀部尽可能碰到脚后跟那种动作，那么你就不得不减少所使用的重量。

另外，在进行常规负重形式的训练时，进行每一个特定的动作，你都会经历加速和减速的过程。在一开始把重量举起的阶段，你会带给所要移动的重量更大的加速度；在经过特定点之后，你不得不减速，以保证重量在你处于动作结束位置时的速度是 0。如果在动作结束的时候，重量的速度不为 0，那么你的重量将会在这个时候从你的手中或身体上飞出去，除非你做的是爆发力类的训练，传统的健身训练几乎不允许出现这种情况。现在了解了训练中的这种情况就会知道，其实我们并没有在整个动作范围内持续为移动重量产生更多的力，特别是如果你想进行爆发力训练，那种传统的负重形式不会对增强爆发力提供很多的训练帮助，因为这两种发力方式有很大的差别。

可变阻力的训练方式通常会被用于匹配某个训练动作中的力量曲线。在进行特定动作的整个范围中，你可以产生的力会由于不同的关节或动作角度而展现出不同的力量水平。将你整个动作范围的力量水平汇集在一起得到的曲线就是这个训练动作的"力量曲线"，我将在后文进一步讲解这个概念。

通过在传统的负重形式上加入弹力带或铁链，你可以有更多的动作"加速"时间。比如，当你想利用一个相对较小的重量来进行爆发力训练的时候，如果没有增加可变阻力的训练工具，你将不得不在动作范围的后半程中减速，以此来避免手中的重物脱离控制；如果在训练中加入弹力带，你就几乎可以在整个动作范围内"持续加速"，特别是之前需要减速的动作范围的后半程。

这意味着，你可以在更大的动作范围内产生更多的力，且产生的力会大于重物所受的重力，以此募集更多的肌肉纤维。更大的动作范围也会允许你达到更快的运动速度，也就是最后会输出更多的力。动作返回的离心收缩阶段也会因为弹力带中额外储存的能量，使你更需要控制住动作的下落或返回，从而带来相比于传统负重形式更多的肌肉损伤。

利用可变阻力的训练方式还可以加强特定的动作范围的力量。我们所进行的力量训练和身体所产生的适应是有针对性的，这意味着如果你只在某一个范围内训练你的动作，那么你将会在这个特定的范围内得到较大的力量水平的提高。你会在动作范围一节中详细了解这些内容。这里简单利用站姿二头弯举来举例，常规的重量会着重强调中等活动范围的力量，但如果你利用了弹力带或其他可变阻力的训练工具，你可以着重强调二头肌收缩到最小范围的力量。

拿坐姿高位下拉来举例就更好理解了，在下拉把手和架子顶端之间挂上弹力带，这样随着将下拉把手拉下来，弹力带就会产生更大的拉力，可以特别强调增强下拉动作范围最末端的力量。在经过这样的训练之后，你再进行自重引体向上训练，会发现每组可以比以前做更多次数，并且可以进行更多组数了。因为对于大多数人及常规的引体向上进行方式来说，引体向上顶端在常规的负重方式下通常不会得到很多的关注，而通过增加弹力带能够练到坐姿下拉底端，恰恰弥补了被忽视的动作范围和角度。

哑铃推类动作选择中立握法

当利用哑铃进行各种推类动作时，利用中立握法会带来很多额外的好处。特别是在同时进行了很多的杠铃推类动作时，中立握法所带来的动作变化显得更加重要。

首先我们来了解肩关节的结构。肩关节是一个球窝关节，当你抬起你的手臂时，你的大臂（肱骨）的骨头会在肩关节内移动。众多肌肉会协调作用来维持你的肩关节的稳定和良好功能，包括胸肌、背阔肌、冈上肌、冈下肌、小圆肌、大圆肌、肩胛下肌等。

常见的肩膀不适包括肩峰撞击综合征，严重的会导致肩袖肌肉撕裂及韧带损伤。在健身中出现这些伤病的原因，一方面可能是在力量训练中没有观察到自己肩膀肌肉群的力量不平衡，没有进一步有针对性地改善不平衡的情况，当这些肌肉出现特定的力量不平衡情况时，你的肩膀无法按照计划的方式运转，最终容易导致疼痛出现；另一方面可能是长期使用不理想的训练姿势和动作技巧，不断给本来就没做好准备的肩关节带来更大的压力和损伤。

看到这里你可以做一个测试，自己体会一下什么是肩膀的理想姿势。

第一步，身体站直，双臂垂直，掌心向前。

第二步，将手臂尽可能抬高并紧贴耳朵。

第三步，放下手臂，将手臂外展至最大限度再抬高。

第四步，观察第二步和第三步抬高手臂的区别。

你会发现当我没有告诉你具体该如何抬高手臂的时候，你会沿着身体偏向斜外侧的一个角度来移动手臂；而当我要求你保持手臂向后展开，沿着身体最外侧的角度抬高时，你都无法将手臂抬高紧贴耳朵。

对于肩关节来说，有一个特定的切面可以用来解释这种情况——肩胛骨面（Scapular Plane）。将手臂从额状面（Frontal Plane）向内转30~45度，所形成的切面就是肩胛骨面。你会在这个切面中获得更多的肩关节活动范围，并且当你在这个切面中进行各种推类动作时，由于不需要较大的肱骨旋转，因此肩关节会受到更小的压力。

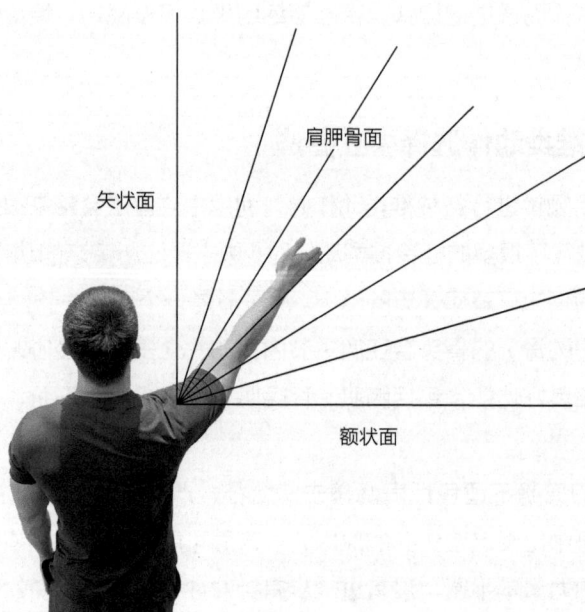

很多人对训练动作的技术细节没有进行深入的理解，经常在进行各种推类动作时，容易让肩关节过度内旋，这导致大臂在推类过程中会向外撇出，脱离前面提到的肩胛骨面，最终导致肩袖肌肉群和韧带承担很多的压力。特别是在利用杠铃进行训练的时候，由于杠铃杆是一根直杆，你在进行很多推类动作的时候只能选择掌心向前的握法，这就使你更容易出现以上情况。

手腕用力   手腕崩溃

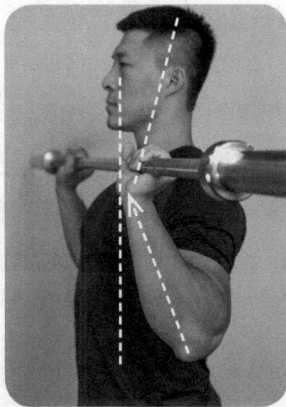

当你在利用杠铃进行训练时，你首先需要注意的就是你的手腕。当你用力摆正手腕之后，你的小臂将会指向动作结束位置，这里需要提醒的是，小臂的方向就是发力的方向，所以小臂需要一直和杠铃的移动轨迹重合。这时候你的肘关节将处于理想的位置，通常就是处于手腕正下方甚至偏前一点。这时你的肩关节将会保持外旋，来让肩膀有更大的移动空间，最终让你安全高效地完成各种推类动作。

大多数训练者在利用哑铃进行训练的时候，依然会延续利用杠铃进行训练的方式，使掌心向前、大臂向外撇出来进行各种推类动作，这就导致肩关节将会继续承担更多的压力，最后导致伤病的发生。

其实当你在利用哑铃进行训练时，恰好有了一个可以改变握法来让肩关节在不同方向和角度上得到锻炼并且减少压力的机会。特别是如果你已经进行了很多的杠铃推类动作，那么哑铃中立握法所带来的动作变化就显得更加重要，它会弥补你的肩关节没有训练到的特定角度和范围的不足。

选择中立握法会带来以下优势。

• 中立握法相比于掌心向前的握法会带来更大的动作范围。

• 中立握法更加强调肱三头肌（此后简称三头肌），对杠铃推类动作会产生很好的力量迁移作用。

• 当利用杠铃进行推类动作时，你不得不使用掌心向前的握法，在利用哑铃时选择中立握法会改变肌肉纤维募集方式，从而刺激到不同的肌肉纤维。

• 掌心向前的握法容易让你的肩关节处于一个内旋的姿势，改变握法到中立的位置则允许产生更多的外旋，给肩关节提供更大的活动空间来减少受伤的风险。

• 中立握法会允许肘关节处于躯干之外 45 度的角度上，给肩关节创造了更大的移动空间。掌心向前的握法会容易导致肘关节处于躯干之外 90 度的姿势上，带来更小的移动空间和更高的受伤风险。

借助坐姿推类动作，我们就非常好理解这个原理了。大多数人进行推肩的方式是手肘直接向外展开，在矢状面上进行推肩动作，这时肩关节会因为肱骨的强制性旋转而承受很多压力；如果在肩胛骨面进行推肩动作，也就是将手臂向内移动 30~45 度，肩关节就会承受更少的压力，动作轨迹也会变得更加流畅舒适。

并且还有人这样认为：由于肩袖肌群起自肩胛骨，因此肱骨在肩胛骨面做动作会增加三角肌和肩袖肌群的长度张力，有助于促进最佳的肌肉增长和力量产生。

关注肌肉还是关注动作

很多人说要关注肌肉，在训练时找到肌肉发力的感觉，但找到这种感觉并不是件容易的事。健身房中的很多训练者虽然在训练的时候以为自己在关注肌肉，实际上是在关注动作。两者之间有着完全的区别，眼尖的教练会在你进行训练的时候一眼就看出你到底是在关注什么。

我并不是想说关注哪方面好或不好，你也不需要把所有的训练都放在一个关注点上。当我们在进行某些特定的训练时，将关注点放在肌肉上会有更好的效果；而在另一些特定的时刻，更关注动作则可以获得更好的训练表现。当你完全了解这些区别和情况以后，你就可以理解常被教练提到的"肌肉发力"到底是什么意思，以及如何能找到肌肉发力、如何将关注动作和关注肌肉融入自己的训练。

❶ 当你关注肌肉的时候

锻炼肌肉是大多数人对健身训练的第一印象，几乎所有健身者都被告知锻炼时要找到肌肉发力的感觉。如果你所做的动作没有让你想要锻炼的肌肉有发力的感觉，那么你就需要进行调整了。

当我们关注肌肉的时候，要知道在进行某个动作时，很多肌肉都在同时为动作服务并且扮演不同的角色。很多人跟我说在进行引体向上的时候感觉"练到了"腹肌，但事实上，只是腹肌在用力而已，不代表"练到了"。真正服务于完成引体向上动作的，是你的二头肌、后背的肌肉等。所以你需要理解，有一些肌肉会在完成动作的过程中承担稳定身体的作用，而其他一些肌肉才真正服务于完成动作、移动重量。

就像在深蹲过程中，核心肌肉的确会用力来帮助你稳定躯干，但真正能让你蹲下、站起来的是大腿和臀部的肌肉，所以你不能说深蹲会"练到"腹肌，只是深蹲需要腹肌发力而已。也有人认为在进行大量深蹲之后不需要单独锻炼核心肌肉，因为在深蹲过程中就已经锻炼到了；但我认为，当你扛着杠铃收紧腹部的时候，并没有给腹部带来循序渐进的挑战。那时你虽然会用力收紧腹部，但和你在自由站立时用力收紧腹部的效果差不多。用握力的例子来解释，靠用力抓紧一块一定重量的石头来增强握力，与握住真正大的重量并且逐渐增加那个握住的重量，两种方法对于你握力的增强效果一定会有很大的区别。

通常我们在说"找到肌肉发力"的时候，其实指的都是试图找到那些服务于完成动作的肌肉。比如在深蹲起立的过程中，你应该找到臀部肌肉发力帮助你完成动作的感觉。比如在进行哑铃卧推的时候，你应该找到胸肌发力帮你将哑铃推起的感觉。如果你找不到这些感觉，可能是你的动作技术并没有让那些目标肌肉获得较大的刺激和压力，这意味着你需要调整动作技术。另一种情况可能是，你的肌肉被"掩盖"了，你需要消除肌肉紧张并且激活肌肉来唤醒那些"沉睡"的目标肌肉。

那些目标肌肉不愿意发力也让你找不到发力的感觉，很可能就是因为它们太过薄弱了。目标肌肉因为太过薄弱而不愿意主动发力，总需要其他肌肉帮忙，这就是常说的肌肉代偿。因为那些肌肉太过薄弱，你自己也无法很好地控制和感受它们，所以你根本无法体会到什么是肌肉发力的感觉，你完成动作的关注点都会是动作而不是肌肉。即使你的动作在大体上看没有什么问题，眼尖的教练也总可以在动作开始和结束的细微之处，观察到你的某些肌肉是否有发力。

当薄弱的肌肉逐渐变强，也许你才可以真正体会到这句话的意思：当我们关注肌肉发力、为了锻炼肌肉而进行训练的时候，身上所承担的重量其实就是我们收缩肌肉时遇到的阻力。我们不是将重量从 A 点移动到 B 点，而是在有阻力的情况下收缩肌肉。在这种情况下，你的训练动作将不会变形，因为你没有关注如何将重量移动，你只关注如何让目标肌肉产生更多的收缩。

著名健美运动员本·帕库尔斯基建立了 S-S-I 模型来解释这种关注肌肉的训练方法。

- 先将你的动作模式建立好（Set-up）
- 然后将动作稳定在你刚刚建立好的动作模式里（Stabilize）
- 最后利用目标肌肉的收缩来进行动作（Initiate the Movement by the Working Muscle）

最后一点是最关键的，也是我经常给学员强调的。试图找到利用肌肉的收缩来带动动作完成的感觉，而不是动作开始后才想着使用那些肌肉。肌肉块头越大，越容易找到这种肌肉发力的感觉，所以如果想让薄弱的肌肉产生这种发力感，需要有耐心地等待训练时间和训练经验的积累。

❷ **当你关注动作的时候**

其实我们每天做出的大多数行为，都是在关注动作的情况下进行和完成的。当你想拿起桌子上的手机时，你的眼睛会将手机的位置传递给大脑，你的大脑会产生一个信号传递到那些需要被调动的肌肉纤维上，最终通过肌肉收缩来产生这个行动。很多人会有肢体不协调的情况，他们当时以为自己会这样做，但其实身体却会那样做，这就是在大脑"看到、思考、反应"的整个过程中出现的一些偏差。这个时候你需要开始锻炼你的大脑，通过不断的动作重复和练习来锻炼你的运动神经系统，来对"看到、思考、反应"的整个过程进行校准。

我们的身体会存在一个特性，就是会想尽可能省力地完成任务，它不想消耗额外的力气。所以在行动过程中，身体自然会倾向于让薄弱的肌肉少用力，让强壮的肌肉多用力，这样完成动作的效率才更高，它才会节省力气。

这就是为什么每个人都会在肌肉感到疲劳之后出现动作变形。现在你应该可以理解了，身体在寻求其他更有力气的肌肉的帮助，以便于更省力地完成任务。因此在很多训练情况下，如果你只关注动作，那么你很可能会让自己受伤。从另一个角度来看，你在特定的情况下应该更多地关注动作，更多地关注将重量从 A 点移动到 B 点，只有这样身体才可以让你移动更大的重量，带来更好的运动表现。这正是各种竞技项目运动员所关注的，他们需要让自己尽可能减少肌肉疲劳，得到更多的外在表现力，他们需要利用那些完成成绩来赢得比赛。

这似乎看起来和关注肌肉是完全对立的一种方式，但我认为可以把这两种方式看作一个连续过程的两端。

不管你是为了锻炼肌肉还是为了提升运动表现，如果只关注这个过程的两端，那么你会限制自己很多的潜力或者增加受伤的风险。不管你的训练目标是什么，你都需要同时考虑肌肉发力和完成动作这两件事情，而这两件事情的具体侧重点应根据你的训练目标来决定。

如果你是竞技项目运动员，你关注的是如何尽可能发挥最佳的身体运动水平，所以你需要在尽可能确保肌肉良好发力的情况下，跑得更快或跳得更高，但你首先要确保自己能在特定的训练动作中找到正确的肌肉发力的感觉，让薄弱的肌肉得到改善，然后在这种情况下再尽可能地关注动作，试图完成得更多、更快。这样，才能确保在发挥最佳的运动水平时，肌肉按照正确的方式被激活和募集，避免自己在竞技运动中受伤。我认为对这些训练者来说，一定要先关注肌肉再关注动作，因为这会影响训练者竞技职业生涯的长短。

但如果你希望尽可能多地锻炼到肌肉、增长肌肉，而不需要去完成那些竞技运动，那么你需要反过来关注这两件事：你需要在尽可能利用更大重量、完成更多动作的情况下，依然关注并确保自己有肌肉发力的感受。这样才会为你的肌肉带来最大化的刺激，为你带来最大化的肌肉增长。

两者的区别似乎听起来有点儿绕，但就像我前面提到的，关注肌肉和关注动作是一个连续过程的两端，竞技运动员需要确保先关注肌肉然后尽可能关注动作，而大众健身爱好者则需要在先关注动作的情况下，再尽可能找到肌肉正确发力的感觉。

了解生物力学

技术动作的调整也会改变目标肌肉所受到的刺激，这就涉及健身训练过程中的生物力学。实际上，生物力学像其他学科一样，也是非常复杂的，在这里我也只是介绍一些健身方面简单的内容，帮助你分析自己的运动过程。当你对于这些内容有一些基本的了解之后，你就会大体知道该如何进行动作调整，如何有效锻炼某个肌肉。你也会比较了解，哪些训练动作会是糟糕的动作选择，以及为什么。

我们的肌肉纤维都有着不同的纹理和方向，当肌肉收缩的时候，会拉近肌肉的起止点。在很多情况下，我们都会相对固定肌肉的某一端，来让肌肉的另一端缩短或拉长。同时值得注意的是，虽然许多肌肉会总体被称为某一类肌肉，比如三角肌、胸肌，但其中不同的肌肉纤维会对应不同的身体运动功能。我们都知道，当胳膊向前抬高时，主要用力的是三角肌前束；向外侧抬高时，三角肌中束会收缩更多；而三角肌后束的作用是帮助胳膊向后展开。当我们想要锻炼三角肌后束的时候，几乎没有人会通过在站立的姿态下手持哑铃向后展开来实现；我们会选择在俯身的状态下将手持哑铃的手臂向后展开，或者选择在站立姿态下抓住前方的绳索来为手臂向后展开增加阻力。

我们这样做的原因，就在于重力的存在。因为重力竖直向下，所以不管是哑铃、杠铃、器械和绳索的负重片，还是我们自己，都会有一个持续向下移动的趋势。当我们让这些想要向下移动的物体向上移动时，我们的肌肉就会开始发力。这就是为什么锻炼三角肌后束需要在俯身的情况下，而不是站姿状态下手持哑铃将手臂抬高之后往后展开。这些目标肌肉会通过收缩来让手中的哑铃向上移动，这正是与重力的方向相反的方向。

当你了解这个简单的信息之后，你可以来判断一下在健身房中常见到的热身动作"站姿哑铃外旋"是不是一个好的动作选择。你在手持哑铃、肘关节保持90度站立的情况下，向后旋转手臂进行外旋动作，其实并没有将负重沿着重力方向的反方向移动。也就是说，你手中的哑铃对你向后旋转手臂几乎不会带来什么影响。如果不管你是手持哑铃还是不持哑铃，都不会产生什么大的分别，那这就是一个糟糕的动作选择。什么办法可以让身体在同样进行这个动作的情况下，使手上的哑铃向重力方向的反方向移动？那就是你可以俯身完成动作，这样在进行手臂外旋的时候，哑铃将开始产生重力方向的正、反向位移，你的肌肉将开始对抗重力做功。

同样的方法可以用来判断进行站姿哑铃侧平举时，到底练到了哪些肌肉纤维。因为肌肉发力收缩会让哑铃向上移动，所以在进行站姿哑铃侧平举时处在最高点的肌肉纤维，就是你着重强调的部分。这也是为什么需要利用上斜卧推来锻炼上胸肌，利用下斜卧推或臂屈伸来锻炼下胸肌，因为它们会利用那些对应的肌肉纤维的收缩来让哑铃移动，也可以说使哑铃的重力面和那些肌肉纤维的收缩面重合了。

除了这些，我们来了解一下运动过程中的杠杆原理。单说杠杆原理我们都好理解，比如说利用撬棍来撬起一个举不动的物体。但把杠杆原理应用到健身训练中，可能就会看起来比较复杂，因为我们似乎看不到撬棍。实际上，撬棍就是我们的骨骼，撬棍的一端是收缩的肌肉，另一端就是负重。因为肌肉会随着负重的变化而变化，所以我们可以通过只关注负重的那一端来简化整个过程。

以常见的哑铃二头弯举动作举例，当我们将手臂抬高到与地面平行的时候，手上的负重将给身体带来最大的压力和挑战。因为重力方向竖直向下，几乎整个小臂都是阻力的力臂，阻力与阻力臂的乘积达到最大值。我们只能利用比哑铃卧推小很多的重量做平板哑铃飞鸟，也是因为进行平板哑铃飞鸟时的阻力臂太长了。

我们的身体只能感受到压力，其实并不知道具体承受了多少重量。同样的重量经过对动作细节的微调，可能就会产生非常大的训练效果区别。以杠铃下蹲的动作来举例，不管我们利用哪种方式进行下蹲，我们的重心都需要位于两个脚掌中间，所以当我们在不同的动作技术之间转换时，只要某个关节与重心线的距离变远，就意味着该部位及附近的肌肉将会承担更多的压力。以颈后深蹲作为参照，在颈前深蹲的动作中，膝盖会更加向前、远离重心线，所以会让大腿前侧承担更多的压力、得到更多的刺激；而后背和下腰部由于更加竖直且接近重心线，会减少很多本来需要在颈后深蹲中承受的压力。低杠位深蹲则会把臀部向后移动，让臀部、大腿后侧、下腰部承担更多的压力，让膝盖少承受一些压力。

所以当你遇到膝盖不舒服又想要继续练习下蹲的训练者时，可以建议他们进行低杠位深蹲；而遇到腰不好的训练者时，则告诉他们颈前深蹲就会比颈后深蹲更适合他们。

这就是健身训练中简单的生物力学，当你了解了这些然后利用这些简单的原理去分析每一个训练动作之后，你应该可以对训练动作的理解达到一个新的高度。你在面对多种多样的训练信息时将不会感到困惑，你开始逐渐形成自己的科学判断。

动作顺序

动作顺序是指一次训练中不同训练动作的前后顺序。通常来说，我们被建议的动作顺序是先做复合动作再做孤立动作；先完成和自己目标高度相关的训练内容，再完成不太相关的训练内容；先做大肌肉群训练，再做小肌肉群训练；先训练薄弱的肌肉群后训练强壮的肌肉群；等等。总的来说，就是先完成那些更为重要、能产生更多效果、和自己目标更相关的训练内容。

动作顺序安排的不同考虑

先做大肌肉群的动作再做小肌肉群的动作，是大多数健身爱好者知道的动作顺序。但针对不同的训练目标，增长肌肉或者增强力量，动作的不同顺序会产生不同程度的影响。

关于动作顺序的一份研究文献提出了具体的意见：动作顺序会影响力量的增强，一开始进行的动作会得到更大的力量增强效果；可是对于肌肉增长来说，没有显示出动作顺序的影响。

这个观点符合我对于身体适应健身训练的认识，因为力量的增强更多的是神经系统上的适应，肌肉增长则更多的是身体组织上的适应。也就是说，当需要增强力量的时候，我们需要并且也只能在精神饱满的情况下移动那些比较大的重量；当训练进行到后半段的时候，我们的神经系统已经开始疲劳，所能移动的重量也有所下降，如果这时候再想要进行增强绝对力量的训练，自然也只能使用更小的重量，对应地，只能带来更少的神经系统上的适应。

对于肌肉增长来说，更多的是需要带给目标肌肉一些力学压力和疲劳感，所以在这个过程中，肌肉的疲劳感可以随着训练量的增加而不断积累，具体先做哪个动作后做哪个动作，对于积累肌肉中的压力、疲劳感以及训练量，显然不是很重要的因素。

如果你的训练以力量为导向，那就在训练一开始利用大重量进行能让你变得更强壮的动作；如果你的主要目标是锻炼肌肉，可以按照最方便的顺序来进行锻炼，具体先做哪个动作后做哪个动作，就不是那么要紧了。所以以后你在健身训练的时候，如果健身房中某个你想用的设备被其他人占用了，你也不用焦虑，可以先去完成其他的训练内容，等设备空出来了再回来练，这样并不会影响你的肌肉增长。

动作范围

你一定听说过全程动作和半程动作，二者是指我们训练时具体进行的动作范围。通常在进行健身训练时，我都会建议学员们进行全范围（即全程）的动作，也有一些特定的时刻可以加入一些半范围（即半程）动作或者部分范围的动作。

相比于全程动作，部分范围的动作可以持续给肌肉带来压力，也会增强特定关节在该角度下的力量。所以对于有些找不到肌肉发力感的学员，我会给他们增加一些这样的训练内容，好让他们可以对目标肌肉逐渐建立感知。除此之外，在预防或改善伤病方面，部分范围的动作有时也会有助于改善肌肉力量的不均衡。

除了全程动作和半程动作之外，还有组合的 1+1/2 或者 1+1/4 这样的动作范围选择方式，也就是你可以先进行 1 次全程动作，再进行 1/2 或 1/4 范围的动作。通过这种方式，你可以着重强调特定的肌肉或动作范围，以此来帮助改善薄弱的肌肉或力量范围。

理解力量曲线

在了解动作范围的时候，我们不得不谈力量曲线。这既是可以针对一个肌肉或肌肉群所讲的概念，也是可以针对一个关节或多个关节的动作来讲的概念。针对某个肌肉或肌肉群来说，肌肉会在不同的长度上有着不同的产生力量的能力。对于肌肉的主动收缩来说，肌肉在收缩到中等长度时会有最好的力量表现，肌肉在收缩到最短长度或拉伸到最长长度时产生的力量表现最差。

针对一个关节或多个关节的动作来说，会存在一种上升式、下降式或倒 U 式的力量曲线。比如拿硬拉动作来说，由于身体角度和杠杆的原因，杠铃越接近动作顶端，我们越容易产生更大的力量来移动重量，这就是一种上升式的力量曲线；拿臀推动作来说，我们把杠铃杆顶得越高，就越难产生更大的力量，这就是一种下降式的力量曲线；拿二头弯举动作来说，肘关节完全伸直和弯曲到最大限度时力量都很薄弱，肘关节处于 90 度时力量最大，这就是一种倒 U 式的力量曲线。

当你开始这样考虑训练动作和动作范围时，你会了解到我们所说的全范围不是真正的全范围，即使完成了全范围动作，也不是真正达到了关节或肌肉的全范围。前文我们提到过身体在某个动作中能举起的重量由最弱的一环决定，所以下蹲时如果进行到臀部尽可能贴住脚后跟再站起，会比下蹲到一半就站起举起更小的重量。这也意味着在这样的重量下训练，即使动作在底端变得很难，上半程的动作范围其实并没有被着重强调，因为这个动作范围本可以举起更大的重量。

所以在了解力量曲线的概念之后，我们在选择训练动作时应该知道该如何加入新的训练动作来弥补之前没有锻炼到的力量角度。

全范围不是真正的全范围

当谈论全范围的时候，我们其实只是在说某个训练动作姿势的"进行范围"，而不是肌肉的全范围，也不是全范围的超负荷压力。从这些方面来说，即使进行全范围的训练动作也不会得到全范围的超负荷刺激。

下面用二头肌来举例解释"全程的训练动作范围，不代表单个肌肉的完整拉伸和收缩范围"这一观点。我们都会用类似右图所示的姿势来进行二头肌拉伸，我们会感受到二头肌完全拉长的位置。

而二头肌完全缩短的位置，我们在拉伸三头肌时感受到，因为三头肌是二头肌肉的拮抗肌肉。如果你在三头肌拉伸的位

置上用力收缩你的二头肌，你就很可能体会到二头肌即将抽筋的感觉，这里就是二头肌完全缩短的位置。

二头肌的全范围是如此大的一个范围。如果你现在再去理解通常所进行的二头弯举，你应该就会发现，其实我们也只是在二头肌完整肌肉范围内的某一个角度范围进行训练，即使当时进行的是全范围动作，其实也只是进行了部分肌肉长度范围内的训练。

在这个基础上加入力学的考虑，我们就会发现即使在这样一个角度范围内所进行的全范围动作，通常也不会在这个角度的全范围内得到同样的超负荷压力。拿哑铃反手二头弯举来举例，如果我们进行的是站姿二头弯举，实际上只是在超负荷肘关节约 90 度上下的范围角度，在这部分超负荷角度上，二头肌正处于站姿二头弯举动作幅度中的中等长度范围。

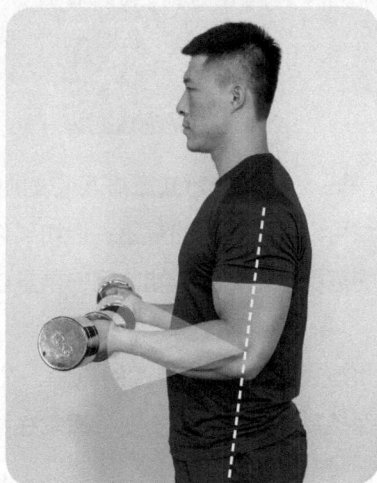

如果以同样的姿势进行平躺式二头弯举，就会变成给手臂处于身体外侧位置上的二头肌拉长位置带来超负荷，这时候你能移动的重量自然就会减小很多。

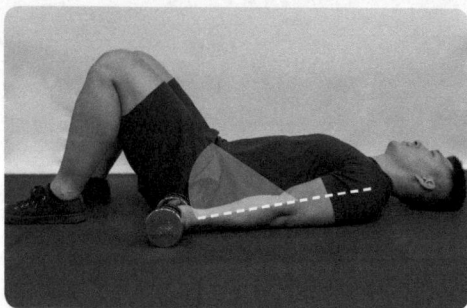

如果再以同样的姿势进行俯身式反手哑铃二头弯举，同样在手臂处于身体外侧时，会给二头肌缩短的位置带来超负荷，在这个角度所能使用的重量也会受到很多限制，因为现在处于负重阻力最大的位置，此时二头肌的肌肉力量偏弱。

也就是说，如果你选择的动作进行方式正好与你的肌肉力量曲线或动作的力量曲线相匹配，那么你自然可以使用更大的重量；但如果你选择的动作进行方式是着重针对肌肉收缩或拉长的范围，那么你所能使用的重量自然也会受到肌肉相应长度所能产生的力量的限制。

上面 3 种情况是为了给你展示超负荷范围的概念，在实际训练中，训练者很少会只改变超负荷范围而保持其他动作变量不变，通常在更换训练动作时，很多动作变量都会一起发生变化。

站姿哑铃反手二头弯举是在二头肌的中等长度范围内，给动作范围的中间部分带来了超负荷。

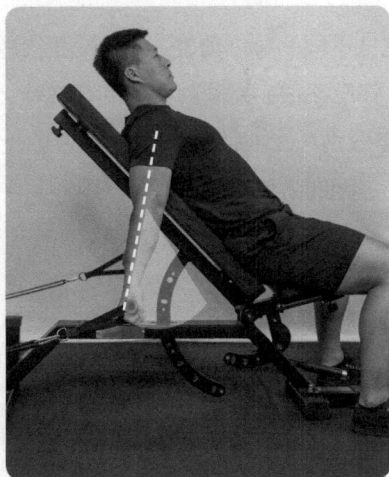

如果选择进行上斜低绳索反手二头弯举，那么这个动作一开始其实就已经把二头肌相对拉长了，并且给动作范围的拉长部分带来了超负荷。可能很多人看到这里会感到迷惑，我们需要了解的是，绳索只是把重力方向改变了，所以当小臂和绳索方向垂直时，是绳索给身体带来最大阻力的时候。这就是为什么在进行这个动作时，我们给动作范围的拉长部分带来了超负荷。

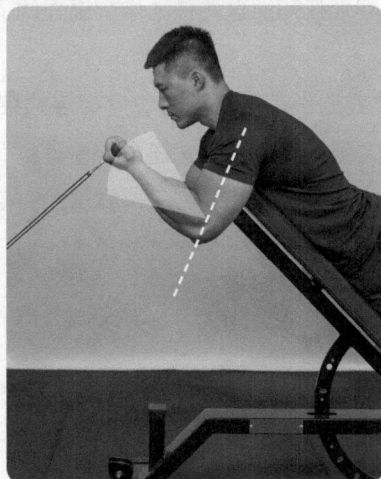

如果我们调整姿势进行俯身低绳索反手二头弯举，那么在这个动作的一开始，我们就已经使二头肌缩短了，然后通过绳索改变重力方向，给动作范围的缩短部分带来超负荷。

你现在也许已经被这些不同的身体角度、肌肉长度、超负荷动作范围搞糊涂了。我再拿同一个动作举例，你应该很容易理解我到底在说什么。

下图所示的 3 个动作分别在二头肌提前拉长的位置上带来了中等动作范围、拉长动作范围、缩短动作范围的超负荷。

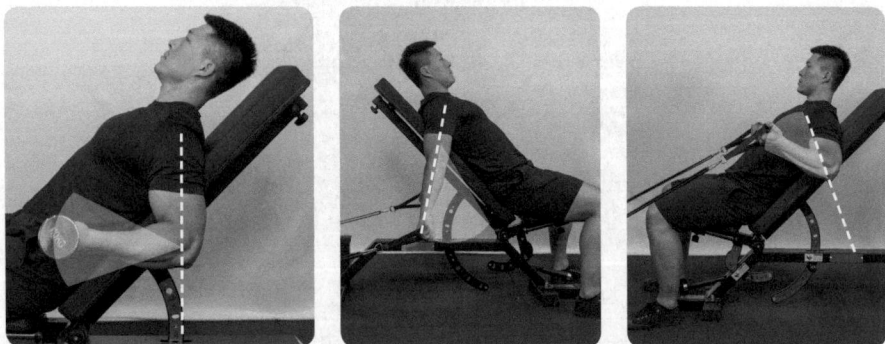

现在你再进行训练或观察其他训练者所进行的动作时，你应该知道他们练到了哪些肌肉长度和动作范围，没有练到哪些肌肉。这就是针对同一个肌肉或动作模式增加动作变式的意义，相信你不会在站姿哑铃反手二头弯举之后加入站姿杠铃反手二头弯举的训练，因为你现在知道这两种动作重复强调了相同的肌肉长度和动作范围。

如果有某些肌肉长度或动作范围长期被过度锻炼或根本没有被锻炼到，不仅会容易导致不同肌肉出现力量不均衡发展，还会容易导致同一肌肉不同长度的力量或同一关节不同角度的力量出现不均衡发展。这样运动时受伤的风险也会更高。所以在制订力量训练计划的时候，你应该考虑这些具体的细节。

下蹲的深蹲范围

在大众健身人群所接受的训练知识"教育"中，下蹲时蹲到什么位置仍然是一个非常有争议的话题。现在你应该理解了不同的动作进行方式都有着特定的训练目的和意义，这里再利用下蹲这个常见的训练动作，来帮助我们进一步了解动作进行范围及重量的不同选择，是如何针对性地增强身体特定角度的力量和强化特定肌肉及关节组织的。

运动领域的专家对不同程度的下蹲进行了一些探索。在一项研究中，试验人员对不同的组进行了不同深度的下蹲训练，具体为 1/4 蹲、半蹲、全蹲；分别在试验训练过程的前、中、后期，测试不同下蹲程度的 1RM，来判断下蹲力量是否有所增强。结果显示，1/4 蹲和全蹲时，相同动作训练组的力量增强效果最显著；虽然半蹲的结果差异不明显，但也可以看到一些对应的趋势。

这应该意味着，具体的训练方式会影响身体适应的结果，特定的训练范围会在特定的范围中增强力量；所以如果你所进行的运动项目，从来不会让身体下蹲到特别低的位置，那么对于专门的力量训练来说，也许你不需要进行蹲得特别深的下蹲训练。

运动员的训练周期安排通常分为基础身体素质阶段（General Physical Preparation，GPP）和专项身体素质阶段（Specific Physical Preparation，SPP）。比如你是一名跑步运动员，那么在距离比赛日非常远的时间内，你应主要进行基础身体素质训练，比如进行深蹲、硬拉之类的训练；越临近比赛日，你就越需要进行更多专项身体素质训练，比如跑步等。

如果你以后看到职业运动员做一些新奇的训练动作，你可以判断一下他处于哪个阶段，考虑一下他们所进行的动作和具体的运动有什么联系。

这个研究还做了其他的测试，比如观察垂直纵跳的高度变化，发现进行 1/4 蹲的一组的训练效果最为显著；而进行全蹲训练的一组，其垂直纵跳的高度变化不是很明显。这很好理解，因为我们垂直纵跳的起始位置，更接近 1/4 蹲而不是全蹲。

还有短跑的冲刺测试，结果显示进行 1/4 蹲会显著提高短跑成绩，而进行全蹲的一组的短跑成绩并没有明显的变化。通过以上这些信息，你应该可以更多了解到：训练带来的适应和训练进行方式有很强的相关性。

尝试加入半蹲训练

大多数健身爱好者认为深蹲的重点是下蹲到臀部低于膝盖的位置，这也是我们在健身训练过程中被指导进行的"深蹲"动作。如果你可以利用很大的重量深蹲，但仍然在运动时感觉膝关节力量没有被加强，甚至感到疼痛，那么也许就是你该从基础的健身训练进阶到专项运动的训练的时候了。这两种训练方式有很大的区别，但总的来说专项运动的训练会更针对你所进行的运动项目，为你的运动项目做好准备。

大多数运动项目在实际进行过程之中都不需要下蹲到深蹲的位置，例如篮球、足球、跑步、滑雪等，大多数运动项目几乎都是保持在半蹲甚至微蹲的状态下。常规的深蹲训练之所以会帮助增强运动能力，也许仅仅是从提高身体基础素质方面实现的。特别对于大众健身爱好者、业余水平运动员来说，身体肌肉和力量在很大程度上都没有完全发展，深蹲训练会对运动表现的提升带来很多帮助。

随着身体素质的提升，训练者如果想要针对性地增强运动能力，可能需要进行一些半蹲或微蹲训练。特别对于想要改善膝关节健康情况的人士，半蹲或微蹲训练可能会针对性地帮助加强膝关节的力量。对于下蹲这个动作来说，蹲得越深，所能蹲起的重量会随之下降。换句话说就是，深蹲时所能使用的重量，不会给半蹲或微蹲的膝关节范围带来足够的负荷来产生适应。

如果你在运动时感觉膝关节的力量没有通过力量训练得到提高，或者在日常生活中上下楼梯时感觉膝关节力量薄弱，那么也许你该开始考虑在训练中多增加一些半蹲甚至微蹲的训练，来着重加强膝关节在这些角度的力量。

力量和柔韧性及灵活性

柔韧性和灵活性的概念现在应该被大多数健身爱好者所了解了，很多人都在谈论两者的区别，比如我最初了解这两个概念是通过《豹式健身》。简单来说，柔韧性指可以被动达到的活动范围，灵活性指可以主动达到的活动范围，而柔韧性的活动范围总是会大于灵活性。在进行健身训练的过程中，我们不仅希望柔韧性的活动范围可以达到理想的程度，也会特别希望灵活性的活动范围可以尽可能接近柔韧性的活动范围，以此来让自己的训练动作变得更加安全有效。

力量和柔韧性及灵活性之间有非常强的关联性。事实上，某个时间节点的柔韧性局限其实可能不是真实的身体柔韧性的限制，而是身体神经系统调控肌肉纤维中的各种肌肉长度感受器的结果。也许你听说过本体感觉神经肌肉促进疗法（PNF）会比传统的拉伸方法更有效果，其实使用 PNF 拉伸方法时所进行的正是一种力量训练的形式——静态收缩。

我们可以将韧性差理解成身体保护自己的一种机制，因为大脑认为肌肉无法在更大的长度范围内产生力量，所以神经系统通过限制柔韧性来不允许肌肉达到那个程度以避免受伤。而在进行这种静态收缩的拉伸时，肌肉会在被拉长的位置进行收缩，其实这时候肌肉就是在特定的长度下进行了力量训练。这样的静态收缩，就像是在告诉大脑"我可以在这个位置产生力量，我在这个位置很安全"，因此在进行这种拉伸之后，就可以马上达到新的更大的柔韧性活动范围。

而灵活性指的是主动可以达到的活动范围，可以简单理解成两种对立肌肉的力量之间的抗衡。当用力一侧的肌肉开始收缩来完成动作时，具体所能达到的动作范围一方面会受到收缩肌肉本身力量范围的限制，这种限制是因为肌肉本身无法用力地收缩至更大范围；另一方面也会受到对侧肌肉柔韧性的限制，这种限制则来自对侧肌肉处在被拉长位置时产生的牵拉。所以在期待改善灵活性的时候，不仅需要通过力量训练来有效改善对侧肌肉的柔韧性，也需要进行力量训练来针对收缩一侧的肌肉扩大自己的力量范围。

舒教练的 3 级拉伸方式

大多数健身爱好者所认为的拉伸，就是在拉伸位置保持一段时间。他们通常会在力量训练结束之后进行这样的拉伸，期待可以缓解力量训练所带来的肌肉紧张，其实这样简短的拉伸不会带来真正的长期拉伸效果。

如果在进行力量训练的过程中，选择那些可以超负荷在目标肌肉拉伸位置的训练动作，并且试图在动作过程中达到更大的全程动作范围，那么就可以在进行力量训练的同时改善柔韧性和灵活性。一项研究专门对比了被良好设计的力量训练计划和传统的静态拉伸方法给柔韧性带来的变化，发现二者所带来的柔韧性变化没有什么区别。

这很容易理解，比如在进行平板哑铃飞鸟时，在范围末端我们通常可以感受到胸肌的强烈拉伸感；又如在进行罗马尼亚硬拉时，我们也会在动作范围末端感受到大腿后侧肌肉的拉伸感。通过这些训练，我们不仅锻炼了肌肉和力量，也会在进行力量训练的过程中扩大肌肉的活动范围，这种在负重情况下进行训练和拉伸的方法被称为负重拉伸。

如果常规力量训练中的拉伸没有帮助你达到想要的柔韧性改善目标，那么你就需要单独进行你的拉伸训练，这通常适用于肌肉比较紧张、关节活动范围比较小以至于无法良好完成训练动作的训练者。我通常会这样告诉学员：建议把拉伸作为一项训练内容来进行，并且使其和其他形式的训练间隔 4~6 小时。

这里我介绍给你 3 个级别的拉伸，你可以根据自己的情况和目标来选择合适的拉伸级别。拉伸并不是简单的内容，我希望你可以有意识地拉伸，把拉伸也当作真正的训练，这意味着你知道不同的拉伸目的和不同的拉伸方式能带来的不同效果。

❶ 第一级拉伸

这是相对简单、容易上手、强度低的拉伸方式，这一级别的拉伸方式就是我们在健身房中常见的那些结束训练的人会"玩着手机保持在拉伸的位置上"的方式。

适用于这个级别拉伸的情况，可以这样形容：肌肉感觉到紧张，想要通过拉伸改善一下即时性的肌肉紧张。所以在第一级拉伸中，你可以用任何你想到的拉伸动作，拉伸那些你想要放松的肌肉，然后稍稍保持一会儿，直到你感觉舒服一些。你甚至可以利用弹振式的拉伸，就像小时候压腿那样使拉伸部位上下轻微震动。

这个级别的拉伸可以缓解即时性的肌肉紧张，但仅靠这个级别的拉伸无法使你获得长期的柔韧性和灵活性的改善。因为拉伸强度过低，所以这种拉伸每天进行都可以。

❷ 第二级拉伸

第二级拉伸相比第一级拉伸，在强度和形式上会增加一些难度，通俗一点说就是会在拉伸的位置上"做对抗"。被大家熟知的 PNF 拉伸属于这一级别的，澳大利亚的拉伸教练基特·劳克林（Kit Laughlin）称之为"收缩和放松"。

相比只是在肌肉有拉伸感的位置保持的第一级拉伸，第二级拉伸会在肌肉有拉伸感的情况下"试图"缩短被拉伸的肌肉。"试图"指有这个趋势，但并不真正缩短。所以被拉伸的肌肉会在拉伸的位置进行静态收缩，有一种试图对抗拉伸的意图。在这个位置进行静态收缩的好处，就是在进行完对抗之后相应的肌肉会被允许达到更大的动作范围。第二级拉伸的具体表现形式是：放松拉伸—对抗—新的拉伸范围—放松拉伸—对抗—新的拉伸范围—放松拉伸—对抗……

初次进行这种拉伸的人会在拉伸时产生强烈的肌肉拉伸感，通常他们只能持续 1~2 个拉伸对抗的循环，但随着对这种拉伸方式的熟悉，他们逐渐能够完成更多个拉伸对抗的循环，并且每一轮对抗循环之后都明显得到了更大的拉伸范围。

这个级别的拉伸因为静态收缩的加入，会带来长期的柔韧性改善，但这个级别的拉伸因为只改善了拉伸一侧的肌肉，所以无法带来灵活性的改善。这种类似力量训练的拉伸，推荐保持和相同肌肉群进行力量训练类似的频率，比如每周2~4次，具体取决于每次进行的强度和循环轮数。

❸ 第三级拉伸

第三级拉伸是在第二级拉伸的基础上又增加了一项，即在收缩和放松之后利用拉伸肌肉对侧的肌肉进行收缩来达到更大的范围，也就是试图扩大对侧肌肉的缩短的力量范围。

我利用下面图片中的动作来具体展示这个方法，你可以对照文字实际感受一下。臀部靠近墙角，双脚脚掌贴在一起并尽可能贴近臀部，双手放置在两侧膝部。

保持这个姿势，手开始用力将膝盖向下压，这样就会得到大腿内侧的拉伸感，这是在进行第一级拉伸。

在得到拉伸感之后，手持续向下用力，同时膝盖向上主动用力对抗并且保持位置不变，这时会感觉到大腿内侧肌肉在用力，此时大腿内侧会出现更强烈的拉伸感，这是第二级拉伸。

在对抗一段时间之后，保持手在物理空间中的相对位置不变，并以此时手所处的位置为参照，臀部外侧肌肉试图用力把膝盖拉向地面，让膝盖尽可能地离开手，越远越好，这是第三级的拉伸。

　　然后将手向下移动放在膝盖上，继续在新的范围内循环以上步骤。

　　也就是说，第三级拉伸相比于第二级拉伸，会依靠被拉伸肌肉对侧的肌肉的主动收缩来"主动赢得"更大的活动范围。这个级别的拉伸会带来长期的柔韧性及灵活改善，但这个级别的拉伸不能像前两个级别的拉伸那样轻松和愉快地进行。

　　第三级拉伸的强度自然比第二级拉伸高，因此进行的频率也要比第二级拉伸低一些。如果你的身体迫切需要改善柔韧性和灵活性，你开始想要把拉伸单独作为一种训练，那么可以将以上3个级别的拉伸有策略地组合，来规划你一整周的拉伸训练。

　　看到这里，你应该可以理解，为什么说柔韧性或者灵活性也可以是力量训练的一部分了吧。我有一个有意思的教学经历：曾经有个学员在一开始上这种拉伸课的时候，还质疑拉伸怎么会是力量训练，但当他第二天遇见我的时候，他说他终于明白了，因为他现在全身感到酸痛……

训练频率

　　训练频率通常指每周训练的次数，但当训练动作固定时也可以代表这个动作在一段时间内的训练次数，又或者每个肌肉在一段时间内训练的次数。针对不同的训练目标和训练者，训练频率的具体含义也会有所区别。

　　在设计训练计划时，训练频率可能是最先被考虑的因素，因为这决定了训练者每周有多少时间要用来进行训练，所以在我遇到新学员的时候，都会最先问："每周计划来训练几次？"

　　对于大多数健身爱好者来说，每周进行3~5次的训练足够帮助他们带来健康，收到比较好的肌肉和力量训练效果。对于有更高运动要求和更多训练经验的人来说，他们也许每周需要进行多达10次的训练，这意味着他们在有些日子需要进行一天两次的训练。所以对很多人来说，他们首先需要确定好具体的训练频率，才可以进一步安排具体的训练内容。

大众健身人群的训练频率

健身训练对大多数人来说可以很简单，也可以很复杂，因为有很多变量需要调整。除非你是一个专业的健美运动员或者精英级别的选手，否则没有必要把健身训练搞得很复杂。

可以概括地说：对大多数大众健身人群来说，每周进行 3 次、每次 45 分钟认真的健身训练就足够了。但这个建议的前提是，你能使你在健身房的训练效果最大化，你已经知道如何进行有效率的训练，你的动作技术不会阻碍你流畅地进行训练，并且你专注于把握那些最要紧的动作和关键的训练变量。

对于很多刚开始接触健身训练的人群来说，这些前提也许还比较难做到，所以如果健身新手可以每周安排更多的训练，对于他们养成运动的习惯反而会有很多的帮助，但还是需要注意控制好每次训练的时间，毕竟健身新手的恢复能力有限，如果每次训练量很大、训练频率又高，会对身体承受能力和心理承受能力带来巨大的挑战。对于大众健身人群来说，如何保持持续性，如何帮助他们在开始的时候喜欢上健身训练并逐渐养成健身习惯，是最需要考虑的。

如果可以通过减少每次的训练量及训练时间，来促使健身新手进行更高频率的健身训练，那么也许就可以让他们养成运动习惯并且持续运动。比如相比于一周进行 3 次训练，每次持续 1 小时，一周进行 6 次但每次只持续 30 分钟，也许更容易做到。

训练频率和训练量

如果需要总结关于训练频率的原则，那么训练频率和训练量呈反比例关系就是原则之一。就是说，如果每周的训练频率或某一些训练内容的训练频率很高的话，那么在每一次训练中所进行的训练量则应该很小，如果每一次训练中有很大的训练量，那么相应进行的训练频率则也应该有所下降。

这是对大多数人的训练计划的安排建议，可以说对 70% 左右的训练人群都有效。但是在训练中你总会发现有些人可以承受很大的训练量并且可以保持着很高的训练频率，而有些人只会在做比较小的训练量并且以比较低的频率进行训练的时候才感觉良好，这是其余 30% 左右的人群会发生的情况。

对于技巧性的训练来说，需要重点学习动作技术要点，而不会带来太多身体方面的压力，才可以接受更高的练习频率。比如你想要掌握正确进行投篮的姿势，或者某项专门的运动技巧，那么可以安排更高频率的训练来练习。

对于力量训练来说，应该有人听说过每天都进行俯卧撑训练或者深蹲训练这种高频率训练方法，但是在了解训练频率和训练量呈反比例关系之后，你应该可以预想到每天练习的前提是每次的训练量很低，这样才能保证身体有足够的时间恢复。也就是说，你可以将训练量分散在多个不同的日子里，或者集中在几个日子里，但应基本保持每周的总训练量相对可控。

增长肌肉的训练频率

健身爱好者通常会按照传统的健美方法进行增肌训练，他们会按照身体不同的肌肉群来安排局部训练计划，并且每天只进行针对一个肌肉群的训练，每周把全身所有肌肉群循环训练一遍。职业健美选手选择这种训练方式是有很多原因的，健身训练爱好者需要了解个中缘由。其中最主要的因素就是药物的使用，药物会完全改变身体的生理机能。对于职业健美选手有效的方法，对于健身爱好者很可能无效，所以盲目采用他们的方法也许不会帮助你得到好的训练效果。

增长肌肉的关键是激发肌肉蛋白质合成，这是身体利用氨基酸来建立肌肉组织的过程。如果你想要增长肌肉，需要提高身体的蛋白质合成量，并且在一段时间内蛋白质合成量远大于蛋白质分解量。一次训练后，训练过的肌肉中蛋白质合成程度的提高会保持 24~36 小时，具体多一些或少一些取决于具体的训练内容。所以通过每周只训练每个肌肉一次，你无法使得肌肉内的蛋白质合成程度提高保持很长的时间，而且你也很可能因为没有足够频繁地刺激肌肉，而使其丢失掉一部分正向的适应，这种现象导致的极端情况即肌肉退化。身体不希望在没有用的情况下，携带额外的肌肉，所以距离下一次训练肌肉太久，很可能会丢掉一部分的肌肉增长。虽然不是所有的肌肉增长都会丢失，但我认为这很可能会影响你进步的速度。

需要利用训练来激发肌肉蛋白质合成。当然进食也会激发肌肉蛋白质合成，但是效果会比训练差很多。所以健身训练的爱好者被认为更需要依赖每次的训练来刺激肌肉增长，需要利用训练来激发肌肉蛋白质合成。因为每次训练后蛋白质合成程度的提高只会保持 24~36 小时，所以他们需要更频繁地刺激肌肉来得到显著和持久的肌肉增长。

目前对于训练频率的研究结果显示，在每周达到同等训练量的情况下，每个肌肉群每周进行 2 次训练会比只进行 1 次训练带来更好的肌肉增长结果。进行 3 次训练是否会带来额外的好处还是个疑问，但如果通过额外的训练增加了训练量，那么每周 3 次的训练频率可能会带来额外的效果。

所以如果你的健身训练目标是增长肌肉，那么每周至少对每个大肌肉群进行 2 次训练是个好的开始。你可以把每周每个肌肉群的训练量分为 2 天或 3 天来进行，并且在每次训练中安排 2~3 个不同的肌肉部位组合进行训练，这样来达到每周可以训练每个肌肉 2 次的目标。

训练强度和训练频率

训练强度和训练频率有所关联，如果你训练的整体强度比较高，那么身体所能承受的训练频率也会相应下降。高水平的力量举运动员通常一周只进行一次卧推，或者每 10 天才进行一次大重量的卧推，这是因为更高强度的训练和更大的重量，会带给神经系统更大的压力，神经系统需要比身体肌肉更长的时间来恢复。

增强绝对力量的训练频率会比增长肌肉的训练频率更低，人们通常会每周安排 2~4 次的训练来发展绝对力量。比如著名的力量训练俱乐部西部杠铃（Westside Barbell）会安排每周 4 天的训练，分别为卧推速度日、卧推力量日、深蹲硬拉速度日、深蹲硬拉力量日。

如果你选择进行增强肌肉耐力的训练，所选择的训练的强度会比较低，而进行的次数和训练量会比较多。这时主要带来的是身体上的疲劳，那么每周进行的训练频率也可以更高一些。所以你可以看到，很多业余的长跑选手每月也可以跑几百千米。

收缩方式

肌肉有 3 种不同的收缩方式：向心收缩、离心收缩、静态收缩。

对于某一个特定肌肉群来说，通常我们进行训练的方式包含向心收缩和离心收缩。拿二头弯举过程中的二头肌来举例，在向下的过程中，二头肌慢慢拉长，离心收缩；在向上的过程中，二头肌收缩用力，向心收缩。如果我们在动作的过程中保持在某一个位置上，那么此时二头肌正在进行静态收缩。

向心收缩和静态收缩可能比较容易理解，离心收缩的概念比较难理解。很多人可能会对此感到疑惑，为什么肌肉在"拉长"的过程中还要被称为收缩？你可以通过这种方式来感受离心收缩：一只手臂进行二头弯举并停在顶端，另一只手臂试图按下收紧的手臂，同时进行二头弯举的手臂还要试图抵抗被按下。此时你会感受到二头肌在收缩的情况下被拉长。这就是离心收缩的具体表现形式：有一种正在抵抗但抵抗不过的感觉。

离心收缩所能承受的重量要大于向心收缩，这就是为什么我们在常规的健身训练中比较难体会到离心收缩。我们还是拿二头弯举来举例，你使用能举起来的重量缓慢下落，就会发现在缓慢下落过程中，肌肉的离心收缩强度太低，不容易体会到。因此我们通常在训练中会选择超过向心收缩 1RM 的重量或难度来进行离心训练。比如不能完成引体向上的人可以踩着凳子移动到单杠上，然后利用自重从引体向上顶端缓慢控制身体在 10 秒内下落，此时感受到的就是肌肉在进行离心收缩。

从下面这张表示肌肉力量和收缩速度关系的图中可以看出，离心收缩时肌肉拉长速度越快，肌肉离心力量越大。向心收缩时肌肉缩短速度越慢，肌肉向心力量越大。结合实际训练经验来理解，向心收缩时速度慢代表举起的重量大、训练难度大，离心收缩时速度快才代表举起的重量大、训练难度大。

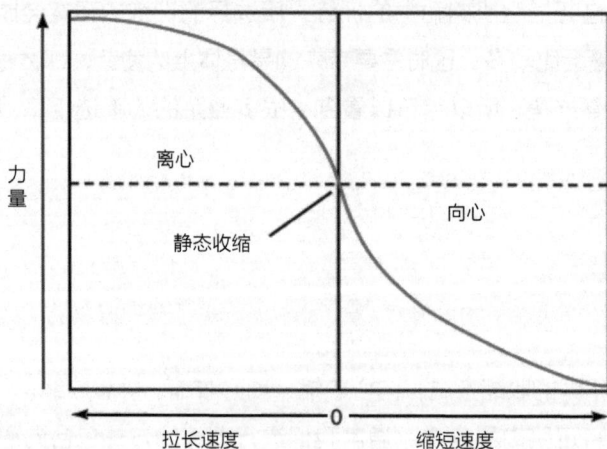

同一个肌肉面对3种不同的收缩方式会有不同的力量水平：肌肉进行离心收缩的力量会大于静态收缩，进行静态收缩的力量会大于向心收缩。也就是说，如果你最多只能举起10千克，那么你可以将12千克的重物保持在动作的某一个角度不动，但你无法将其继续向上举起。你还可以将15千克的重物从动作顶端开始控制其缓慢下落，但你无法使重物停顿在动作的任何一个角度上，也无法改变重物向下移动的趋势而使其向上移动。

除了不同的收缩方式对应不同的力量水平之外，不同的收缩方式也会特定刺激身体不同的肌肉纤维，引起身体产生特定的激素反应。比如离心收缩会制造更多的肌肉损伤，因为其在单位肌肉纤维下的负重更大，并且在离心过程中几乎只会激活快肌纤维，所以离心过程中的快肌纤维被称为"求生的肌纤维"。

在离心状态下，高门槛的肌肉纤维会优先被募集，这和向心收缩不同；而向心收缩会首先募集低门槛的肌肉纤维，最后才募集高门槛的肌肉纤维。另外对比那些只关注向心收缩的动作而言，关注离心收缩会特别激发胰岛素样生长因子1（IGF-1）的分泌；并且与仅使用向心收缩的训练方式相比，使用常规向心—离心收缩的训练方式明显会产生更多的生长激素即时反应。

力量赤字

在力量训练领域，力量赤字代表着向心力量和离心力量之间的差距，其计算方法如下：

$$力量赤字 = 离心力量 \div 向心力量 \times 100\% - 100\%$$

如果你了解力量赤字，这将会是在安排训练计划时一个非常有用的参考指标。因为利用力量赤字进行判断，你会知道接下来一段时间应该关注肌肉发展还是力量。你可以利用向心力量和离心力量的1RM重量来进行力量赤字的计算，但如果担心会使用非常大的重量的话，这里有一个从查尔斯·波利金那里学到的更加便于实行的方法来计算你的力量赤字——"4+2"的方法。

这个方法很简单，选择一个复合动作，比如卧推、深蹲、引体向上、硬拉等，热身之后，利用40×0的节奏达到你的4RM（只能做4次的最大重量）。当你完成非常艰难的和第四次之后,你的两个伙伴会马上为你的杠铃杆或身体加上更多重量;然后你需要马上利用新的重量完成两次 8 秒的离心收缩,此时你已经到达向心力力竭的程度,这意味着你需要你的两个伙伴帮助你将新的重量举起,然后你自己控制下落。比较保守的方法是在 4RM 之后加上 10%~15% 的重量,这个重量你可以自行调整。

当你得到你的重量数字之后,加上额外的重量之后就得到了你最大的离心力量。你的力量赤字的计算公式就是,最大离心力量 ÷4RM 的重量 ×100% − 100%。

举例来说,如果你的 4 次深蹲的最大重量是 100 千克,你可以利用 125 千克做 2 次离心下落,那么你的力量赤字 =(125÷100)×100% − 100%= 25%

如果你是一名竞技运动员,具体的力量赤字目标需要根据目前距离比赛的时间来决定,但一般来说,力量赤字应该保持在 1%~40%。比如你是一名链球运动员,那么在奥运会期间,你的力量赤字目标为 1%,但在比赛结束之后即将开启下一个训练周期的时候,你的力量赤字可以达到 40%。对于健美运动员来说,力量赤字在 25%~40% 是合适的;而对于篮球运动员来说,这个数字大概为 20%。

除去运动项目的考虑,单纯从力量赤字上来说,如果力量赤字小于 25%,意味着你的离心力量相对比较差,但好消息是你会在向心过程中,也就是举起重物的过程中能够募集更多的快肌纤维。换句话说就是,你在目前的肌肉状态下,已经激发出了不错的力量潜力。如果你在接下来 12 周内专注于肌肥大训练,增长力量潜力,那么你将会取得非常大的进步。

另外,如果力量赤字在 25%~40%,那意味着在目前的肌肉状况下,你的力量潜力激发得不够全面。你有很大的空间可以提高神经系统募集肌肉纤维的效率,所以开始关注增强绝对力量的训练内容,你将会取得更大的进步。这种方法可以帮助我们确定下一个训练阶段到底该专注于力量还是肌肉。

肌肉压力时间

我们把进行每个训练动作所需经历的过程,依次分为以下 4 个阶段:离心收缩阶段、离心收缩之后的停顿阶段、向心收缩阶段、向心收缩之后的停顿阶段。并且用特定的数字来代表各个阶段所需要的时间，这就是动作进行的节奏。当加入了动作节奏之后，你的训练计划就会变得更加精确可控。有时会看到"X"出现在向心收缩阶段的位置上，这代表尽可能快地向心收缩。

以俯卧撑 3121 的节奏举例，我们会先利用 3 秒从动作顶端完全下落到动作底端，然后胸口碰到地面停留 1 秒，用 2 秒时间把自己从地面推起，最后撑在顶端的位置保持 1 秒，这就是俯卧撑 3121 的动作节奏。

向心收缩之后的停顿

离心收缩 ●

3121

离心之后的停顿

向心收缩

需要注意的是，第一个数字指代的是动作中离心阶段所需要的时间。如果以引体向上为例，3121 的动作节奏就是从身体完全悬挂的位置开始，用 2 秒把自己拉上去，在动作顶端保持 1 秒，再用 3 秒从动作顶端下落，返回到完全悬挂的位置，最后在悬挂位置保持 1 秒，再开始下一次动作。肌肉压力时间，就是完成一整组训练动作所需的时间，也就是：

肌肉压力时间 = 每次动作的节奏 × 每组次数

在实际训练中，每组所经历的肌肉压力时间和其他训练变量都有关联，比如次数及重量。从内在的身体肌肉角度考虑，肌肉其实只能感受到压力而不判断具体承受了多少重量，肌肉也似乎只能在特定的强度下维持特定的时间，而不是完成特定的次数。

根据肌肉压力时间理论，如果每组肌肉压力时间为 0~20 秒，你发展的就是绝对力量；为 20~40 秒，你发展的是功能性肌肥大；为 40~60 秒，你发展的是非功能性肌肥大；在 60 秒以上，发展的是肌肉耐力。这似乎就是我们熟知的"大重量小次数会发展绝对力量，中等重量中等次数会促进肌肉增长，低重量高次数会发展肌肉耐力"的另一种表述方式。

肌肉压力时间（单位：秒）	训练类型
≤ 20	绝对力量
20~40	功能性肌肥大
41~60	非功能性肌肥大
≥ 60	肌肉耐力

在每一个训练动作进行的过程中保持一个特定的动作节奏，或按照随意的动作节奏来进行训练，有着非常大的区别。

比如用 10 千克的重量快速下落和推起，利用不加控制的节奏可以进行 10 次；如果每次都利用 2121 的节奏来进行，也就是 2 秒下落，动作底端保持 1 秒，2 秒上升，动作顶端停留 1 秒，同样利用 10 千克的重量肯定无法完成 10 次。

又如，在一次训练中利用 4010 的节奏进行了 10 次，在下一次训练中使用同样的重量利用 1010 的节奏则可以进行 15 次。也就是说，如果不在训练计划中考虑动作节奏，就没办法通过控制变量的方式来判断是不是真正取得了进步。

虽然训练科学领域对于肌肉压力时间这个变量还存在很多争议，但如果你在以前的训练中完全没有考虑过这一方面，那么肯定会为你的训练带来新的变化。

用力程度

训练中的用力程度是指在特定的重量下，你需要用多少努力来推动自己完成相应的次数。如果你在每组训练中都达到了力竭的状态，这就意味着你已经非常用力了。

衡量用力程度的方法

帮助我们判断训练过程中用力程度的方法主要有如下两种。

❶ 感知用力率（Rate of Perceived Exertion，RPE）

数值	程度	感觉
9~10	最大努力	非常累，以至于怀疑自己能不能坚持下去，喘不过气来，也不能进行谈话
7~8	有挑战	比较难持续，只能进行几个字的谈话
5~6	中等强度挑战	感觉有点不舒服，但还能持续，能进简短的谈话
3~4	简单	可以持续几小时，能自由呼吸和谈话
1~2	非常简单	非常舒适，只是比静止不动的强度大了一点

　　利用感知用力率来判断时，可选择一个数值来代表自我感知用力程度。数值范围为 1~10，1~2 代表非常简单，9~10 代表已经进行了最大程度的努力。比如在日常走路的时候，基本都是 1 的自我感知用力程度；进行 100 米冲刺跑或者 1RM 硬拉的时候，应该可以达到 10 的自我感知用力程度。

　　我们可以在需要进行很多次数的训练中，利用这个方法来衡量自己距离力竭的程度。比如你在一组训练中需要进行 10 次左右才会达到力竭，如果你在第 8 次之后就停止训练，那么你在这一组的自我感知用力程度很可能保持在 8 左右。

　　对于刚接触健身训练的训练者来说，他们很可能会过度预估自我感知用力程度，他们感觉自己达到 9 的自我感知用力程度时，可能实际上只达到 7 左右。随着训练经验的积累，训练者对感知用力率的判断将会越来越准确。

❷ 反向次数（Reps in Reserve，RIR）

　　反向次数的判断方法是在结束某一组训练时，预估自己如果继续完成这一组训练还能进行多少次。如果你在一组训练中达到了力竭，你的反向次数就是 0，因为你无法再完成更多次了。

　　但如果你像上面提到的例子那样，使本来可以进行 10 次才达到力竭的训练在 8 次后便停止，那么这一组的反向次数就是 2，意味着你可以额外进行 2 次才会达到力竭。不同于感知用力率是利用完成的次数来判断，反向次数则是利用未完成的次数判断自我感知用力程度。

在进行健身训练的过程中，感知用力率常见于判断长时间低强度训练的自我感知用力程度，而在举铁等力量训练中反向次数的判断方法似乎更加实用。

为什么会出现力竭

力竭很容易理解，简单来说就是没办法继续维持一定的力量输出。在训练中，你每进行一次动作，下一次动作就会变得越来越艰难，直到你无法产生足够的力量来完成一次动作。

训练力竭的概念非常容易掌握，但背后的原因却有些复杂。几乎不存在产生力竭的某一种原因，力竭通常是以下多种原因综合作用的结果。

❶ 神经系统因素

神经系统是中枢神经系统募集那些产生动作的运动单元、设置它们的募集率，并确保内部平衡和肌肉协调的主管。

中枢神经系统疲劳会导致肌肉力竭，回想在睡眠不足的情况下进行的训练，你就知道神经系统是如何影响到我们的训练的了。你不是没有力量去完成那个动作，只是你的身体不想发力，或者你已经在身体力竭之前选择放弃了。

❷ 心理因素

对于疲劳或运动中不舒服感觉的感知，也会导致一组训练过早结束。这对于刚开始健身训练的初学者来说可能尤为明显，因为他们不习惯剧烈训练带来的痛苦，所以会更早达到力竭。

当一组训练进行到不舒服的程度的时候，训练者会下意识地减少力量输出。但我们可以想象，随着训练经验的增加，初学者也会逐渐提高这种训练疼痛耐受力的门槛。

❸ 代谢和力学因素

大家都知道随着血液中酸度的提高，神经肌肉之间的相互联系会被削弱。乳酸经常被认为是产生这种现象的原因，实际上真正的影响因素是氢离子。氢离子可以提高血液酸度，抑制相对应的酶的产生，从而降低葡萄糖产生能量的能力；甚至干扰钙、钾等电解质的分解能力，对肌肉收缩产生影响，降低肌肉收缩的能力。

❹ 能量因素

肌肉收缩需要能量。在力量训练中，首先使用的是磷酸原系统（ATP-CP），这提供了快速但短暂的能量。当磷酸原系统的储备耗尽后，肌肉会转而利用糖原（储存在肌肉中的葡萄糖）通过无氧糖酵解提供能量。肌肉中储存的葡萄糖的含量非常有限，会随着训练的进行而耗尽。

身体可以通过调动储存在身体其他部位的葡萄糖来继续提供能量，但这些葡萄糖的量也是有限的，其他的供能方法不能像肌糖原供能那样快速。所以即使训练者可以继续进行超长时间的训练，也不会保持着与训练开始时相同的强度和力量水平。

因此不能把肌肉力竭的原因归结于单一的因素，是多种因素综合作用，导致了肌肉力竭。

力竭和力竭选择

尽管目前对于力量训练是否需要达到力竭的结论仍然是模棱两可的，但至少在进行肌肥大的训练时，尤其对于那些有丰富训练经验的训练者来说，有一些组达到力竭仍是合理的选择。如果你还记得肌肉募集的亨内曼大小原则，就该明白在利用低强度负荷进行高重复次数的训练时，达到力竭似乎特别重要。因为在小重量的情况下，尽可能达到力竭与更多的肌肉激活之间有直接的关系。著名的生物力学和运动学专家弗拉基米尔·M.扎齐奥斯基（Vladimir M.Zatsiorsky）曾说过："在训练中被募集到的肌肉纤维，如果没有疲劳就是没有被训练到。"

在训练过程中每进行一次动作，你都在让肌肉纤维进一步疲劳，力量水平也会随之下降。这会促使身体募集更多的肌肉纤维，继续完成动作。一旦达到力竭，意味着你已经募集到了非常多的肌肉纤维，并且已经使它们都疲劳了，这就会刺激肌肉增长。但你还是要清楚总是达到力竭会带来的问题，那就是会增加训练过度及疲劳的可能性。

我建议将大多数的训练组进行到接近力竭的程度，如果用反向次数来展示的话，就是在反向次数 1 或 2 的时候结束一组训练。这在以增长力量为目标的训练中，会帮助你保持更好的动作技术，使你有机会在下一组训练中增加重量，这一点显然对增长力量很关键；而在以增长肌肉为目标的训练中，这样做也可以使你在之后的训练中完成更多的训练量，这一点则对肌肉增长很关键。

对于那些需要达到力竭的训练组，你通常可以将其放在一些训练动作的最后一组，并且当你选择进行到力竭时，请一定全力以赴。

在多关节的复合动作中要谨慎地选择是否达到力竭，而在进行单关节的训练动作时，则可以更多地选择达到力竭的训练方式，因为单关节训练动作即使要达到力竭也很容易和安全。训练经验也会用来判断是否需要达到力竭。对于刚开始接触健身训练的人而言，达到力竭可能无法保证维持训练的动作技术，那么力竭的训练一定要留在积累了一定的训练经验之后，或选择将利用器械进行的动作进行到力竭，显得更加合理。

对于达到力竭也可以进行周期性的计划安排。比如可以在一个训练周期的初期让所有组数都停止在力竭前的 2~3 次，然后随着训练的进行，有规划地逐渐过渡到全部组数都达到力竭，紧接着就可以进行一个减负荷周期来让身体开始恢复。

周期安排

不同的周期安排

开始了解不同的训练周期安排之前，我们需要了解进行训练周期安排的目的，那就是：最大化地产生身体适应、降低身体伤病概率、提升特定时间点的运动表现。职业运动员通常都有相对严格的备赛周期，重大比赛的时间就是他们想要达到最高运动表现水平的时刻。合理的训练周期安排，则会帮助他们更好地达到这个训练效果。训练周期安排的概念最早是从奥运会运动员的训练计划中衍生出来的，教练需要考虑不同的训练侧重点和安排顺序，以使运动员通过 4 年的准备得到最好的运动表现。

对于普通的大众健身爱好者来说，了解并且实施一些训练周期的安排，可以让他们有计划地进行训练，以便让身体持续取得进步。如果之前你花了很长的时间训练，却没有取得理想的训练效果，那么也许你就需要进行具体的训练周期安排了。

在训练周期的概念中，通常会有以下几个不同时间长度的概念：小周期（Microcycle）、中周期（Mesocycle）、训练模块（Block）以及大周期（Macrocycle）。

- 小周期通常是指训练重复进行的最小循环，包括所有的训练课和休息日。小周期通常都是 1 周的时间长度，但不是绝对的。

- 中周期是指一个有规划的小周期安排顺序，目标是带来明显的训练适应。中周期通常由两个不同的阶段组成：一个积累强度阶段和一个更短的减负荷阶段。中周期通常是 4~6 周的时间长度，但也不是绝对的。

- 训练模块由一个或多个有着统一训练目标的中周期组成。在健身训练中的常见例子就是增肌训练模块和减脂训练模块。训练模块的周期长度一般为 2~4 个中周期。

- 大周期由多个有着统一长远训练目标的训练模块组成，用于实现运动表现的实质增长。在健身训练中，大周期通常由 2~4 个有着不同阶段性目标的训练模块组成，并且大周期的时间长度一般为一年。

训练周期安排的具体区别体现在训练强度、训练量以及其他训练变量的变化上，常见的周期安排模型分为线性周期安排和非线性周期安排。

线性周期安排是训练者最容易想到的训练模型之一。在线性周期安排中，你会逐渐提高你的训练强度或增加训练量。举例来说，比如一名训练者想要通过线性周期安排来增强力量，那么他可以在训练的第一个阶段选择 10~12RM 的训练强度进行训练，在第二个阶段选择 6~8RM，在第三个阶段选择 4~6RM，在第四个阶段选择 1~3RM。随着训练的进行，训练者所进行的训练强度在逐渐增加，这就是线性周期安排的体现。

如果是想要通过逐渐增加训练量来发展肌肉的训练者，则可以从针对每个肌肉进行 10 组训练开始，在下一个阶段将训练量提高到每个肌肉每周进行 13 组训练，再到针对每个肌肉每周进行 16 组训练，最后增加到针对每个肌肉每周进行 20 组训练。

非线性周期安排相比于线性周期安排而言更为复杂。我们可以理解成利用跳跃的方式进行训练变量的调节，或者说分别在相邻的训练周期内关注不同的训练特质，使其交替着分别取得进步。目前有很多教练坚信，非线性周期安排带来的训练效果优于线性周期安排。

你会在最开始的两个训练阶段，通过安排不同的训练强度来开始这个训练周期。比如你可以在第一个训练阶段选择 4~6RM 的训练强度来增强力量，在第二个阶段选择 12~15RM 来增长肌肉。当你进行到第三个训练阶段时，你会回到关注力量的训练中，但是你会提高训练强度，比如 3~5RM。进行到第四个训练阶段，你又回到了关注肌肉的训练上，但也会提高训练的强度，你将会用 10~12RM 的训练强度来进行训练。你通过这样的循环来帮助自己逐渐锻炼不同方面的力量特质。

这就是非线性周期安排的常见方式，我们可以将其简单理解成两条不同的行车道，先在一条车道上前进一点，再换到另一条车道前进一点，随后回到之前的车道继续前进，再切换到第二条车道继续前进。依次交替，持续进步。

非线性周期安排不局限于中周期，在小周期的设计中你也可以用到非线性周期安排的逻辑，比如有一种被称为每日波动周期的安排方式（Daily Undulating Periodization）。这通常是指分别按照高强度、中强度、低强度的训练强度来安排 1 周的训练内容。

在每日波动周期的安排方式中，每次训练都会进行全身训练。比如周一以 3~5RM 的训练强度进行杠铃卧推、杠铃深蹲、杠铃硬拉、引体向上这类多关节复合动作。周三以 8~12RM 的训练强度进行哑铃卧推、坐姿下拉、倒蹬、腿弯举、二头弯举、三头屈伸等这类适合中等强度的训练动作。周五则以 15~25RM 的训练强度来进行哑铃飞鸟、坐姿划船、哑铃侧平举、坐姿腿屈伸、罗马椅挺身、卷腹等更偏向单关节的训练动作。你可以看到在 3 天的安排中，动作选择会随着训练强度的变化而调整。

总之，训练周期的安排是指一种变换各种训练变量的特定组合方式，目的就是尽可能带来更好的训练效果，尽可能避免身体发生伤病。在实际训练中，从这两种训练周期安排中可以衍生出很多种不同的训练周期安排模型。如果你从没有尝试过加入训练周期的计划，那么你可以开始试着在设计训练计划时考虑这些因素，看看自己的训练和身体会出现什么变化。

交替发展肌肉或力量

对于大多数健身训练爱好者来说，不管他们的目标是最大化地增肌还是提高某个动作的最大重量水平，在具体的训练周期安排上，都可以开始尝试非线性周期这种交替关注不同训练强度的训练安排。据说非线性周期安排正是由查尔斯·波利金提出的，他曾建议每两周更换训练强度：两周利用小重量进行多次数的训练，两周利用大重量进行少次数的训练，交替进行来避免过度疲劳从而带来最佳训练效果。

对于想要增肌且增强力量的健身爱好者来说，这意味着要交替关注增强绝对力量和肌肥大的训练，不再常年只利用一个次数范围进行训练，而是有逻辑地产生变化。

利用高训练强度少训练次数进行的训练阶段被称为强度阶段（Intensification Phase），而利用低训练强度多训练次数进行的阶段称为积累阶段（Accumulation Phase）。

比如你可以在两周内以 10~12RM 的训练强度进行训练，在之后的两周再以 4~6RM 的训练强度进行训练，然后依次循环进行。在具体的训练动作的安排上，你可以每 4 周更换一些训练动作，实际的训练计划可能看起来如下所示。

积累阶段两周：平板杠铃卧推，4×10~12

强度阶段两周：平板杠铃卧推，5×4~6

积累阶段两周：平板哑铃卧推，4×10~12

强度阶段两周：平板哑铃卧推，5×4~6

可以想象一下，如果你的绝对力量增强，那意味着你可以在 8~12 次的次数范围内利用比以前更大的重量进行训练，从而通过增加你的总训练量负荷来产生更多的训练刺激。

反过来说，如果增强绝对力量是你的目标，你可能通常会进行少次数训练，比如 1~3 次。那么很可能你的力量和神经系统已经发展得比较好了，如果你这时候进行一段时间 8~12 次的训练来帮助你增长更多的肌肉，那么你会更容易在之后的训练中取得更多力量上的增长。

有一些训练经验且能长期进行训练的训练者，可以按照上面提到的非线性周期安排，把积累阶段和强度阶段设定成大概为中周期的周期长度，然后交替进行。对于那些训练能更随意一些的大众健身爱好者来说，每两周更换训练关注点也许是更简单的方式：利用小重量进行多次数训练两周，利用大重量进行少次数训练两周，依次交替进行。

减负荷周期安排

这里需要在训练周期中再次讲解减负荷周期，来让你明白如何在整个训练周期中安排减负荷周期。前文提到减负荷就是在训练计划安排中特意安排一段时间，通过减少重量或/和减少训练量的方式，来让身体从疲惫的训练压力中得到超量恢复。

在了解减负荷之后，你会发现原来想要通过训练取得身体上的进步，训练的效果不是一直向上累计的，而是需要先积累一段时间后退一步，再向前积累。我们进行减负荷的最终目的还是让身体尽可能取得更多的训练进步，减负荷周期的安排实质，其实就是疲劳管理。

常规的减负荷周期通常都会持续一整个小周期，时间长度通常为 1 周，通常会安排在中周期的末端或者一个训练模块的末端，但这两个时间段的减负荷效果是不同的。

安排在中周期末端的减负荷周期，你可以将它理解成，每经过一小段辛苦的训练，你就需要让身体稍微恢复一下。所以查尔斯·波利金建议"每练 2 次就减量 1 次"，这意味着每当进行第三周的计划时，会减少 40%~60% 的训练量，并且可以同时增加一点训练强度。他认为在这种只减少训练量的减负荷周期中只需要进行更少量的训练，所以就可以使用比平时更大的重量。按照他建议的方式，如果前两周都是分别进行了 10 组训练，那么第三周就只需要进行 4~6 组。

但我发现，对于训练经验和力量水平不是很丰富的大众健身人群来说，只进行 2 周训练就减负荷周期太过频繁，查尔斯·波利金的建议也更多的是针对高水平的竞技运动员。所以大众健身人群可以调整为"每进行 3 周训练再减负荷 1 周"，也就是将每 4 周作为一个中周期，这样也便于健身人士对时间进行规划和管理。

除了中周期末端的减负荷周期，在训练模块之后安排一个减负荷周期似乎显得更加重要。经过几个月的艰苦训练，你确实需要让神经系统和身体组织得到一次彻底的放松和恢复。

所以查尔斯·波利金也曾对这个阶段的减负荷周期提出建议：每练 12 周就远离健身房 1 周，并且在这 1 周内去进行平时接触不到的活动，比如登山、骑车等。如果你特别想要训练，那就进行一些低强度的训练，比如你可以做拉伸、做灵活性训练，但要让自己远离那些常规的力量训练，让身体得到恢复。

健身训练要循序渐进

如果常年使用同样的难度进行同样的训练，那么这种训练几乎不会给身体带来新的刺激。除了活动本身会为其增加一些热量消耗之外，他们几乎不会获得额外的训练收益。

健身其实就是我们通过训练带给身体新的刺激，从而让身体产生新的适应，而在某一次训练过程中能得到新刺激的前提，就是我们之前说的训练的原则之一——超负荷。

但这里我想说的是循序渐进（Progressive），其实这也是周期安排中的一部分，是通过训练长期得到身体积极变化的关键。也就是说，随着训练的不断进行，身体的能力也在不断增强，所以之前对于身体来说算作超负荷的训练刺激，现在也许已经算不上。如果你想进一步带给身体新的刺激，你就需要增加一些训练难度。如果这时候训练难度没有继续增加的话，身体反而可能越来越擅长这一项训练内容，运行的动作效率会越来越高，而同样的训练内容不仅不会给身体带来能力上的进步，甚至可能让身体发生能力上的退步。

所以如果我们希望通过训练来不断增加训练效果，那么我们需要不断地"循序渐进"。拿跑步的例子来说，你可以试图通过在相同的时间内跑更长的距离，或者在相同的距离下花费更少的时间，来带给身体新的刺激，达到"循序渐进"的目的。

对于力量训练来说，我们可以针对不同的训练变量来循序渐进，接下来我们来看一些具体的例子。

30 千克 ×10 次，3010，90 秒	32 千克 ×10 次，3010，90 秒	30 千克 ×12 次，3010，90 秒	30 千克 ×10 次，4110，90 秒	30 千克 ×10 次，3010，75 秒
30 千克 ×10 次，3010，90 秒	32 千克 ×10 次，3010，90 秒	30 千克 ×11 次，3010，90 秒	30 千克 ×10 次，4110，90 秒	30 千克 ×10 次，3010，75 秒
30 千克 ×10 次，3010，90 秒	32 千克 ×10 次，3010，90 秒	30 千克 ×10 次，3010，90 秒	30 千克 ×10 次，4110，90 秒	30 千克 ×10 次，3010，75 秒
30 千克 ×8 次，3010，90 秒	32 千克 ×8 次，3010，90 秒	30 千克 ×10 次，3010，90 秒	30 千克 ×8 次，4110，90 秒	30 千克 ×8 次，3010，75 秒
第一次训练	重量上进步	数量上进步	节奏上进步	休息时间上进步

拿常规的力量训练来说，第一次训练如果你按照每个动作离心阶段 3 秒、向

心阶段 1 秒，组间休息 90 秒，利用 30 千克分别进行 10 次、10 次、10 次、8 次，那么下一次训练你可以不改变动作节奏、不改变休息时间、不改变次数，而选择使用更大的重量，来得到训练上的循序渐进。

你也可以选择在数量上进步，这意味着你不改变动作节奏、不改变休息时间、不改变重量，但比上一次训练的每组完成更多的次数；也可以在动作节奏或休息时间上进步，这些具体的变化你都可以从上一页表的数据中观察到。

循序渐进不会局限在训练重量上，你也可以通过其他训练变量的变化来取得训练上的进步。在训练的循序渐进过程之中，你要记得在一定程度上控制变量，以确保身体真的在进步。

做好训练记录

做训练记录不仅需要记录每次训练的动作、组数、次数、重量，如果你希望进行更严谨的训练，那么动作节奏、休息时间、训练总时长，甚至身体状态等，都应该记录其中。事实上，单纯的记录是没有用途的，更重要的是我们能从这些记录中得到什么有用的信息，尤其是对于之后的训练来说。

从训练记录中能得到的最重要的信息之一就是我们该从哪里开始此次训练，并且在完成此次训练的过程中就可以发现自己是不是正在取得进步。

我们应该期待每一次训练都比上一次进步一点，从每一次的训练之中变得更加强壮，如果身体没有发生变化或者反而在变弱，说明我们执行的不是正确的训练计划。最理想的一种情况是，我们可以在每一次的训练中都取得进步，并且这些进步能从训练记录中体现出来。

需要提醒的是，这里所说的进步和变强壮，并不一定是从硬拉 100 千克马上进步到 200 千克，我这里说的是也许下一次从 100 千克进步到 102 千克，再下一次进步到 105 千克，每次进步一小步。想一想如果你每次训练都可以保证前进一小步，那么一整年你会取得非常大的进步，查尔斯·波利金曾说过，只要每次可以进步 1%~2%，就是成功的力量训练。

| A. 哑铃平板卧推，5x3~5，20X1，3 分 | 30 × 5/32.5 × 5/35 × 5/37.5 × 5/40 × 5/ |
| | 32.5 × 5/35 × 5/37.5 × 5/40 × 5/42.5 × 5/ |

参考我曾经的训练记录，你可以直观地发现训练记录上的变化。记录中的第一周我分别用了 30~40 千克的哑铃进行了 5 组 5 次的训练，第二周我就把重量向上提高了一个台阶，利用 32.5~42.5 千克进行了 5 组 5 次的训练。当时我的训练体会是，在第二周的最后一组利用 42.5 千克进行 5 次的难度，和第一周利用 40 千克进行 5 次的难度差不多，这也许就是我的力量水平得到了提高的结果。

就像在循序渐进中提到的，我们不一定总是在重量上取得进步，进步也可以在次数上体现出来，比如我在进行引体向上训练的时候会关注次数的变化。

B. 正手引体向上，3 × 8~12，30X0，2 分	自重 × 10/8/8/
	自重 × 12/9/9/

从第一周引体向上利用自重只进行 10 次、8 次、8 次，到第二周就可以进行 12 次、9 次、9 次，这意味着我通过一次训练就让身体变得更加强壮。因此每一次训练都取得进步应该是可以期待的事情，但这需要通过合理的训练计划安排来实现。

按照这样的思路进行训练就变得很简单了，我们进行训练的目的就是击败上一次的自己。只需要比上一次更强壮，我们的目的就达到了。重量或次数上的变化，就可以体现出我们的训练是不是正在让我们进步。但这样每次都有所进步的前提是，你有一个合理的训练计划，并且你正在严格按照训练计划进行训练。你在训练过程中当然也需要非常努力专注，并且你需要照顾好训练之外的生活的其他方面，让身体处于最佳的训练状态。

如果你目前的训练方式和计划无法带给你每次都能感受到的进步，你就需要开始反思你的训练计划是不是应该进行调整，你在训练时是否足够努力专注，你的生活中除了训练的其他方面有没有安排好。

身体不是线性变化的

虽然我的确期待每次训练都取得一些进步，因为这符合身体的适应原理，但对很多人来说，生活并不是只有训练。在实际的训练生活中，我们很难保证每一次训练都处于良好的状态之下，把身体的潜力全部展示出来。

换句话说，我们应该接受训练中偶尔有退步的情况，因为这就是现实。但是如果我们的训练是有效果的，我们至少还是会从长期训练的过程中看到效果。

通过训练经验的积累，我不得不承认身体不是线性变化的，它会在进步和退步的不断交替之间发生变化。我们需要在饮食、生活、训练、睡眠这些方面进行妥善管理，这样才能让进步多于退步，才能获得每次训练都取得进步的理想情况。

当我看到自然健美运动员杰夫·艾伯茨（Jeff Alberts）的训练记录之后，我确信了现实中身体的变化是个波动的过程。虽然我们都希望每次在训练中所使用的重量和进行的次数都能发生变化，但通过他所展示的 18 次训练记录，我们可以看到，实际的训练中，力量并不是每次都发生变化，具体如下。

训练 1 = 40×20,20,17

训练 2 = 65×10,10,10

训练 3 = 75×10,8,8,6

训练 4 = 80×8,8,8,8

训练 5 = 80×9,9,9

训练 6 = 80×8/75×9,8

训练 7 = 80×8,9

训练 8 = 80×8,8

训练 9 = 80×9,9,8/70×9

训练 10 = 80×10,9,8/70×9

训练 11 = 85×6,6/80×8,7

训练 12 = 85×6/80×8,9

训练 13 = 85×7/80×9,10

训练 14 = 85×7/80×9,10

训练 15 = 跳过（肌肉拉伤恢复）

训练 16 = 60×13,15

训练 17 = 90×5/80×10,10

训练 18 = 90×6/85×8/80×10

他说："不要试图让这些训练记录中的数字变得有意义，因为每一次训练的身体情况都是不一样的。我展示出这些数字是想让你们知道，我不是一个训练机器人，我不会死磕那些训练原则。我脑袋里虽然有着整体的框架，但每次训练的独立情景更加重要。"

　　我对于他的话的理解是：我们需要把握训练整体循序渐进的方向，但在实际的训练课之中，我们也需要根据当前的情况进行调整；当遇到身体训练状态不好的日子，那就减少训练量；如果有肌肉拉伤，那就马上停止训练，进行休息，而不是想着继续执行设计好的训练计划。

　　当我们可以这样对待身体的时候，我们就可以在状态好的时候努力训练，在可以突破的时候试图突破，在身体欠佳的时候及时休息，从而在长期训练过程中看到效果。

　　我在进行平板哑铃卧推这一动作时，通过几个月的训练最终可以利用 50 千克完成 14 次，相信你也可以从我的训练记录中看到，力量是如何通过这种"无聊"的反复练习，在波动变化中一点点获得增长的。

　　周期一

　　第一周：35×8/8/8/

　　第二周：35×9/9/7/

　　第三周：35×10/10/10/

　　第四周：40×8/40x8/

　　第五周：40×8/6/7/

　　第六周：40×8/8/7/

　　第七周：45×6/6/6/

　　第八周：45×8/8/

　　第九周：45×7/7/6/

　　第十周：45×8/7/5/

　　第十一周：45×8/7/

　　第十二周：45×9/8/

　　第十三周：45×9/8/

　　第十四周：45×10/8/

　　周期二

　　第一周：45×8/8/8/

　　第二周：45×10/10/8/7/

　　第三周：45×10/50×10/7/5/

第四周：50×10/10/8/7/

第五周：40×8/8/8/

第六周：50×10/8/7/

第七周：50×12/10/7/

第八周：50×12/10/8/

第九周：40×8/8/

第十周：50×13/5/5/

第十一周：50×14/6/6/6/

将训练化繁为简

高中的时候我曾经作为学校的优秀学生进行发言，记得当时我说了这样一句话："牛顿说把简单的事情考虑得很复杂，可以发现新领域；把复杂的现象看得很简单，可以发现新规律。"

本书讲了很多具体的训练方式和知识点。我一开始了解训练时，认为很多知识和方法都很深奥，不断想要研究了解其中的具体原理和逻辑。随着我不断了解这些训练的原理和逻辑，我发现训练也变得非常简单了。在教学过程中，我的学员在听我利用简单的话语总结这些复杂的概念后，会说："看来你是融会贯通了。"

现在我们知道增长肌肉这件事其实可以变得很简单，因为你可以利用更大的重量范围来增长肌肉，这意味着你不仅可以通过做俯卧撑来增长肌肉，也可以利用每组只能进行 4~5 次的重量来增长肌肉，只要你保证达到一个前提条件，那就是不管利用什么重量，都尽最大力气，以尽可能达到或接近力竭的用力程度来完成这些次数。

相比于增强力量，增长肌肉更不依靠于做某一个特定的动作。以胸肌为例，你可以通过做俯卧撑来增长胸肌，也可以通过做卧推或者其他动作来实现。如果你的目标是增长肌肉，那么你可以选择那些对你来说更为简单实用和让你感觉更好的动作来训练，而不是盲目地做那些所谓的练某个肌肉必做的训练动作。克里斯蒂安·蒂博多曾在《训练秘诀黑皮书》（*The Black Book of Training Secrets*）一书中说过："对于某个肌肉的增长来说，就没有什么不得不做的训练动作。"

　　相比于增长肌肉，增强力量更需要进行特定的动作，因为力量的增强是神经系统方面的适应，更具动作上的针对性。现在我们应该了解到了，增强力量的训练也可以变得很简单，那就是在你想要用于增强力量的动作上，利用尽可能大的重量进行少的次数。当身体习惯这一重量时，也就意味着你的力量增强了。

　　训练也不一定需要局限在某一个时间段内，对于有些人来说，进行 1 小时才可以称为训练，但对于有些人来说，也许只进行 10 分钟就可以称为训练。如果你是一个时间紧张的训练者，可以把训练分散在不同的时间段进行，每次只进行简短快速的健身训练。这样你就可以在时间紧张的状态下，还保持着比较规律和持续性的训练习惯。

10 分钟训练法

　　你想过为什么每个训练动作都要按组数来做吗？为什么大家都在用进行 4~5 组这样的方式来训练？为什么训练每个肌肉群要选择那么多的训练动作？如果你刚开始接触健身训练，或者对于训练方面的内容没有足够的了解，你可能会像我之前一样，认为这就是训练应该有的方式。其实训练的方式有很多种，甚至有的方式也许会比我们目前使用的方式帮我们获取更好的训练效果。在健身训练的过程中，很重要一点的就是要敢于尝试新的训练方式。

　　大众健身人群，可能会把自己局限于某一种特定的训练方式中。当然，跳出传统训练方式的思维框架需要很多训练经验和知识的积累，并且这不仅仅是针对健身训练来说的，能保持开放的心态去接受一些新的变化，本身就是一件比较难的事情。如果你想要尝试新的训练方式，并且你的目标是增长一些肌肉，让自己的体型出现一些训练痕迹，那么可以尝试这种简短有效的训练方法：10 分钟训练法。

　　我们熟知的常规肌肉训练方案是每个动作进行几组，每组进行几次。比如俯卧撑每次进行 4 组，每组 15~20 次。但常规肌肉训练方案并不总是最佳肌肉训练方案，只是很多人都这样做。除了常规的组数、次数这样的训练方式外，还有按照时间进行、按照总量进行的训练方式。比如限定 10 分钟，做尽可能多的俯卧撑；或者限定 100 次俯卧撑，尽可能快地完成。现在你可以想想这些不同的训练方式之间，到底有哪些区别？你应该可以想到，其在训练量上会有一些区别，在休息时间上会有一些区别，在训练密度上会有一些区别，在重量选择上也会有一些区别。

跳出这些具体的细节来看，这些不同的训练形式都是在对抗阻力收缩肌肉而已。所以可以基本确定，如果这些不同的训练方式在重量上差距不大，在训练量上差距也不大，那么从训练效果上来说，尤其对于大众健身人群，这些训练方式很可能也不会产生太大的区别。因为我看到几乎每一个去健身房的人，都在用同样的方式进行训练，所以我想把健身训练化繁为简，我想换一种训练方式来进行传统的健身训练。

增长肌肉的次数范围可以更加广泛，这一点我们已经提过很多遍了。这样做的前提是每组都需要尽可能努力地完成，也就是说要接近力竭或者完全达到力竭。在为了增长肌肉而进行的 10 分钟训练法中，我们会利用一个特定的重量，可以是 10RM 的重量，也可以是 15RM 的重量或 20RM 的重量，我推荐选择 15~20RM 的重量开始；然后在 10 分钟内，不断地利用这个重量达到力竭，以刺激到更多的肌肉纤维。

在训练组间休息时间的安排上，我们知道短休息时间和长休息时间对于肌肉增长都是有帮助的，但它们是从不同的方面进行帮助。短休息时间会增加肌肉内的代谢压力，而长休息时间则允许下一组训练进行更多的次数。对于健美大师文森特·吉龙达来说，他相信在尽可能短的时间内做更多的训练，是增长肌肉的关键。他完成 10×10 的训练仅需要 4 分钟，所以在 10 分钟训练法中，我们会在每一次接近力竭之后，休息尽可能少的时间，然后立即继续这个训练动作，再一次去接近力竭，并且在最后时刻，达到真正的力竭。

如果你开始尝试 10 分钟训练法，那么以前那些需要你连续 1 小时完成的训练，也许现在可以分开进行了。一项相关的研究显示，在每周总训练量相同的情况下，将一份训练计划的内容分开进行，训练效果不会有什么变化。这也是我认为 10 分钟训练法对很多人可行的原因之一，但每次训练进行的时间不一定是 10 分钟，你可以进行 20 分钟、30 分钟、40 分钟。这里我是想说，不必把所有需要进行的训练，都集中在同一个时间段。

如果你的训练时间有限且分散，那么集中起来需要进行 40 分钟的训练，你可以分为上午进行 20 分钟，下午进行 20 分钟；或者分 4 个不同的时间段，各自进行 10 分钟。这对于很多人来说，是非常方便的一个方法。

这种训练方法也可以很好地进行训练计划的安排。我们知道，在抗阻训练之后肌肉蛋白合成速率的提高只会保持 24~36 小时，然后肌肉蛋白合成速率会回到基准水平。这意味着我们需要对同一个肌肉群更频繁地进行训练，以此来获得更好的肌肉增长效果。利用 10 分钟训练法，你仍然可以使用传统的训练安排方式，只是每个训练动作利用下面的方式进行。

A. 选择一个能做 15~20 次的重量

B. 将动作进行到接近力竭

C. 短暂休息

D. 再进行到接近力竭

E. 循环 C、D

F. 直到 10 分钟结束时达到力竭

一个简单的增肌训练方案如下。

周一	周二	周三	周四	周五	周六	周日
胸肌动作 A	后背动作 A	胸肌动作 B	后背动作 B	胸肌动作 C	后背动作 C	休息
大腿前侧动作 A	后侧链动作 A	大腿前侧动作 B	后侧链动作 B	大腿前侧动作 B	后侧链动作 B	
三头动作 A	二头动作 A	三头动作 B	二头动作 B	三头动作 C	二头动作 C	
腹肌动作 A	肩膀动作 A	腹肌动作 B	肩膀动作 B	腹肌动作 C	肩膀动作 C	

- 每个部位每周训练 3 次。
- 每个部位选择 3 个不同的训练动作。
- 每个训练动作按照 10 分钟训练法的方式完成。
- 每次训练时间应为 40 分钟（不包含动作之间的休息时间和热身时间）。

需要注意，如果你从来没有使用过这种高密度的训练方式，那么在首次进行 10 分钟训练之后的几天内，你可能会感到非常强烈的肌肉酸痛。如果你计划开始尝试这种训练方法，要小心谨慎地保证训练时间的循序渐进。你可以从每次 4~5

分钟开始。如果肌肉酸痛感没有持续到影响下一轮的训练，意味着你可以在下一周的训练中增加这个训练动作的持续时间。

比较适合进行这种高密度训练方法的动作是像自重训练、绳索训练、器械训练这种危险系数低的训练动作。相比于将肩上扛着杠铃的颈后深蹲作为大腿前侧的训练动作，器械的蹬腿或者坐姿腿屈伸在这里会更合适一些，这些动作容易开始和结束，即使快到力竭时也容易停止并且很安全。

对于很多训练者来说，我的这个 10 分钟训练法应该算是一种新颖的训练计划。一个好的训练计划就是那些能带给你新挑战、新刺激的训练计划，所以如果你一直使用这种训练方式，那么训练效果自然也不会有一开始时那么好。如果你打算尝试以这样的训练方式给自己传统的训练方式带来一些变化，可以将其执行 4 周左右的时间，然后再去使用你以前的训练方式。

训练计划常规安排

对于大多数健身爱好者来说，每次训练的计划可以大体分为 A、B、C 这 3 个部分。在训练中首先开始的 A 部分的训练动作应该是你的主要训练内容，这部分安排的训练动作主要由多关节复合动作组成，这是对神经系统考验最多的训练动作。如果你在整个训练中安排了多个不同的多关节复合训练动作，那么可以根据训练动作的复杂性来安排具体顺序，复杂的训练动作需要在一开始进行。

训练动作的复杂性由两个因素决定：动作的速度和相对于 1RM 来说的负重强度。比如因为前架位的原因，颈前深蹲就会比颈后深蹲更加复杂一些，因此可以先进行颈前深蹲。

综上所述，训练计划的具体安排如下。

A. 颈前深蹲，5 组 2~3 次，40×0 节奏，240 秒休息

B. 颈后深蹲，4 组 4~6 次，30×0 节奏，180 秒休息

C1. 侧面上台阶，3 组 8~10 次，1010 节奏，45 秒休息

C2. 反向挺身，3 组 8~10 次，2011 节奏，45 秒休息

训练动作的速度也会决定计划中动作进行的顺序。大体来说，那些需要高速

进行的训练动作需要在一开始进行，因为那时候神经系统还是活跃的，没有受到疲劳感的影响，从而可以募集更高门槛的肌肉纤维。高速的训练动作包括举重动作及举重动作的相关变式，或者利用可变阻力来进行的训练动作。如果是针对竞技运动员安排训练计划，高速的训练动作也包含增强式的动作。

综上所述，训练计划的具体安排如下。

A. 悬垂位的高抓，6 组 1~2 次，10×0 节奏，240 秒休息

B. 颈前深蹲，5 组 2~4 次，30×0 节奏，180 秒休息

C. 臀腿发展器的反向腿弯举，3 组 4~6 次，3010 节奏，120 秒休息

D. 悬垂 90 度举腿，3 组 8~10 次，3010 节奏，90 秒休息

你所使用的重量也会决定训练计划中动作的进行顺序。如果你的训练计划中不需要进行高速的训练动作，那些会利用更大重量强度的多关节复合训练动作是你首先需要进行的内容。这样的安排是为了让你的神经系统还处在活跃的状态下，通过大重量的复合动作带来更多的训练效果。

对于大多数健身爱好者来说，A 部分的训练重量可以围绕 1RM 的 70%~100% 来进行；如果你的健身训练和力量训练经验很丰富，那么这部分所使用的重量也需要随之提高。

训练计划中 B 部分的训练内容将会作为你的辅助训练动作，通常也主要由多关节复合动作组成。但是 B 部分中可以有一个例外，就是类似于腿弯举这种动作。关于训练强度，B 部分的训练强度应该会低于 A 部分，并且会安排相比于 A 部分更少的组数。B 部分也是开始在训练中逐渐做到力竭的好时机，由此可以增强刺激，带来更好的肌肥大效果。

在安排 B 部分的训练内容时，可以有如下考虑。

❶ 加强在主要训练动作中体现出的弱点

健身训练计划的关键就是选择合适的训练动作来弥补主要训练动作中体现出的弱点。但是当你试图改善主要训练动作中体现出的弱点之前，你需要先理解好主要训练动作所涉及的肌肉、肌肉在训练动作中的角色和作用，以及训练动作技术的具体细节。举个简单的例子来说明这个情况：通常来说大腿前侧的肌肉会是颈前深蹲的主要限制因素，所以训练时可以进行如下安排。

A. 颈前深蹲，5 组 3~5 次，40×0 节奏，240 秒休息

B. 杠铃的哈克深蹲，4 组 6~8 次，4010 节奏，180 秒休息

也就是说，我们可以利用杠铃的哈克深蹲来着重加强大腿前侧的肌肉。杠铃的哈克深蹲允许躯干保持更垂直的角度，膝盖也可以超过脚尖更多，由此可以有针对性增强薄弱的大腿前侧。

❷ 弥补在 A 部分训练中没有锻炼到的动作范围

这其实存在两种不同的情况：一种是训练者灵活性的问题导致一些动作范围没有被锻炼到；另一种是训练工具的限制导致有些肌肉没有达到更大的活动范围。

灵活性的问题会在后面的"肌肉长度对应压力的不均衡"中解释。针对某种训练工具的限制，你需要加入不同的训练动作来允许肌肉在更完全的动作范围内得到锻炼。

比如在上斜卧推时杠铃杆会碰到胸口，导致胸肌无法达到完全的活动范围，我们可以将训练安排如下。

A1. 上斜杠铃卧推，5 组 5~7 次，40×0 节奏，90 秒休息

A2. 对握引体向上，5 组 5~7 次，4010 节奏，90 秒休息

B1. 下斜哑铃对握卧推，4 组 8~10 次，3010 节奏，90 秒休息

B2. 坐姿反手划船，4 组 8~10 次，3010 节奏，90 秒休息

在下斜卧推时利用哑铃并且使用对握法，就可以让胸肌在更大的活动范围内得到锻炼。如果想要进一步强调那些在 A 部分没有锻炼到的动作范围，可以使用 1+1/4 的方式来进行下斜卧推。这样会在那些没有被锻炼到的动作范围中增加额外的训练量和肌肉压力时间，通过帮助加强训练动作中薄弱环节的方式来增强力量。

❸ 弥补在 A 部分训练中没有强调的力量角度

除了引体向上和各种引体变式之外，大多数训练动作都有着上升式的力量曲线，比如杠铃卧推、杠铃硬拉、杠铃深蹲等。这意味着在不断举起杠铃的向心肌肉收缩过程中，越接近动作顶端，你就越有力学优势来产生更多的力量。这意味着在动作顶端所募集到的肌肉纤维，其实都没有完全疲劳，所以在 B 部分中增加一些半程的训练动作会让你进一步锻炼那些肌肉纤维。

比如说在常规的颈后深蹲训练中，你所能使用的重量会受到最弱的一个位置

的限制，这个位置通常也处于深蹲的下半程动作范围内。我们可以做如下安排。

A. 颈后深蹲，5 组 4~6 次，40×0 节奏，240 秒休息

B. 颈后半蹲（顶端 1/3 的范围），4 组 6~8 次，2010 节奏，180 秒休息

在 B 部分中只进行顶端 1/3 范围的下蹲，可以使用比进行标准全范围的深蹲更大的重量，来锻炼在这个角度内所募集的肌肉纤维。并且这种方法也是让神经系统承受更大重量的好办法，这样当你再回到常规的颈后深蹲中使用轻一些的重量时，你会感觉更加轻松。

这种训练计划的安排方法对于那些在竞技运动中需要进行部分活动范围运动的运动员来说是非常有效的，锻炼这个角度的肌肉纤维将会给他们进行运动时带来很多直接的帮助。但是全范围的下蹲仍应该是绝大部分训练计划中首先安排的内容。

❹ 改善左右肢体力量的不均衡

当只利用双侧动作进行训练时，你很可能会出现过度依赖肢体某一侧的情况。如果这样的训练进行了很长时间，很可能会导致伤病出现。所以进行训练计划中的 B 部分是解决这些问题的最好时机，因为你仍然可以在 A 部分中让主要的训练动作持续保持进步，然后在 B 部分中进行一些单侧的训练动作，通过单独关注某一侧的肌肉来增强肌肉的能力，最终增强薄弱肌肉群的力量。

比如，你在进行上肢训练时会发现惯用手比较强壮，那么安排单侧训练动作就可以帮助改善左右两肢力量的不均衡。我们可以做如下安排。

A1. 杠铃卧推，4 组 6~8 次，40×0 节奏，90 秒休息

A2. 对握引体向上，4 组 6~8 次，4010 节奏，90 秒休息

B1. 哑铃单手站姿推举，4 组 8~10 次，3010 节奏，75 秒休息

B2. 坐姿绳索划船，4 组 8~10 次，3010 节奏，75 秒休息

比如，单手哑铃推举可允许你使用更大的动作范围，提高肌肉纤维募集效率，增强肩膀的稳定能力。所有这些因素都可以帮助增强相应肌肉群的力量，同时减少不同肢体的力量不均衡。

当利用哑铃进行各种上肢推的训练动作时，你应该可以在相同次数内使用进行杠铃动作时 90% 的重量。如果你使用的哑铃重量比这个标准低很多，意味着你

的左右力量严重不均衡，或者你可能需要通过有针对性地加强肩膀外旋肌肉和肩胛骨后缩的肌肉来增强肩膀的稳定性。在安排训练内容时，多利用哑铃来进行训练会使这些情况得到改善。

❺ 肌肉长度对应压力的不均衡

这句话听起来有点拗口，意思就是过度给特定的肌肉长度施加压力，而忽视其他的肌肉长度。长期的肌肉长度对应压力的发展不均衡会导致糟糕的身体姿态、过度紧张或薄弱的肌肉，从而导致身体更容易受伤。一个常见的例子就是过度紧张的胸肌会导致肩关节内旋从而增加受伤的风险。

有一个方法可以使你在训练计划中不用减少推类动作，就能解决这个问题，那就是在动作达到末端的位置时保持一段时间，让肌肉经历一个负重的拉伸。比如可以在训练计划中做如下安排。

A1. 杠铃站姿推举，4 组 6~8 次，40×0 节奏，90 秒休息

A2. 引体向上，4 组 6~8 次，4010 节奏，90 秒休息

B1. 哑铃平板卧推，4 组 8~10 次，3210 节奏，75 秒休息

B2. 坐姿单手绳索划船，4 组 8~10 次，3012 节奏，75 秒休息

可以看出，在 B 部分的哑铃卧推动作中，每次都需要在拉伸的位置上保持 2 秒，以此来帮助胸肌逐渐拉长。并且在进行后背肌肉的训练时，也在收紧位置保持了一段时间，以此来进一步增加胸肌处在肌肉相对较长长度时的时间，改善肌肉长度和对应压力的不均衡。

❻ 加强在主要训练动作中需要用到的肌肉

在 B 部分加强那些在主要训练动作中涉及的肌肉，是我们进行 B 部分最需要考虑的。并且进行 B 部分时也是一个保持相关拮抗肌肉良好力量比例的合适时间段，这种力量比例的改善允许产生更大的力量和面对更小的受伤风险。比如下面的计划就是一种安排拮抗肌肉的训练，由此来优化力量比例。

A. 硬拉，6 组 2~3 次，41×0 节奏，240 秒休息

B1. 保加利亚分腿蹲，3 组 6~8 次，2010 节奏，90 秒休息

B2. 俯卧腿弯举，3 组 4~6 次，4010 节奏，90 秒休息

在这个例子的 B 部分中，我们会同时锻炼到膝盖周围用于屈曲和伸展的肌肉。

良好的拮抗肌肉力量比例允许我们在主要训练动作中产生更多的力量，让关节更加健康。

在训练计划的 C 部分中，可以安排那些所谓的康复训练内容，这些内容可以用来预防或者改善身体的伤病情况，或者增强特别的肌肉群。C 部分中的内容通常都是单关节动作，但对于下肢来说也可能会有多关节复合动作。随着每次训练的进行，训练强度也会逐渐下降，所以 C 部分的训练强度会是整个训练过程中最低的。

C 部分的具体安排首先取决于你的训练目标，看你是想要预防 / 改善伤病，还是增强特定部位的肌肉，这会决定你如何安排训练。比如说，你想要锻炼肩膀周围的肌肉，就有两种不同的方法来达到这个目标。如果你想要训练肩关节外旋的肌肉群，这就是一个预防和改善伤病的方法，这里保证动作质量非常重要，你可以在不做到力竭的用力程度下得到较好的训练效果；如果你想要锻炼肩膀外侧的肌肉，这就是增加特定部位肌肉的方法，这样的话进行到力竭会带来更好的训练效果。

同样的逻辑可以应用在膝关节上。如果安排各种蹬台阶的变式，动作质量是最关键的，不进行到力竭比较好；但如果是进行坐姿器械腿屈伸之类的动作，那么进行到力竭来促进肌肉增长则训练效果更好。

在 C 部分也会安排很多与 B 部分类似的训练，但是现在需要考虑有哪些类似的训练是已经在 B 部分中安排过的，所以在安排 C 部分类似的训练时可以考虑以下内容。

- 加强在主要训练动作和辅助训练动作中出现的弱点。
- 加强在主要训练动作和辅助训练动作中没有涉及的力量角度。
- 继续改善左右肢力量的不均衡。
- 继续解决肌肉长度和对应压力的不均衡。
- 锻炼那些服务于主要训练动作和辅助训练动作的肌肉。

我们在安排训练计划时，应尽量确保所有的力量角度都被锻炼到。这可以从每次训练的角度考虑，也可以从小周期或者整个大训练周期的角度考虑。比如髋关节伸展这类动作模式对于力量发展来说是至关重要的，那你就可以在 C 部分中安排那些在之前的计划中没有涉及的力量角度。

111

比如水平的髋挺身或反向挺身是强调动作范围末端（压力会在肌肉最短时最大）的动作，45 度罗马椅挺身则强调动作范围中段（压力会在肌肉中等长度时最大），坐姿早上好或站姿早上好之类的动作则强调动作范围的另一个末端（压力会在肌肉拉长时最大）。如果可以在训练计划中涉及这些不同的力量角度，相信可以带来更全面的力量发展。

锻炼神经系统

你会不会在很久没有运动之后，突然恢复运动时发现自己的身体总是慢半拍？比如打球的时候，已经看到球往哪个方向去了，但身体需要反应一段时间才开始行动，经常打不到球；或者你在走路的时候，发现地上有障碍物，但身体来不及做出反应，结果摔跟头或者受伤。这也许都是你的神经系统惹的祸，你需要开始锻炼你的神经系统了。

我们的身体受到大脑的支配，当我们在大脑中产生一个意识的时候，会通过释放神经递质及电流的传导，最终将信号传递到完成动作的肌肉上。每一个在身体中进行的活动，都会有这样的信号传递过程。比如现在你正在看着这些文字，你觉得该开始向后翻动页面了，这时候信号会传递到你的手指上，你的手指会产生翻页的行为。

我们在运动中也是这样，只不过很多时候运动会对运动神经系统提出更高的要求。比如网球这种快速击球类的运动，球来了之后需要身体马上做出反应、移动位置，以便我们可以击中；再比如我玩的抛接杂耍，需要我不断观察每个球下落的位置，才能让球持续地轮转起来，这对眼睛和手的协调性，以及运动神经系统都是很大的考验。

力量就是更多依赖于神经系统主导的一种能力，当你的神经系统募集效率越高和能力越强时，你在同样的身体情况下会募集到更多的肌肉纤维，产生更大的力量。事实上，即使经过多年的力量训练，专业力量运动员也不可能达到 100% 的神经募集效率。只有在生死攸关的时候，身体的潜能才会被完整激发出来。但是通过力量训练，尤其是使用相对更大的重量（1~5RM），你会逐渐增强神经系统的肌肉募集能力，换句简单的话说就是：你的力量水平会提高。这也是为什么不管你是什么类型的运动员，有什么具体的运动目标，提高力量水平都是你的训练计划中关键的一部分。大多数健身爱好者也都能通过提高力量水平来获得非常大的身体收益。

除了力量水平，运动技巧也是需要神经系统不断习得的。当然，如果是力量运动项目，在运动技巧提高的情况下，你的力量水平通常也会随之提高，因为你的运动效率提高了。比如打篮球、踢足球，练习玩球的技巧就是我们让神经系统不断学习这些运动的过程；比如写字、练毛笔书法，一开始你的手抖，写出来的字不好看，随着练习越来越多，你写的字也越来越好看，这就是我在这里想解释的，一种技巧性的能力水平提高。

所以锻炼你的神经系统要从不同的方面进行。一是从肌肉神经系统的募集方面进行；二是从运动技巧方面进行。

关于第一点，就是说你需要进行肌肉和力量的训练。你需要举铁，并且逐渐举起更大的重量；你需要从不能在地上做俯卧撑，进步到能在地上做很多次俯卧撑；你需要试着完成自重的引体向上，或者负重的引体向上；等等。

关于第二点，练习运动技巧不仅需要在增强肌肉和力量的训练动作中不断完善和优化，你还需要练习其他的运动技巧。比如我在玩的杂技球，不仅可以通过手来玩，还可以练习用脚踢。正面踢、内侧踢、外侧踢都是不同的运动技巧练习，对增强身体不同方面的运动和控制能力都有帮助。

训练安全和伙伴辅助

只要你在健身房进行过训练，你肯定见到过那些训练者互相保护进行训练。当然，有个训练伙伴的确会提高训练的积极性，帮助你更努力地进行训练，也让自己的训练变得更加安全。比如深蹲的时候，有人保护，你就敢于做更多次数或使用更大重量。但不合适的训练搭档或保护方式，也会影响你的训练效果，甚至会让你的训练变得更加不安全。

也许你不需要训练伙伴辅助

事实上，你也可以在没有训练伙伴辅助的情况下依然进行非常高质量、好效果的训练。在你熟悉并磨炼好动作技术之后，训练的安全性也会大大增强。大家应该都会同意：发展个人的训练技术要优先于选择伙伴辅助。也就是说，如果你进行某一项训练动作的动作技术还存在很多问题，那么即使有人辅助你进行训练，你也依然有很大的训练受伤风险。

有人说轻重量不需要辅助，大重量需要辅助。其实不管利用什么重量进行训练都可以不需要辅助，因为我们并不需要将每一组训练都进行到力竭，并且不同的训练动作，也应该选择不同的用力程度。

前面提到了，我们可以用反向次数来衡量力竭程度。如果做完一组训练之后感觉 RIR 是 0 的话，意味着这一组训练你做到了真正的力竭，你不能再多做哪怕 1 次；如果你的 RIR 是 1 的话，你在停止训练的时候会感觉自己可以再完成 1 次；如果 RIR 是 5 的话，意味着你在感觉还可以完成 5 次的情况下停止了训练。

不管是肌肥大训练，还是增强绝对力量训练，我们不需要在每一组都完全达到力竭，也就是不需要达到 RIR 为 0 的情况。只要你进行得都很用力，RIR 在 0~3，你都会收到很好的训练效果。

如果你可以在训练中避免做到完全力竭，那么你的训练安全性会大大增强，你的组间休息时间也可以相应减少，下一组训练也可以进行更多次。尤其对于肌肥大训练来说，通常这意味着可以完成更大的训练量。当你在训练组中保留 1~2 次的反向次数，你反而可以进行更多组，来完成更大的训练量。

刚进行健身训练的爱好者，通常容易陷入热血的训练状态中。但随着训练经验和训练知识的增加，身体疲劳感积累得越来越多，他们也许也会慢慢意识到并不一定需要每一次都训练得那么疲惫。

另外，我们还需要理解不同的力竭情况。通常我们会把力竭分为技术性力竭和完全力竭。如果你进行一个训练动作，用尽全力才可以移动某个重量 10 次，那么 10 次就是你的完全力竭。技术性力竭可能会在 8~9 次，这其实就是你可以保证动作技术基本不变、还能保持良好动作技术的情况下达到的力竭。

技术性力竭和完全力竭相距的那 1~2 次，可以理解成代偿次数。因为你无法再用良好的动作技术、使用相应的肌肉完成那个训练动作，那时你就会让其他肌肉来帮助你完成移动重物的任务。所以在卧推时，你会为了多做一次扭曲身体而让胳膊肘向外撇开，或者在深蹲的时候，你的臀部会先抬高使身体前倾，膝盖还会内扣。

正是这些代偿使得训练的不安全性显著增加，而额外的训练收益其实不会太多。你没有让身体牢记良好的动作技术，你教会了身体如何妥协和变形。当你的动作技术改变，相应地被激活的肌肉纤维也会有所改变，所以如果你的目标是锻炼肌肉的话，当你在妥协的时候，你相应的肌肉其实并不会得到更多的训练刺激。

那些有伙伴辅助的训练者，让伙伴帮忙"带"一下指的就是需要通过伙伴的辅助减少一些阻力。当哑铃重量过重时，伙伴的辅助能帮助训练者更快地适应这一重量。在辅助训练中，常见的情况是，当训练者接近力竭时，辅助者会增加辅助力度，从而降低动作难度，使训练者能够在这一训练组中延长肌肉承受压力的时间。这一过程实际上可以被视为一种递减组训练的形式。

如果你想要自己一个人也进行这样的训练，延长某一组的肌肉承受压力的时间，可以在下面这两种方法中选择一种进行。

第一种，可以通过快速减少重量，自行替换哑铃来进行上面类似的递减组训练。比如在利用 30 千克哑铃进行平板卧推的时候，可以在独自进行达到几乎力竭之后，马上替换 20 千克的哑铃继续进行卧推，然后达到力竭再替换为 15 千克的。在这个过程中，你可以独自一人完成递减组训练，而不需要伙伴的辅助。

第二种，这个方法叫作力学优势（Mechanical Advantage），也就是利用负重和杠杆的原理，改变动作技术进行方式，让目标肌肉可以更有效地移动重量，以此来锻炼肌肉。比如先利用 30 千克的哑铃进行上斜 45 度的卧推，在达到几乎力竭之后，马上坐到上斜 30 度的凳子上继续进行，最后替换到平板凳子上继续进行 30千克的哑铃卧推。在整个变化过程中，由于凳子角度的调整，你可以持续延长这一训练组的肌肉压力时间。其他常见的例子如，进行哑铃飞鸟之后，马上利用同样的哑铃进行哑铃卧推来延长这一训练组的肌肉压力时间。

不同的训练动作大体上也会区分出需不需要达到力竭的情况。针对那些使用更大重量的多关节复合动作，比如深蹲、硬拉、卧推等，通常不建议超过技术性力竭或达到完全力竭。

对于那些使用更小重量的训练动作，或者利用器械进行的训练动作，你当然可以每一组都进行到技术性力竭甚至完全力竭，因为这两种力竭之间的差距会因为动作的选择而缩小。比如哑铃侧平举，你可以非常努力地"榨干"自己的三角肌，不用担心力竭之后会使身体受到伤害，因为你可能使用的哑铃也就是 1~10 千克；如果你利用坐姿腿屈伸的器械锻炼大腿前侧的肌肉，那么即使进行到完全力竭，你也不用担心动作技术会变形，或者不用像做杠铃深蹲那样担心自己起不来而被杠铃杆压住。

对于那些深蹲卧推的训练动作，利用框架式深蹲架中的两侧安全插杆，能帮助你增强这些训练动作的安全性。如果你的健身房的卧推架子没有保护杆，那么避免给杠铃加上卡扣，是你在推不起重量时帮助自己"逃生"的最佳办法。如果你给杠铃杆加上了卡扣，那么你就无法在推不起重量并且将其停留在胸口之后，让杠铃片滑向一侧来让自己逃生。

现在你应该了解了伙伴辅助的优劣，也了解到了训练不需要每组都达到完全力竭，可以更多达到技术性力竭，利用其他的训练安排技巧，根据训练动作来决定是否达到力竭，合理使用器械来增强训练安全性，从而顺利进行独自训练。

伙伴辅助的技术方法

伙伴辅助也是有技术要求的。我在进行健身训练的过程中，看到过也体会过不同辅助技术的区别。好的辅助技术会促进你的训练，而不好的辅助技术会妨碍你的训练。如果你真的喜欢有伙伴辅助你进行训练，那应先确保你们双方都了解辅助技术的具体细节。

❶ 辅助姿势

不好的辅助姿势会让人感到尴尬和不适。这包括卧推时辅助者站得太靠前，裤裆朝着训练者脸的正上方；深蹲时辅助者站在训练者后方并且靠得太近，双方身体几乎挽在一起或者辅助者用双手抱住训练者的胸口；等等。

大多数训练者也许根本没有仔细思考过为什么要这样进行训练辅助，因为这是他们在健身房里看到的大多数人会使用的方式。事实上，大多数人在这样做的时候，未必都真正知道为什么要这样做。你需要了解的一个事实就是：如果你需要辅助者非常努力地来帮助你，这代表你选择的重量太大了。

　　理想的情况下，辅助者只需要使用一点力气就可以帮助你完成动作。如果你知道自己可以完成 95 千克的深蹲，有一天你想突破自己增加到 100 千克，就意味着辅助者最多只需要多抬 5 千克，就可以帮助你完成这一次动作。但如果你选择的重量太大，如 110 千克，即使你在得到辅助之后完成了，你也只是在让辅助者多花力气来帮助你移动那额外的 15 千克，你并不是真正变得强壮了。我们常说的"把自尊心留在健身房之外"，就是指这个时候。

　　辅助时，具体该辅助哪些身体部位、触碰哪里，也是辅助的关键。对于杠铃深蹲来说，辅助时我个人更倾向于触碰杠铃杆，而不是触碰训练者的身体。因为前面提到了，辅助者只需要向上抬高杠铃杆来减轻负重，就可以帮助训练者完成动作。另外，很多训练者可能不喜欢被别人触碰身体，特别是在训练的过程中，这容易让他们分神。

　　对于杠铃卧推来说，良好的辅助技术是，辅助者扎马步站在训练者头部外侧，身体前倾像进行硬拉时一样，双手利用同样的方式进行辅助，比如双手都向上或都向下。交叉手握法可能会在辅助的时候让杠铃杆左右不平衡，增加训练者的安全风险。就像前面说到的，你应该只需要抬高杠铃杆几千克的重量就可以帮助训练者完成动作。如果你不能，那么要么是重量太大了，要么是训练者太接近力竭了。

　　我见到过有人进行硬拉辅助的时候，站在训练者后方去向上抬其肩膀。硬拉其实不需要辅助。如果你的握力弱，那么助力带就是你的辅助者。如果你在利用助力带的情况下还拉不起来那个重量，那么你绝对不需要也不应该强迫身体去完成那个重量，你的身体还没有为它做好准备。

　　对于各种利用哑铃进行的训练动作来说，具体的辅助方式需要辅助者像在深蹲时提供辅助一样随着训练者的哑铃上下移动；并且辅助者手触碰的位置通常是训练者的手肘下方或者手腕处，具体取决于训练者的动作技术水平。如果训练者有很强的稳定性，在快没力气的时候还可以保持小臂垂直于地面，那么辅助者就可以通过托住训练者的手肘下方来进行辅助；如果训练者在没有力气之后，经常改变小臂的位置导致哑铃的行进路线改变，那么辅助者扶住训练者的手腕是一个好的方式。

　　记住，不要试图通过抓住哑铃来辅助，除非你非常有把握可以一下子抓住哑铃。

因为大多数情况下，我们只能抓住哑铃的一侧，这会让哑铃变得不平衡，而且如果哑铃不慎脱手会砸中训练者的面部或胸口。

针对小肌肉群或利用器械进行的训练，事实上大多数情况下也许并不需要辅助。如果真的需要辅助，轻轻地帮助移动负重或者轻轻地帮助移动器械，是常规的方法。

❷ 辅助时机

错误的辅助时机会影响训练者的情绪。辅助者不能太早介入训练者的动作进程，本来他还可以自己多做 3 次，如果你现在就开始帮助他抬高杠铃杆，就很不是时候；辅助者也不能太晚介入训练者的动作进程，他都已经开始推不起来，负重下落到快压住自己了，你才开始帮忙也是不行的。

良好的辅助时机是指在训练者正需要帮忙的时候介入，并且辅助的用力程度和范围恰好可以帮助训练者自己完成这一次动作。良好的辅助时机的判断标准，就是训练者的动作即将停滞或者已经停滞。如果训练者还在移动，哪怕移动的速度非常缓慢，其实也不应该进行辅助。

辅助者应该观察训练者的动作或移动的速度，训练者的动作即将停滞的时候恰恰是需要介入辅助的时候；并且使用的辅助用力程度，只需要达到可以让训练者的动作继续即可。如果在某一阶段你意识到训练者的移动速度在逐渐加快，那么你应该马上减少你的辅助用力程度。这意味着你真的只是在辅助而已，大部分力量还是由训练者自己产生的。所以提供的辅助应该是动态变化的，同时也是有特定范围的。

为了确保你可以在合适的时机马上介入辅助，你应该将手贴近负重并且随之移动。注意在随之移动的时候，要确保自己的手不会触碰到负重，因为即使轻微的触碰也会影响训练者对于重量的控制和感受。

❸ 辅助频率

辅助者需要首先确认训练者今天有良好的训练状态，的确可以并需要在你的辅助之下使自己更努力地进行训练。是否需要训练辅助最根本的决定因素之一就是，训练者今天是否有良好的训练状态。

如果训练者今天来到健身房时面露憔悴，一点点组间休息时间都需要坐着，并且会发呆走神，那么今天就不是需要辅助的日子。你应该推荐他少做一些训练量，甚至减少一些重量，不要做到力竭或者用借助器械进行的动作来替换原来的动作。

状态好和状态不好的差异在进行接近力竭时表现最明显。训练者状态好时，哪怕已经费力地完成了一次，还是会认为可以挑战再完成一次，并且哪怕在动作范围中停滞了一会儿，也可以继续努力地发力来试图完成动作。

而训练者状态不好时，完成动作的力量会说没有就没有。也许训练者上一次动作还可以完成，下一次到一半就举不起来了。并且在遇到动作范围中的停滞之后，训练者也不会像状态好时可以继续产生力量，反而会突然就觉得没有力量了。

通常来说，在每个动作最后的训练组或者每次训练的最后一组之中，训练者可以利用伙伴的辅助来"榨干"自己。但如果对于每一个训练动作和训练组，训练者从训练开始到结尾都需要伙伴辅助，其实就有点辅助过度了。

训练计划模型

在之前的训练过程中，你肯定按照某些固定的模型进行过一些训练。比如常见的 10×10 训练，就是选择一个训练动作和一个训练重量，重复进行 10 组、每组 10 次的训练。其实还有很多的训练模型可以供我们参考，比如 5/3/1、10-8-6、"缩短一拉长"等。这些训练计划模型会在我们制订健身训练计划的过程中提供很多便利。

你是否需要完全按照模型做，应根据你的个人情况而定。你可以将全部的训练计划都按照一个模型进行，也可以组合不同的模型来设计出你整体的训练计划。如果你能从这些模型中摸索出训练计划设计的原理和方法，那么肯定会对你以后自行进行训练计划的制订，或者安排自己的训练模型有很多的启发和帮助。

力量训练计划模型

❶ 赫伯恩方法（Hepburn Method）

道格·赫伯恩（Doug Hepburn）堪称 20 世纪 50 年代最强壮的人，他是第一个不使用药物就能进行 500 磅卧推的人。他超乎常人的力量不局限于卧推，他还可以单手推举 200 磅，借力推举 500 磅，实力推举 420 磅，甚至进行 800 磅的硬拉。

并且在 54 岁的时候，他还可以以 600 磅的重量深蹲 8 次，单手实力推举 170 磅。

道格·赫伯恩的训练方法超越了当时的传统训练方法，他相信他的独特训练方法同样适用于其他人，并且相信可以在一年内帮助任何人以特定的训练动作增加 100 磅的负重。

他的训练计划非常简单，包含 A 和 B 两个部分：绝对力量部分（A）和功能性肌肥大部分（B）。他的训练每次只关注两个关键的训练动作，并且先进行低次数的绝对力量训练，然后进行更高次数的功能性肌肥大训练。

比如进行胸部和背部的训练，A1、A2 训练的重点是利用大重量增强你的绝对力量。一旦你的神经系统被激活，之后进行相对更高次数的 B1、B2 训练，会使你在进行功能性肌肥大训练时募集更多的肌肉纤维。

A1. 平板杠铃窄距卧推，(7~10) × (1~3),40×0,120 秒休息

A2. 肩宽反手引体向上，(7~10) × (1~3),40×0,120 秒休息

B1. 平板杠铃宽距卧推,5×5, 30×0, 120 秒休息

B2. 肩宽对握反手引体向上，5×5, 30×0, 120 秒休息

在进行 A1、A2 训练时，选择那些基础的力量动作，并且保证每次动作的细节完美。这里不用做到完全力竭，选择合适的重量，只在最后一组中达到技术性力竭即可。在进行这个计划时，记得要在每一次训练中实现渐进超负荷，因为增强绝对力量就是尽可能增加你的最大负荷。注意，如果你在进行这个训练计划时太早增加到过高的重量水平，你会发现自己会过早地疲劳，并且在训练中无法取得进步，甚至会退步。合适的训练安排如下所示。

第一次训练：

第一组 =95 千克

……

第七组 =100 千克

下一次训练：

第一组 =97.5 千克

……

第七组 =102.5 千克

之后在选择 B1、B2 的训练动作时，选择那些和 A1、A2 训练动作模式相同

但稍有区别的动作，以照顾到不同的运动单元，并且将重量大概下降到 A 部分的80% 左右。直到你可以利用相同重量完成 5 组 5 次动作，再考虑在 B 部分的动作上增加重量。

上面的例子是胸部和背部的力量训练计划，当然你也可以对下肢进行同样的训练。下肢的力量训练计划可以安排如下。

A1. 杠铃颈前深蹲，（7~10）×（1~3），40×0, 120 秒休息

A2. 俯卧器械腿弯举，（7~10）×（2~4），40×0, 120 秒休息

B1. 杠铃颈前深蹲，5×5, 30×0, 120 秒休息

B2. 坐姿器械腿弯举，5×5, 30×0, 120 秒休息

❷ 束组（Cluster Set）

束组也是增强绝对力量常用的训练方法，它听起来非常奇怪但很有效。这是一种可以在保持同样训练强度时有效增加训练量的方法。

在传统的按每组进行的训练方式中，你会先连续完成所有组数再休息。比如，先进行 5×5 的训练，组间休息 4 分钟，再利用大概 1RM 的 85% 的重量进行总共25 次。

但在束组的训练方式中，你会在每次之间进行休息，比如每进行一次就休息10~20 秒。那么相比于利用 1RM 的 85% 的重量进行 5×5 的训练，你可以利用大概 1RM 的 90% 的重量完成 5×5 训练。这样你举起了更沉的重量，这意味着你会容易有更大的力量增长。

或者你可以在同样的训练重量下，利用束组完成更多的训练量。比如你目前只可以连续完成 3 个引体向上，但利用每次之间短暂休息，也许你就可以每组完成 4~5 个，这就意味着你完成了更多的训练量；或者你还是计划一组只进行 3 个，但因为每一次中间加入了短暂的休息，你可以完成更多组。

实施束组方法的关键就是，你需要确保每一次都可以完成。如果在完成同样次数的情况下，你选择了增加重量，但最终发现无法完成规定的次数，那意味着你增加的重量太大了。

训练计划中传统的表达方式为：3×3

束组的表达方式是：3×（1+1+1+1+1）

❸ 3/2/1 波动负重（Wave Loading）

波动负重是一种利用了被称为后激活增强效应（Post-Activation Potentiation，PAP）概念的训练方式。这种概念是指利用一种方法提前激活神经系统和肌肉，以此让它们在之后可以产生更大的力量。比如棒球运动员会在比赛开始之前甩动更沉的棍棒，然后他们就可以在利用常规的棍棒击球时更有力量。其他的例子还有，在进行深蹲之后，马上进行那种需要爆发力的动作会更加快速，比如跳跃、抓举或挺举等。

在利用 3/2/1 的波动负重方式时，你会将重量增加到只能进行一次的最大程度，然后减少一些重量，接下来重新增加到只能进行一次的最大重量，如此重复若干轮。借助前一轮大重量带给神经系统的刺激，在短暂的休息之后你就可以在第二轮、第三轮甚至第四轮的波动中，更用力地收缩肌肉，产生更大的力量。

利用卧推进行 3/2/1 波动负重的例子如下。

第一轮：264 磅 ×3，279 磅 ×2，294 磅 ×1
第二轮：270 磅 ×3，285 磅 ×2，300 磅 ×1
第三轮：275 磅 ×3，290 磅 ×2，305 磅 ×1

很多运动员在第一次使用这种模型进行训练时，会发现只能进行两轮波动。随着练习得越来越多，你的神经系统会发展得更有效率，你可以做更多轮。但我建议利用波动负重的方式不超过 5 轮，因为这意味着第一轮选择的重量太轻了。

还有其他进行波动的方式，比如 5/3/1 或者 7/5/3 等。但对于更针对增强绝对力量的 3/2/1 方式来说，你应该通过前一轮的积累，让下一轮的重量更有可能顺利完成，也就是说其实每一轮都在作用于下一轮，最终让你的绝对力量得到提升。

一个常规的波动计划安排会围绕 1RM 的百分比重量来进行，以下数值可供参考。

第一轮：88%×3，93%×2，98%×1
第二轮：90%×3，95%×2，100%×1
第三轮：92%×3，97%×2，102%×1

在训练过程中，你有可能无法完成上面所示的 3 轮波动。如果你在任何一轮波动中失败了，也就是说你不能按照计划中的数据完成规定的次数，那么你就该结束这次的波动负荷训练了。到了下周训练日，也许你就可以完成更多轮了。

❹ **优化的 5×5**

对于大多数健身训练者来说，只要持续遵循一个训练方法，基本上都会得到力量上的显著提升。5×5 作为非常简单的训练模型，深受大多数健身训练者的喜爱，但大多数健身训练者以为 5×5 就是利用同一个重量把同一个动作进行 5 组 5 次。

实际上，最初的 5×5 训练模型是每次训练三大项（最初的计划是深蹲、高翻、卧推）。每周训练同样的三大项 3 天，并且一天是大重量，一天是小重量，一天是中等重量。大重量为 1RM 的 80%~85%，小重量为减少大重量 15%~20% 后的重量，中等重量为利用大重量 90% 的重量。训练者通常还会在这些训练结束之后，增加 1~2 个小的辅助训练动作，以 1~3 组、每组 10 个的数量进行。

最初的 5×5 训练模型对建立基础力量非常有帮助，但如果你的目标就是增加最大一次的重量和力量，那么最好将此训练模型进行优化，因为即使你的 5RM 力量增加了 20%，你的 1RM 力量可能也只会增加 10%，这就是身体适应的针对性。并且，最初的小重量训练日并不会贡献那么多的力量增长，虽然这些小重量的训练日会帮助改善动作技术，但既不会帮助你建立肌肉基础也不会帮助你变得更加强壮，它更多的是起到身体恢复和改善动作技术的作用。

我们看看如何将最初的 5×5 训练模型进行修改，来让 5×5 的训练模型变得更有效。

第一天：大重量，1RM 的 80%~85%，5×5，2010，3~4 分钟休息

第二天：小重量，1RM 的 65%~70%，5×5，(5)010，3~4 分钟休息

第三天：中等重量，1RM 的 70%~75%，5×5，5010，3~4 分钟休息

*(5) 意味着在下落过程的某个角度停顿 5 秒

你将在不同的训练日利用不同的重量进行训练，和 5×5 训练模型原型的安排一样，但在利用不同重量的过程中，你会开始特别关注不同类型的肌肉收缩。你需要一天进行常规节奏的训练，另一天进行静态收缩的训练，最后一天进行缓慢下落的离心训练。

在第一天大重量的训练日中，你利用 1RM 的 80%~85% 进行 5×5 的训练，利用 2010 的动作节奏（2 秒离心、1 秒向心），组间休息 3~4 分钟。

在第二天小重量的训练日，你将在动作进行的离心过程中，在动作中间的某

个角度停顿 5 秒。以深蹲为例，你会在下落到大概一半的动作范围上停顿保持 5 秒，然后继续下落，最后站直完成这一次。具体的停顿角度，推荐选择你的动作黏滞点周围。

在第三天中等重量的训练日，你会利用 5 秒的离心过程来完成训练。还是以深蹲为例，你会从下蹲开始，缓慢利用 5 秒的下落时间来到达动作底端，然后用力向上站直。

❺ 5/3/1

5/3/1 是来自吉姆·文德勒（Jim Wendler）的一个非常简单有效的针对增强绝对力量的训练模型，每周只需要以每个主要动作训练 3 组。这个模型的核心理念包括关注深蹲、卧推、硬拉、推举等基础的多关节复合动作，将比较小的重量作为起点来确保以后更长久的进步，并且每次只要求你前进一小步，而不是要你一口吃成一个大胖子，训练时要每次都打破之前的训练纪录。

在 5/3/1 的计划里，你一周要训练 3~4 天，每次训练关注一个训练动作：深蹲、卧推、硬拉和站姿推举。具体的训练重量以 1RM 的 90% 来计算。

以下重量都是在 1RM 的 90% 的基础上进行计算的。

第一周：第一组 65%×5，第二组 75%×5，第三组 85%×5+*

第二周：第一组 70%×3，第二组 80%×3，第三组 90%×3+*

第三周：第一组 75%×5，第二组 85%×3，第三组 95%×1+*

第四周：第一组 40%×5，第二组 50%×5，第三组 60%×5

+* 意味着尽可能多做

比如你要开始进行 5/3/1 的计划，假设你的卧推的 1RM 是 315 磅，那么 90% 约为 285 磅。所以你在第一周会利用 184.3 磅（283.5 磅 ×65%）进行 5 次，212.6 磅（283.5 磅 ×75%）进行 5 次，240 磅或 245 磅进行 5 次或更多。

当你完成 4 周的训练后，你可以直接在你的上肢训练动作（卧推、推举）的 1RM 上增加 5 磅，在下肢训练动作（深蹲、硬拉）的 1RM 上增加 10 磅，以此作为你新的 1RM 来继续进行下一轮，如此循环。

在训练计划中，具体的 1RM 的百分比和每 4 周的进阶方式，是 5/3/1 训练模型的关键。当然你也需要在这些主要训练之后增加一些辅助训练，每天安排 2 个辅助动作，各自进行 5 组，每组 10~15 次。

比如推举的辅助动作可以是臂屈伸和反手引体向上，硬拉的辅助动作可以是早上好和悬垂举腿，卧推的辅助动作可以是哑铃卧推和哑铃划船，深蹲的辅助动作可以是倒蹬和腿弯举。

❻ 金字塔 5/4/3/3/4/5

这种训练模型也是一种利用了后激活增强效应概念的训练方式。这种训练模型通过不断增加重量减少次数，使激活的神经系统让身体有更多的能力产生力量，从而利用相比于金字塔爬升部分更大的重量完成相应的次数。

比如以下这种训练模型对于重量和次数的选择，采用的就是金字塔5/4/3/3/4/5 的安排方式。

100 千克 ×5 次

105 千克 ×4 次

110 千克 ×3 次

112 千克 ×3 次

107 千克 ×4 次

102 千克 ×5 次

其他可行的相对力量金字塔安排方式有 5/3/1、3/2/1 等。

肌肥大训练计划模型

❶ 10x10

这绝对是知道人数最多的肌肥大训练计划模型之一。其实 10×10 也被称作德国式的训练量方法（German Volume Training，GVT），它在世界知名力量教练查尔斯·波利金的传播下变得流行。对，又是查尔斯·波利金。这就是为什么我想要向他学习，我的导师蒂姆曾经说过："力量训练你只看他一个人就够了。"并且后来我在向其他教练学习的过程中，发现他们几乎也都曾经向查尔斯·波利金学习过，他们的教学内容中也有着查尔斯·波利金的印记。

10x10 训练计划模型通过给予同一个肌肉群非常大的训练量来促进肌肥大的效果。它最初被用来帮助举重运动员在非赛季增加体重，提高比赛体重级别。

在重量选择上，这个训练模型会从 1RM 的 60%~70% 重量开始，并且所有组数也应该将重量一直保持在这个范围内。比如说你的卧推最大重量是 100 千克，那么你可以从 60 千克左右开始你的 10×10 训练，并且结束时也尽量保持这个重量。记住，在训练过程中，你还需要详细地进行训练记录，你应记录你完成的次数和重量以及休息时间，并且只计算那些你以严格的动作标准完成的次数。

在休息时间的安排上，如果你只进行一个动作，那么常规的休息时间是 60 秒。如果你安排两个对立肌肉的训练动作交替进行，那么可以安排 90~120 秒的组间休息时间。在 10×10 训练的进行过程中，很多人会在前几组觉得太过简单、重量不够大，觉得进行完 10 次还能进行更多次，但由于休息时间是非常短暂的，身体积累的疲劳会在之后的组数中显现出来。也许你还会发现自己在第八组、第九组时会突然能完成更多次，据说这是短期的神经适应的结果。

在动作节奏的安排上，对于大范围动作，比如深蹲、臂屈伸、引体向上等，可以利用 4020 或 40×0 的节奏。这意味着下落 4 秒，到动作底端马上推起自己，利用 2 秒或者更快的速度达到动作顶端。那些范围更小的动作，比如二头弯举和三头屈伸，则可以利用 3020 或 30×0 的节奏。

在动作选择上，每次训练针对每个身体部位只需要进行一次 10x10 的动作。所以优先选择那些能募集更多肌肉纤维的训练动作，深蹲和卧推应该是你首要的选择。俯身哑铃三头伸展或者坐姿腿屈伸就不是好的选择。如果你为大的肌肉群安排了 10×10 的训练，又想给相同肌肉群或小肌肉群进行额外的训练，那么再增加 2~3 个辅助动作，每个动作完成 3 组、每组 10~20 次就足够了。

如果你选择进行 10×10 的训练，那么可以每 4~5 天对同一个肌肉群进行一次训练。一旦你可以利用稳定的组间休息时间完成该动作 10 组、每组 10 次，下一次训练就可以增加 4%~5% 的重量，然后重复这个过程。

5 天循环的训练计划安排举例如下。

第一天：胸部和背部

第二天：腿部和腹部

第三天：休息

第四天：手臂和肩膀

第五天：休息

每组具体的重量与次数可以参考如下示例。

第一组：68 千克，10 次

第二组：68 千克，10 次

第三组：68 千克，10 次

第四组：65 千克，10 次

第五组：65 千克，10 次

第六组：63 千克，8 次

第七组：63 千克，8 次

第八组：63 千克，9 次 *

第九组：60 千克，8 次

第十组：60 千克，7 次

* 你可能会在完成 8 组左右看到小幅的提高，据说这是神经系统适应的结果。

❷ 8×8

文森特·吉龙达是 20 世纪健美界的大师级人物。他的很多想法和观念都很超前，虽然当时不被很多人认可，但随着时间的推移，他的很多观念都得到了验证。即使到了现在，他的很多观念都还有较大的参考意义，包括胆固醇没有坏处、补剂需要停用一段时间、不吃过量的肉等。他的学生包括第一届奥林匹亚先生拉里·斯科特（Larry Scott）、施瓦辛格以及众多好莱坞演员。

在拉里·斯科特所有的技术当中，8×8 训练方法是他最喜欢给高水平健美运动员使用的。他说："我对于 8×8 这个训练方法有非常强烈的偏爱，关于高水平健美运动员想要在最短时间内得到最大化的肌肉增长，我最终总是会推荐他们进行这个高强度的'诚实的训练'。"文森特·吉龙达对于那些想要进行这种组数和次数训练组合的新手，也提醒到："你必须先建立好一个基础，才能从这种训练模型中获得收益。我怀疑没有至少两年训练经验的训练者，都不能从这个训练方法中得到好处。"

8×8 虽然听起来和 10×10 差不多，但它们不完全一样。

8×8 也是一个相对大训练量、快节奏的增肌训练计划模型，不是会帮助增强绝对力量的计划模型。由于每组之间较短的休息时间，会给心血管系统带来很大考验，身体能量开始快速燃烧，代谢系统也会被激发，激素水平被提高。所以在实施 8×8 的训练计划模型的过程中，你可能也会更快地减脂。

它的具体操作方法是：你为每个肌肉群选择 3~4 个训练动作，每个训练动作进行 8 组、每组 8 次的训练，这样每个肌肉部位会进行 24~32 组训练；你在每次训练中选择 2~3 个肌肉群来进行训练，每组之间只休息 15~30 秒；每次的训练应该花费大约 45 分钟完成，最长不要超过 60 分钟。

尽管这里涉及非常多的训练量，文森特·吉龙达认为这样并不会导致训练过度，因为训练总时长不会超过 45~60 分钟。这样的训练计划模型只是在更短的时间内完成了更多的训练，这意味着更高的训练密度，也意味着更多的肌肉增长。

很多人考虑渐进超负荷的训练原理时，认为增长肌肉的唯一方法就是增加所使用的重量。事实上，正如我们在训练的主要原则中提到的，超负荷才是增长肌肉的根本要求。渐进是指循序增加超负荷的方法，增加重量会是一种最常见的方法，但并不只有这一种方法。其实文森特·吉龙达也喜欢增加更大的重量，但他相信在更短的时间内进行更多的训练是应用渐进超负荷来增长肌肉的更好方法。他说："为了得到更多的肌肉增长，你必须提高限定时间内的训练密度。"

通常健美运动员会针对每个肌肉群选择 2~4 个动作，分别进行 3~4 组、每组 6~12 次，组间休息 1~4 分钟。高水平健美运动员会非常容易适应新的训练方法，所以在开始利用 8×8 的训练计划模型时，健美运动员会因为身体的不习惯而带给身体非常大的训练刺激，得到更多的训练收益。和其他的训练计划模型一样，在进行一段时间的 8×8 训练之后，你可以回到传统的训练方式中。但如果 8×8 的训练计划模型对你来说一直有效，那就继续下去。

关于 8×8 训练计划模型的重量选择，你将在 8 组中使用相同的重量，其中一个原因是你没有那么多的时间更换重量。并且由于 15~30 秒的休息时间非常短，你在一开始只能使用相对较轻的重量。大多数人可能需要以 1RM 重量的 40% 来完成这样短时间休息的 8×8 训练。但随着你的进步，你的代谢能力增强，你会惊讶于自己可以在这么短的休息时间中使用与之前相同的重量。如果你在进行到第八组训练的时候完不成最后 2~3 次，那你选择的就是合适的重量。但如果你在第四组、第五组的时候就不能完成 8 次的训练，这意味着你选择的重量太大了。当你可以完成全部的 8×8 训练时，意味着下一次训练你可以增加训练重量了。

在进行 8×8 训练的过程中，尤其是进行那些针对大肌肉群的多关节复合动作时，你会经历非常强烈的身体疲劳、非常多的心肺功能考验，并且非常难以维持精神的集中程度。这就是为什么文森特·吉龙达称这种训练为"诚实的训练"。

8×8 训练的训练量虽然和我在整本书中推荐的大体训练量有很大的差异，但事实上文森特·吉龙达也建议限制每个肌肉群每周 12~15 组的训练量。他说如果你不能在 12 组内完成训练，那么你就不够专注。但是他也提到，有一些特定的时机可以不遵循每周 12~15 组训练量的建议，针对高水平健美运动员的 8×8 方法就是其中之一。

❸ DC 训练模型（Dogg Crapp）

DC 训练模型是由丹特·特鲁德尔（Dante Trudel）创立的以肌肥大效果为目的的训练模型。这种训练模型有高强度、低训练量和高频率的训练特点。

DC 训练模型并不建议健身训练新手或中级水平训练者使用，这个训练模型只建议用在高级训练者身上。这也意味着，在开始使用这种训练模型前，你需要有至少 2~3 年的训练经验，并且有着良好的力量和肌肉基础。另外，如果你目前在遵循另一种训练模型，那就持续下去直到完成相应的计划，再来考虑使用这种训练模型。

在使用这种训练模型进行训练的过程中，认真进行训练记录是重要的一步。如果你能追踪上一次训练用了什么重量，做了多少次，就能知道什么时候还可以继续选择这个动作。更重要的是，不要试图改变这个训练模型。就按这种训练模型来做，然后根据训练记录使每一次做的比上一次更多。这种训练模型虽然训练强度很大，但只需要每天针对每个肌肉做一个动作。

具体来说：你先选择一个动作，经过几组热身，然后选择一个你只能举起 10 次的重量，用完美的动作技术和节奏，完成越多次越好，直到动作技术将要变形，达到技术性力竭，就结束这一组；休息能进行 10~15 次深呼吸的时间，再拿起那个重量，还是做越多次越好，直到动作技术将要变形，再次结束；继续休息进行 10~15 次深呼吸的时间，第三次拿起那个重量，进行越多次越好，直到动作技术将要变形，结束训练。

你不需要在进行深呼吸休息时持续拿着那些重量，深呼吸的目的是让你尽可能多地摄取氧气。你的目标是 3 次力竭组的次数加在一起为 11~15 次。如果你完成的次数超过了 15 次，意味着下一次做这个动作的时候，需要增加重量；如果你做不到 11 次，意味着有可能需要减少一些重量，或者保持重量但是要在下次试着达到 11~15 次。

训练计划的具体安排如下。

第一周	第二周
周一：A1 计划	周一：B2 计划
周三：B1 计划	周三：A3 计划
周五：A2 计划	周五：B3 计划

A 计划针对以下部位：胸肌、肩膀、三头肌、后背。B 计划针对以下部位：二头肌、小臂、小腿、腘绳肌、大腿。A1、A2、A3 及 B1、B2、B3 意味着 3 套不同的训练动作。

需要特别注意的是，出于安全的考虑，不是进行所有动作时都会选择这种方式。当锻炼大腿、小腿和后背时，我们利用传统的方式进行，即在一个动作中完成所有组数之后再进入下一个动作，这被称为直接组。另外，也不是所有动作都需要使总次数保持在 11~15。

对于针对二头肌三头肌的动作来说，总次数为 15~30 也是可以的。训练小腿的时候，一组会进行 10~12 次，但是有 20 秒的动作节奏时间。20 秒是指每一次进行 5 秒的下落，然后在动作底端保持 15 秒，再向上快速地收缩。训练大腿时，可以在热身之后进行一组 4~8 次的训练，然后休息足够时间后试着全力进行一组 20 次的训练。

总之，按照上面的训练计划，你将在每两周的时间里进行一次训练计划的循环。每次循环到同样的训练计划时，首先要做的是查阅你的训练记录，然后试着用比上次更大的重量或者做更多次。如果你不能在同一个动作上取得更多的进步，也许就到了该换动作的时候了。每次完成动作前需要完成热身组，具体做多少热身组由具体使用的重量决定。你应在不同动作的训练组之间保证你的休息时间。

具体的训练计划举例如下。

训练计划 A1

　　A. 上斜杠铃卧推，1×（11~15）*

B. 哑铃坐姿推肩，1×（15~30）*

C. 臂屈伸，1×（15~20）*

D. 宽握下拉，1×（15~20）*

E. 硬拉，2×（5~8）或 2×（9~12）直接组

训练计划 B1

A. 杠铃二头弯举，1×（20~30）*

B. 锤式弯举，1×（11~20）直接组

C. 站姿提踵，1×（10~12）直接组

D. 跪姿挺身，1×（15~20）*

E. 倒蹬，2×（4~8+ 全力 20 次）**

训练计划 A2

A. 哑铃平板卧推，1×（20~30）*

B. 杠铃坐姿推肩，1×（11~15）*

C. 窄距卧推，1×（11~15）*

D. 器械下拉，1×（15~20）*

E. 俯身杠铃划船，1×（10~12）直接组

训练计划 B2

A. 牧师椅弯举，1×（20~30）*

B. 杠铃正手弯举，1×（11~20）直接组

C. 倒蹬机提踵，1×（10~12）直接组

D. 俯卧腿弯举，1×（15~20）*

E. 颈后深蹲，2×（4~8+ 全力 20 次）**

训练计划 A3

A. 器械平板卧推，1×（11~15）*

B. 史密斯坐姿推肩，1×（11~15）*

C. 曲杆仰卧三头屈伸，1×（15~30）*

D. 窄握反手引体向上，1×（15~20）*

E. T 杆划船，1×（10~12）直接组

131

训练计划 B3

        A. 哑铃弯举，1×（20~30）*

        B. 杠铃正手弯举，1×（11~20）直接组

        C. 坐姿提踵，1×（10~12）直接组

        D. 器械哈克深蹲，2×（6~10+ 全力 20 次）**

        E. 杠铃罗马尼亚硬拉，1×（10~15）直接组

* 利用 3 组力竭，休息 10~15 次深呼吸的方式

** 进行两组，第一组利用直接组，第二组尽全力完成 20 次

实施训练计划时需注意以下 3 点内容。

第一，如果你第一次使用此种训练方式，你可能会感觉特别疲劳，所以你可以跳过某一个周五的训练，让自己充分利用整个周末来恢复。

第二，如果你超过 35 岁，你可能需要利用轻一些的重量来进行更多次的训练，比如利用 15~20 次的总次数范围，而不是 11~15。

第三，训练记录是非常重要的，你需要每一次都击败上一次的自己。

由于这种训练方式会通过限制 3 组的总次数来限制训练量，这其实和利用截止点的训练量计算方法有着异曲同工之妙。DC 训练法通过控制次数上限控制训练量，避免了训练过度。次数的下限又确保了足够的产生肌肥大效果的训练强度，避免使用过大的重量。进行到力竭和短时间休息又带来了足够多的肌肉损伤和代谢压力，每次的训练记录确保自己能击败上一次的自己，保证了训练过程的循序渐进，难怪这种方法会被认为对于增长肌肉有效。

❹ 缩短 - 拉长

"缩短 - 拉长"训练模型是针对同一个肌肉群进行超级组的训练方式，就像常规的递减重量组一样，主要目的是增加更多的肌肉压力时间、增加肌肉内的代谢压力，来刺激肌肉得到肌肥大的效果。

同一个肌肉的超级组是指，针对某一个肌肉群完成一组训练动作，在接近或达到力竭后马上更换下一个针对同肌肉群的训练动作继续进行。"缩短 - 拉长"训练模型正好可以为你在安排超级组训练动作时，提供一些安排上的参考。

在开始使用这个训练模型之前，你需要先了解某个肌肉会在什么动作中处于

拉长位置，在什么动作中处于缩短位置。拿二头肌来举例，当手臂位于身体前方时，二头肌处于更缩短的位置；当手臂位于身体后方时，二头肌处于更拉长的位置。对于二头肌的"缩短 - 拉长"训练模型，可以安排如下。

A1. 上斜 45 度俯身曲杆反手窄握弯举，5×（8~10），31×1，10 秒

A2. 仰卧 45 度反手哑铃弯举，5×（10~12），31×1，180 秒

三头肌和二头肌正好相反，当手臂位于身体后方时，三头肌处于更缩短的位置上；当手臂位于身体前方甚至举过头时，三头肌处于更拉长的位置上。

所以对于三头肌的"缩短 - 拉长"训练模型，可以安排如下。

A1. 双杠臂屈伸，5×（8~10），31×1，10秒

A2. 曲杆窄握过头臂屈伸，5×（10~12），31×1，180秒

如果你像我一样喜欢同时进行拮抗肌肉的训练，那么同时进行二头肌和三头肌训练的"缩短 - 拉长"训练模型甚至可以安排如下。

A1. 上斜45度俯身曲杆反手窄握弯举，5×（8~10），31×1，10秒

A2. 仰卧45度反手哑铃弯举，5×（10~12），31×1，120秒

A3. 双杠臂屈伸，5×（8~10），31×1，10秒

A4. 曲杆窄握过头臂屈伸，5×（10~12），31×1，120秒

关于"缩短 - 拉长"训练模型的重量选择，第一组应该使用最大的重量，并且在第一组就要达到技术性力竭；之后几组可以通过减轻负重的方式，继续保持完成的次数在计划的范围之内。

如果在完成以上手臂训练之后，还需要完成更多的训练量，可以在A组训练之后，额外增加一个动作，具体的训练计划如下。

B1. 站姿哑铃反手二头弯举，3×（15~20），2010，60秒

B2. 站姿短杆绳索三头下压，3×（15~20），2010，60秒

完成A组训练应该需要40分钟，如果选择再做B组训练，大概需要50分钟就可以完成"缩短 - 拉长"训练模型。

虽然针对手臂训练可能更容易应用这种训练模型，但针对其他部位的训练也可以使用这种训练模型。比如针对肩膀的训练，可以安排站姿侧平举和侧躺侧平举，这两个姿势中分别着重强调三角肌被缩短的部分和被拉长的部分；针对臀部的训练则可以安排臀推和弓箭步行走；针对后背的训练计划可以安排绳索坐姿划船和引体向上。

❺ 巨人组（Giant Set）

训练者要区分好巨人组和超级组。前面我们提到的超级组是指将两个动作连续进行，通常是针对同一个肌肉群。巨人组也是针对同一个肌肉群，但连续进行的动作更多。训练者也要区分好巨人组训练和循环训练，巨人组训练是针对同一个肌肉群，而循环训练则会针对多个肌肉群甚至全身。

巨人组训练是在著名健美运动员米洛斯（Milos）的影响下流行起来的，你可以在网络上的巨人组训练视频中了解到这种训练方法带来的"痛苦"。在巨人组中，

连续进行的同一个肌肉群训练动作，一般会有 4~10 个，最多的甚至高达 23 个。

拿腿部训练举例，巨人组可以做如下安排。

A1. 倒蹬，3×（8~12），3010，10 秒

A2. 器械哈克深蹲，3×（8~12），3010，10 秒

A3. 坐姿腿屈伸，3×（8~12），3010，10 秒

A4. 弓箭步行走，3×（20~30），3010，10 秒

A5. 史密斯深蹲，3×（8~12），3010，10 秒

A6. 高脚杯深蹲，3×（8~12），3010，180 秒

由于时间非常短或者几乎没有的组间休息，你的肌肉会面对非常大的代谢压力，以此来促进肌肉增长。并且其训练重量相对于其他训练方式来说会轻得多，所以也安全得多。

巨人组训练通常建议使用固定器械来进行，这还是出于安全的考虑。我曾在悉尼的王国健身房（Kingdom Gym）参加课程时，就进行过固定器械的巨人组训练。该健身房针对每个身体部位的固定器械足足有一整排，所以我们所有学员就按顺序利用每个器械都进行一组，来完成巨人组训练。

在传统健身房进行巨人组训练时，器械被占用是最主要的问题之一。因为在巨人组训练组中，你需要将多个训练动作连续进行，每进行完一个动作其实会间隔非常长的时间才会回到那个器械上，很可能那时就有其他训练者正使用该器械进行训练。

如果你在早上或者晚上进行训练，健身房里几乎只有你一个人的话，那么进行巨人组训练会变得非常有意思。

❻ 高强度训练

我们在关于组数的内容中介绍过高强度训练，高强度训练基于"你可以通过一个训练动作只进行一组，就足够达到刺激肌肉增长"的理念，在训练中达到肌肉的向心收缩力竭，甚至达到离心收缩力竭。

拿我自己来说，我曾经认真增肌 3 个月，体重增加了 5 千克，就是利用高强度训练达到的。虽然当时我是持怀疑的态度进行的，因为我觉得这样的训练量和我之前的相比太少了，但经过近年来的训练知识和经验的积累，我发现减少许多训练

量反而可以收获更多进步，所以我越来越明白为什么高强度的训练模型会有那么多追随者。

下面这种高强度训练模型是我从克里斯蒂安·蒂博多（Christian Thibaudeau）教练那里学来的，也正是我当时在增肌过程中使用的方法。关于该模型他认为有以下几个要点。

- 对大多数自然健美爱好者来说，常见的错误就是训练量过大。你只需要通过训练引发蛋白质的合成速率提高，然后停止训练就好。

对那些不利用提升运动表现的药物的人来说，最常见的一种错误就是训练量过大。利用训练来增肌的目的就是引发蛋白质合成速率提高。一旦成功引发，再继续"惩罚"肌肉就没有额外的好处了，肌肉不会增长更多，甚至还可能因此而减小维度。

- 训练频率是更重要的一点。同一个肌肉一周练 3 次，对于自然健美爱好者来说是理想的频率。

为了最大化地使肌肉增长，确定训练频率是关键。训练频率对于自然健美爱好者来说至关重要的原因是，实际的训练是引发蛋白质合成速率提高的刺激。换句话说，训练本身才会让你进入蛋白质合成速率提高的模式，那些利用了药物的运动员不需要利用训练来引发合成，他们 24 小时都处在蛋白质合成速率提高的模式里。所以在一定范围内你的训练频率越高，身体处在合成速率提高模式里就越久，越多的肌肉就可以被建立起来，但别忘记训练频率和训练量成反比。如果你只是一个自然健美爱好者的话，你不能同时保持一个高训练量和一个高训练频率。

- 肌肉增长的关键是在蛋白质合成量和蛋白质分解量之间产生一个明显的差值。你的训练量越大，就会得到越大的差值。

训练频率比训练量更重要。给同一个肌肉提供一周 3 次的刺激，对自然健美爱好者来说是理想的训练频率之一，这当然是指在低训练量的前提下。每周训练 6 天，进行简短又小训练量的训练，每次训练身体一半的肌肉群，这是我们达到理想的训练频率但又不过度提高皮质醇的好办法。

- 克里斯蒂安·蒂博多认为，推和拉分裂的训练安排方式，对于自然健美爱好者来说，能带来生理和心理上的益处。

如果你是一个自然健美爱好者，你不能像那些利用了药物的运动员那样训练，这里特别是指每周安排一天专门针对一个肌肉群进行训练；而且如果你只是一个普通人，你也不能像那些有基因天赋的人那样训练。的确，模仿那些我们欣赏的人的训练计划，是很诱人的一件事，但总是寻找"超级明星做的计划"会让我们不按自己的节奏走。

针对克里斯蒂安·蒂博多建议的这份高强度训练的模型方案安排如下。

- 制订一份推或拉的训练计划，每周进行 6 天训练。
- 在以上训练频率的基础上，每个肌肉只需要选择一个动作，一共做 3 组：从 2 组中等强度的训练来让身体准备，在最后 1 组训练中竭尽全力。
- 在每周 3 次的训练中，选择不同的训练方法和训练动作。

具体的训练计划如下。

以拉的方式训练的肌肉包括：

腘绳肌（大腿后侧）

后背肌

二头肌

以推的方式训练的肌肉包括：

股四头肌（大腿前侧）

胸肌

三角肌（肩膀前、中部）

三头肌

每个推或拉的训练计划都包括 4 个动作，每个肌肉对应一个动作；但是对于后背来说会有两个动作，因为后背有很多不同的肌肉。

训练安排 1：拉的训练

针对腘绳肌的动作

针对背阔肌 / 后背宽度的动作

针对菱形肌 / 三角肌后束的动作

针对二头肌的动作

训练安排 2：推的训练

针对股四头肌的动作

针对胸肌的动作

针对三角肌前、中束的动作

针对三头肌的动作

你会在一周 7 天内，完成 3 次推的训练、3 次拉的训练，每次训练选择不同的动作。当然你可以选择任何你喜欢的动作，但我建议选择 2 个多关节复合动作和 1 个单关节动作。比如，一周里胸肌的第一次训练，选择杠铃卧推，第二次训练选择哑铃卧推，第三次训练选择器械夹胸。

对于每个动作你应做两个准备组，在这两组里你要感受重量，然后决定最后一组该使用什么重量。同时这两组也会让一些血液流动到目标肌肉上，来增强大脑和肌肉的神经联系——感觉到你的肌肉在收缩。但这两组不是典型的热身组，它们需要用接近于最后一组所使用的重量来完成，或者用与最后一组同样的重量来完成，只是做的次数少一些。大体来说，你在这两组上的用力程度应该都在 70% 左右。最后你会竭尽全力来完成最后一组，完全"榨干"自己。

这里会使用一些特别的技巧和方法使你达到力竭。另外，这里的力竭仍旧是技术性力竭，动作开始变形就停止，以确保所有压力都集中在目标肌肉上。你需要记住，这些特别的技巧和方法只在每个动作的第三组中使用。

方法 1：两次短暂休息

选择一个你能做 4~6 次的重量。

努力完成 4~6 次，休息 10~15 秒，继续做到力竭，做 2~3 次，再休息 10~15 秒，最后竭尽全力做最后的几次，再进行 1~2 次。

方法 2：最大化激活

用 5 秒的时间放回重量，并且在放回的同时用力收缩肌肉，越用力越好。

在完全的拉伸位置停顿 2 秒，每一次都停顿。

利用这种方式做 6~8 次，并且在最后一次完成的时候保持在拉伸位置越久越好，直到你忍受不了。

方法 3：6—8—10 递减组

选择一个你可以完成 6 次的重量开始。

做到力竭之后，马上减少 25%~40% 的重量，用调整后的重量做 8 次。

再减少 25%~40% 的重量，做 10 次。

在递减组中间休息时间越短越好。

具体的训练计划安排如下。

周一：训练计划 A1

罗马尼亚式硬拉：2 组，每组 6 次热身准备，1 组"2 次短暂休息"竭尽全力。

坐姿下拉或引体向上：2 组，每组 6 次热身准备，1 组"2 次短暂休息"竭尽全力。

俯身哑铃飞鸟：2 组，每组 8 次热身准备，1 组"6—8—10 递减组"竭尽全力。

站姿杠铃二头弯举：2 组，每组 6 次热身准备，1 组"2 次短暂休息"竭尽全力。

周二：训练计划 B1

颈前深蹲：2 组，每组 6 次热身准备，1 组"2 次短暂休息"竭尽全力。

杠铃卧推：2 组，每组 6 次热身准备，1 组"2 次短暂休息"竭尽全力。

哑铃侧平举：2 组 6 次热身准备，1 组"6—8—10 递减组"竭尽全力。

仰卧哑铃三头臂屈伸：2 组 6 次热身准备，1 组"最大化激活"竭尽全力。

周三：训练计划 A2

俯卧腿弯举：2 组 6 次热身准备，1 组"6—8—10 递减组"竭尽全力。

直臂下压：2 组 6 次热身准备，1 组"最大化激活"竭尽全力。

俯卧划船(胸部支撑)：2 组 8 次热身准备，1 组"两次短暂休息"竭尽全力。

牧师椅二头弯举：2 组 6 次热身准备，1 组"最大化激活"竭尽全力。

周四：训练计划 B2

腿屈伸：2 组 6 次热身准备，1 组"6—8—10 递减组"竭尽全力。

器械或绳索夹胸：2 组 6 次热身准备，1 组"最大化激活"竭尽全力。

杠铃或哑铃推肩：2 组 6 次热身准备，1 组"2 次短暂休息"竭尽全力。

下斜仰卧窄距卧推或双杠臂屈伸：2 组 6 次热身准备，1 组"2 次短暂休息"竭尽全力。

周五：训练计划 A3

髋挺身或反向挺身：2 组 6 次热身准备，1 组"最大化激活"竭尽全力。

反手下拉：2 组 6 次热身准备，1 组"6—8—10 递减组"竭尽全力。

对握绳索坐姿划船：2 组 6 次热身准备，1 组"最大化激活"竭尽全力。

哑铃锤式弯举：2 组 6 次热身准备，1 组"6—8—10 递减组"竭尽全力。

周六：训练计划 B3

器械哈克深蹲或倒蹬：2 组 6 次热身准备，1 组"最大化激活"竭尽全力。

上斜哑铃或杠铃卧推：2 组 6 次热身准备，1 组"6—8—10 递减组"竭尽全力。

上斜仰卧哑铃前平举：2 组 6 次热身准备，1 组"最大化激活"竭尽全力。

绳子三头下压：2 组 6 次热身准备，1 组"6—8—10 递减组"竭尽全力。

如果你想用比较大的重量完成某个训练动作，可能除了上面提到的"2 组热身准备"之外，你还需要完成更多的热身组。比如罗马尼亚硬拉就会比哑铃锤式弯举需要完成更多的热身组，并且每组的组间休息可以适当选择为 30~90 秒。

这份计划需要你在仅有的组数中，在确保动作质量和目标肌肉受力的情况下，尽全力"榨干"自己，以得到最大化的训练效果。总之，每份计划虽然看起来简单，如果你确保准备工作做得很充分的话，也需要花费 40~50 分钟。并且你应该记得，配合有能量盈余的饮食方案也是实现增肌效果的关键。

❼ 10—8—6—15

这也是一个来自文森特·吉龙达的训练模型，其特别之处在于这个训练计划要根据 6RM 的重量来调整，并且针对每个身体部位只进行一个训练动作。和其他训练方案一样，它应该配合完美的训练动作技术来进行。

如果 6RM 的重量为 100% 的话，具体的安排如下。

第一组：利用 6RM 的 50% 重量进行 10 次。

第二组：利用 6RM 的 75% 重量进行 8 次。

第三组：利用尽可能大的重量完成 6 次。

第四组：利用 6RM 的 35% 重量进行 15 次。

组间休息时间尽可能短，先从 60 秒的组间休息开始是个好的选择。动作进行过程中训练者要完全集中注意力，关注肌肉收缩。

第三组可以试图突破以往 6RM 的重量，如果可以取得新的 6RM 成绩，那么下一次训练就可以把新的重量作为其他组数的参考重量。

❽ 1—6 波动负荷

在上面的力量训练模型中，我们提到过 3/2/1 的波动负荷训练模型。这里的 1~6 波动负荷训练模型也利用了后激活增强效应的概念。1~6 波动负荷的训练模型，如果用重量来表示，可能会如下所示。

保持进行 1 组重量不变的话，训练模型如下。

第一组：285 磅 1 次，休息 2 分钟

第二组：235 磅 6 次，休息 3~4 分钟

第三组：285 磅 1 次，休息 2 分钟

第四组：245 磅 1 次，休息 3~4 分钟

第五组：285 磅 1 次，休息 2 分钟

第六组：255 磅 6 次，休息 3~4 分钟

第七组：285 磅 1 次，休息 2 分钟

第八组：265 磅 6 次，休息 3~4 分钟

......

如果逐渐增加重量，具体利用 1RM 的百分比来表示，可以安排如下。

第一组：1RM 的 90% × 1

第二组：1RM 的 80% × 6

第三组：1RM 的 92.5% × 1

第四组：1RM 的 82.5% × 6

第五组：1RM 的 95% × 1

第六组：1RM 的 85% × 6+

利用只进行 1 次的组数和较大的重量来激发神经系统，可以让之后进行的相对更高次数的组数得以使用更大的重量，以募集到更高门槛的肌肉纤维来得到更多的肌肉增长。这样在锻炼肌肉的同时，也会增强你的力量。

❾ **增加 5% 的方式**

这是来自查尔斯·波利金的一种肌肥大训练模型，即每周增加 5% 的训练方法。通过这种训练模型，你会了解到每周的训练计划不一定都需要保持固定的次数范围和重量范围；或者可以说，这种训练模型通常把用于中周期安排的编排逻辑应用在了小周期的安排中。

第一周训练：A1/A2-4 ×（6~8）次

第二周训练：A1/A2-5 ×（5~7）次（增加 4%~5% 的重量）

第三周训练：A1/A2-5 ×（4~6）次（增加 4%~5% 的重量）

第四周训练：A1/A2-4 ×（6~8）次（和第二次训练一样的重量）

第五周训练：A1/A2-5×（5~7）次（增加 4%~5% 的重量）

第六周训练：A1/A2-5×（4~6）次（增加 4%~5% 的重量）

这里的 A1/A2 是指选择一组相互对立的肌肉进行超级组训练，比如胸肌和背肌、大腿前侧肌肉和后侧肌肉等。利用超级组的训练方式会节省训练时间，并且它们可能会相互促进力量表现，这是查尔斯·波利金偏爱的训练方式。

在完成 A1 和 A2 的训练之后，可以在这个训练模型中增加几乎针对相同肌肉群的 B1 和 B2 的辅助训练动作，分别进行 3 组每组 8~10 次或 10~12 次是个好的选择。

可行的训练计划可安排如下。

A1. 上斜杠铃卧推，第一周 4×（6~8）/第二周 5×（5~7）/第三周 5×（4~6），3010，120 秒

A2. 对握引体向上，第一周 4×（6~8）/第二周 5×（5~7）/第三周 5×（4~6），3010，120 秒

B1. 平板哑铃卧推，3×（10~12），4010，90 秒

B2. 坐姿正手下拉，3×（10~12），4010，90 秒

⑩ 最简单的增肌方案

如果你想要一份最简单、实用的增肌方案，这也许正是你想要的。这份计划非常简单，每一个看到它的人都会认可这份计划的训练效果；同时它又非常困难，因为简单的计划并不意味着容易训练，特别是你想要获得真正的训练效果的时候。下文所示是我从查尔斯·波利金那里学到的一个非常简单的增肌方案。

测试自己将以下动作进行 6 次的最大重量（6RM）分别是多少，针对每个类别你只需要选择一个动作。

类别 1：全范围的杠铃颈后深蹲或全范围的杠铃颈前深蹲。

类别 2：反手引体向上或对握吊环引体向上。

类别 3：抓举握距脚垫高的硬拉或挺举握距硬拉。

类别 4：对握握法上斜哑铃卧推或双杠臂屈伸。

努力利用 4 个月的时间，最大限度地提高在 4 个类别中所选取的动作的 6RM 重量。

开始健身前拍照记录身材，健身 4 个月后同样拍照记录身材并和之前作对比。你可能会发现自己已经增加了很多肌肉。

注意这里说的全范围的杠铃颈后深蹲或杠铃颈前深蹲，是指你需要在深蹲时尽可能蹲到最低，以达到更大的动作范围。当然这样做需要考虑个人的灵活性，但希望你在进行这些训练时尽可能达到完整的动作范围，所以如果灵活性是你的主要障碍，那么你应该优先解决灵活性的问题或者通过动作技术的调整来达到更大的活动范围。比如你可以通过垫高脚后跟来减少脚踝灵活性对于下蹲幅度的限制。

并且在每个训练动作进行的过程中，你应该总是选择更难的方式来进行，比如控制下落要比快速下落难，那就控制下落；更大的范围比半程范围的训练难，那就用更大的范围来完成。

⑪ 束组肌肥大训练方案

所谓的束组肌肥大训练方案，就是利用在力量训练计划模型中提到的束组的方式来增加训练量，得到更好的肌肥大效果。这里也参考了肌肥大训练的另一种训练计划模型——DC 训练法。现在你应该了解到了，DC 训练是针对一个肌肉群、利用一个动作一个重量，在每一组达到力竭的训练之间进行短暂休息的肌肥大训练方案。如果你了解肌肉募集的大小原则，就可以深入了解为什么这种短暂休息的训练方法会具有如此好的效果：短暂的休息会使下一组进行的每一次动作都是真正有效的。

为了让你理解真正有效的训练次数，这里拿一个可以进行 20 次的训练动作和重量来举例。根据肌肉募集的大小原则，我们会在一组训练中先募集到低门槛的肌肉纤维，随着训练过程的持续进行，才会不得不募集到更高门槛的肌肉纤维，而更高门槛的肌肉纤维就是那些会产生更多肌肥大效果的快肌纤维。也就是说，当我们只在近乎达到 20 次的力竭时，才会真正得到利于产生肌肥大效果的肌肉纤维刺激。

20 次动作中的前 15 次左右的动作，并不能真正有效地刺激产生肌肥大效果，这些动作只是为了积累身体内的疲劳，使更高门槛的肌肉纤维可以被募集。20 次动作中的后 15 次左右的动作才是真正有效的训练动作。

这里利用束组的、类似 DC 训练的肌肥大训练方案，也和原本的 DC 训练模型一样，能够帮助你在短时间内完成真正有效的次数和训练量。你做的每一次动作，都是对增长肌肉真正有效的动作。

束组肌肥大训练方案可安排如下。

第一组：激活组，选择一个可以进行 20 次的重量，进行到力竭前 1~2 次，然后进行 5 次深呼吸，开始第二组。

第二组：束组，进行 3~5 次，然后进行 5 次深呼吸，开始第三组。

第三组：束组，进行 3~5 次，然后进行 5 次深呼吸，开始第四组。

第四组：束组，进行 3~5 次，然后进行 5 次深呼吸，开始第五组。

第五组：束组，进行到力竭。

第一组激活组加上额外 4 组的束组，实际上就相当于你进行了 5 组的训练。相比于利用传统训练方式进行 5 组可能会花费 10~15 分钟的时间，利用束组的肌肥大训练方案可能仅需要 3~4 分钟就可以得到几乎同样的训练效果。

如果你并不需要在第一组激活组中都利用 20 次的重量来进行，你也可以选择常见的 12 次。你要记住，额外进行的束组次数会是第一组激活组次数的 1/4。如果你决定在激活组大约进行 12 次，那么短暂呼吸休息之后进行的束组就为 3 次。

减脂训练计划模型

❶ 高强度间歇训练（High Intensity Interval Training，HIIT）

高强度间歇训练也许是知道人数最多的减脂训练计划模型了，几乎所有进行减脂训练的人都问过：我要进行 HIIT 还是有氧训练？但事实上很少有人把 HIIT 真正做对。大多数人在传统健身房操课中进行的所谓的 HIIT，比如那种训练 20 秒然后休息 20 秒的训练，实际上远远达不到"高强度"的程度，其实那只是间歇训练(Interval Training, IT）的一种。

真正的高强度意味着你需要在每一轮的 20~30 秒的训练中达到力竭，除非你是顶级运动员或者天赋型选手，你的整个 HIIT 持续时间应该很难超过 15~20 分钟或者你很难训练 12 轮以上。

进行 HIIT 时，最好主要选择那些向心收缩的动作来进行，也就是说应该选择只有向心收缩的动作，比如选择骑车、冲刺跑这种在一侧进行完向心收缩之后，另一侧马上就会再次进行向心收缩的动作。并且你在开始之前要考虑到训练的安全，不建议你选择那些在结束训练之后，还会自己移动的器械。一些推荐的选项是推雪橇、静止的自行车冲刺、跑道或者山坡冲刺等；不推荐进行 HIIT 的动作包括利用跑步机、登山机、楼梯机、椭圆机、哑铃和杠铃进行的动作。

HIIT 可能会这样安排：有 20~30 秒的时间非常用力，然后休息 2~3 分钟，再开始下一轮。

进行前 1~2 轮之后，你可能感觉训练强还可以接受，但是随着训练轮数的增多，你会在仅有的 20~30 秒的训练时间内感到肌肉酸痛得不行，在仅有的 2~3 分钟的休息时间内感觉自己根本没有恢复过来。所以在开始真正的 HIIT 之前，你首先要确保自己有一定的心肺基础，或者从少的轮数中开始，循序渐进。

现在你应该可以体会到这种真正的 HIIT 其实和我们常规进行的力量训练有一些共通之处，比如利用 1RM 的 80% 重量进行 6 次，两种方法都是训练一段时间来达到力竭或接近力竭，然后休息一段时间再继续下一轮。

而 HIIT 通常作为减脂的首选是因为，它可以很大程度地提高身体代谢效率和训练后的过量氧气消耗量，并且可以减少肌肉流失。从时间上看，HIIT 也有着更高的训练效率，只占用更短的训练时间就可以实现和其他有氧训练几乎一样的效果。

一项在 2006 年发表的针对高强度间歇训练和传统长时间耐力训练的研究中，就显示了高强度间歇训练和传统长时间耐力训练在训练效果和时间花费上的区别。研究中的 16 位实验者，他们开始都进行了 18.6 英里的固定自行车骑行测试，以得到最初成绩。

在实验训练部分，高强度组进行了 30 秒的高强度骑行（250% 的最大摄氧量），配合 4 分钟的休息间歇，进行 3~5 轮，直到完成总计为 2~3 分钟的高强度骑行；低强度组利用传统的有氧方式训练了 90~120 分钟（65% 的最大摄氧量）。

两组人都在 2 周内进行了 6 次训练，但高强度组除去休息时间总计只进行了 12~18 分钟的训练，低强度组则进行了 9~12 小时的训练。随后两组人重新进行 18.6 英里的固定自行车骑行测试，结果发现两组人的成绩都提高了相同的程度。研究者在肌肉测试中也发现，两组人肌肉吸收氧气的能力都提高到了相同的程度。

也就是说传统的低强度训练组多花了近 40 倍的时间，但没有得到更好的效果。所以相比于长时间的有氧运动项目，短时间、高强度的训练既可以得到同样的效果，又可以节省时间、防止肌肉流失、刺激产生更多的身体反应，这是我非常喜欢和推荐的训练形式。

❷ **循环训练**

循环训练是针对全身进行的短休息时间的训练方式，通常会安排上下肢交替的多关节复合训练动作。比如对于比较火热的健身形式——CrossFit 训练，我们就可以理解成一种循环训练的形式。只不过每个 CrossFit 教练会在训练计划的动作选择上有自己的倾向和喜好。

循环训练可以进一步帮助减脂是因为，它可以在一定时间内尽可能募集更多的肌肉纤维进行更多的训练，消耗更多的能量。具体的安排方式通常是对力量训练动作进行组合安排，还可以在力量训练动作之间加入心肺功能训练动作，比如跑步、跳绳等。

我们还可以借鉴 CrossFit 训练中的安排方式，进行限定时间或完成任务式的训练，比如在 20 分钟之内完成尽可能多的弓箭步行走、引体向上和俯卧撑，或者在尽量少的时间内完成 5 个规定动作，每组完成 15 次，总共 10 组。

总之，你可以在循环训练方式中加入各种各样新颖的训练。进行常规的力量训练时，分别完成每个训练动作的所有组数，再进行下一个动作，具体如下。

> A. 弓箭步行走，5×20，120 秒
>
> B. 俯卧撑，5×10，120 秒
>
> C. 坐姿下拉，5×8，120 秒

循环训练则可以按照以下形式进行。

> A1. 弓箭步行走，5×20，30 秒
>
> A2. 俯卧撑，5×10，30 秒
>
> A3. 坐姿下拉，5×8，180 秒

如果想要进一步增加循环训练的挑战，可以在组间增加更多身体幅度变化的动作，并且减少动作之间的休息时间。

> A1. 弓箭步行走，5×20，10 秒
>
> A2. 原地高抬腿，5×30 秒，10 秒
>
> A3. 俯卧撑，5×10，10 秒
>
> A4. 跳绳，5×30 秒，10 秒
>
> A5. 坐姿下拉，5×8，180 秒

通过以上的训练计划你可以看到，进行这种形式的循环训练会让你感到非常累，这种对心肺方面提出的挑战会影响你在接下来动作中使用的重量，所以你在进行循环训练时，相较于平时的直接组训练，应当适当减少一些训练重量。

如果你的训练时间有限，可以使用限定时间的方式安排训练，比如限定 15 分钟训练时间，尽可能多地完成以下训练内容，直到 15 分钟结束。

A1. 弓箭步行走 20 次

A2. 俯卧撑 10 次

A3. 坐姿下拉 8 次

完成任务式的训练安排方式非常像常规的力量训练，但增加了一个时间约束。比如尽量在少的时间内完成以下训练内容。

A1. 弓箭步行走，5×20

A2. 俯卧撑，5×10

A3. 坐姿下拉，5×8

注意，在这样的训练中，你可以在不同轮数中使用相同的训练重量。如果你在几轮训练之后无法连续完成弓箭步行走，那么你可以自行短暂休息一下，直到完成计划的 20 步再进入下一个动作。当然你也可以减少一些训练重量，确保你可以每一轮都连续完成规定的次数，这与使用同样的重量相比，会让你没有那么疲劳。

❸ 德国式身体重组训练（German Body Composition Training，GBCT）

所有的减脂训练计划模型，都是在给你提供一些除了有氧训练之外的训练选项。如果你不喜欢有氧训练的话，你不一定需要进行有氧训练，完全可以通过不同形式的力量训练来得到同样的减脂效果。

这里的德国式身体重组训练，主要选择多关节复合动作，按照超级组的训练方式进行，并且组间安排选取短的休息时间，并且每次训练都涉及全身肌肉群。

训练计划可以按照以下组合进行安排。

A1. 下蹲类的训练动作，（3~4）×（8~12），3010，30~60 秒

A2. 上肢拉的训练动作，（3~4）×（8~12），3010，30~60 秒

B1. 后侧链的训练动作，（3~4）×（8~12），3010，30~60 秒

B2. 上肢推的训练动作，（3~4）×（8~12），3010，30~60 秒

C1. 下肢推的训练动作，3×（10~15），2020，30~60 秒

C2. 上肢拉的训练动作，3×（8-12），2011，30~60 秒

D. 腹肌或者 HIIT，3~5 组

拿具体的训练动作来说，你可以安排 A1 为脚后跟垫高的颈前深蹲，A2 为位对握的坐姿下拉，B1 为山羊挺身，B2 为坐姿哑铃推举，C1 为倒蹬，C2 为坐姿绳索划船，D 为卷腹或推雪橇。

如果你更侧重你的后侧链和上肢推的肌肉群，可以按照以下方式来安排训练。

A1. 后侧链的训练动作，（3-4）×（8-12），2111，30~60 秒

A2. 上肢推的训练动作，（3~4）×（8-12），3010，30~60 秒

B1. 下肢推的训练动作，（3~4）×（10~12），2010，30~60 秒

B2. 上肢拉的训练动作，（3~4）×（8-12），2011，30~60 秒

C1. 后侧链的训练动作，3×（10~15），3010，30~60 秒

C2. 上肢推的训练动作，3×（8-12），2011，30~60 秒

D. 腹肌或者 HIIT，3~5 组

具体动作可以安排为 A1 是罗马尼亚硬拉，A2 是上斜哑铃推胸，B1 是保加利亚分腿蹲，B2 是上斜凳哑铃俯身划船，C1 是俯卧腿弯举，C2 是器械坐姿推肩，D 是悬垂举腿或蹬自行车。

这里训练计划安排的关键在于对超级组动作的选择，下蹲类的动作总是要和上肢拉的动作相结合，因为这样的安排不会让你的后侧链肌肉群过于疲劳；而针对后侧链和上肢推的动作，也都是不会互相产生太大影响的训练动作。

你可以根据以上不同的动作分类，列举一些自己喜欢并且能熟练进行的训练动作。你应该根据以上训练计划添加你擅长的训练动作，然后严格遵守训练计划中的动作节奏和休息时间，开始你的减脂训练计划。

训练效果的判断方法

经过一段时间的健身训练，你该如何判断训练是否产生了效果呢？如果我们可以利用一些具体的方式和方法来进行判断，那么我们就可以不断评估所设计和进

行的训练计划是否正在生效。如果你发现你的训练计划没有持续产生效果，那么毫无疑问，你需要开始带给身体一些新变化和新挑战了。

训练有针对性，训练效果也有针对性，训练效果很大程度上取决于不同训练者的训练目标。减脂的人需要让体重及体脂率持续下降。如果经过一段时间，二者没有变化或者反而上升了，那就意味着你需要开始做出一些改变了。想要增强力量的训练者，力量水平如果持续在上升，就意味着你的训练正在持续产生效果。但合理的减脂速度是多少？力量水平又有什么可以参考的提升标准？以及对于增长肌肉来说，如何预测身体变化的速度？这些应该是大家在健身训练过程中常会遇到的问题。

衡量身体变化

如果你的目标是改善身体成分，体脂率是常用来参考的一个数据。除此之外，你还可以用镜子中观察自己有没有变化、同一件衣服或裤子有没有变得宽松来衡量。但如果你的体重下降、体脂率下降、肌肉含量也有所下降，而且你的身体流失了相比于脂肪更多的肌肉，这其实不是我们想要的结果。

你应该听说过身体质量指数（Body Mass Index，BMI），它是将身高和体重代入公式（BMI = 体重 ÷ 身高^2）得到的一个数值。当该数值为 18.5~24.9 时，意味着你有着正常的体重；当该数值为 25~29.9，你就超重；当该数值为 30 及以上的时候，你就属于肥胖人群了。但用 BMI 衡量身体情况的方式其缺点是没有考虑到体脂，或者说没有考虑身体的组成成分。

拿我本人来说，我的身高是 185 厘米，体重是 105 千克，经过计算，我的BMI 约为 30.7，这意味着我已经属于肥胖人群了。但我的体脂率只有 12%~15%，从这一点来看，我其实又不算肥胖人群。所以 BMI 的问题，是它无法告诉你，你的体重超标是因为脂肪过多，还是因为你有着比普通人更多的肌肉。

这里给你介绍另一个可以衡量身体变化情况的工具，叫作代谢指数（Metabolic Index），它可以在考虑你的身高、体重和身体脂肪的情况下判断你身体的代谢情况。这个指数的计算方式是我从毛罗·G. 迪·帕斯奎尔（Mauro G. Di Pasquale）那里学到的。

这个所谓的代谢指数，我认为会比常用的 BMI 更加精确，这可以用于追踪你的训练成果。具体来看，代谢指数计算公式如下。

$$代谢指数 =[(体重 \div 身高^2) \times 10.3] \div 体脂率$$

根据我的体重 105 千克、身高 185 厘米、体脂率 12% 的情况，我的身体代谢指数计算如下。

$$[(105 \div 1.85^2) \times 10.3] \div 12 \approx 26.3$$

所以我最终得到了一个数值：26.3。

这个指数对于男性和女性来说是不一样的。对于女性来说，理想的数值为 13~20，对于男性来说是 22~32。一旦女性的数值达到了 18 以上，或者男性达到 32 以上，说明你的肌肉质量和脂肪程度已经达到了比较好的健美体形状态。对于健美运动员来说，他们的代谢指数会超过 40，而奥林匹亚水平的健美运动员，他们的代谢指数会超过 100。

查看这个数值非常重要的一点就是，这只是给了你一个起点，我们要利用这个指标来衡量你是否在持续的训练中取得了进步。一旦有了所谓的基准线，那你就很容易通过数值的对比来判断自己进步与否。在你有着更多的瘦体重、更少的脂肪的情况下，你的代谢指数就会更大。

所以当你在训练过程中，体重下降，瘦体重也在下降的时候，代谢指数并不会变化太大。这意味着你为了减少体重，牺牲了太多肌肉，这并不是我们想要通过训练达到的。甚至在训练一段时间之后，虽然你看起来更瘦了，但代谢指数也下降了，这就意味着你是在通过流失肌肉来减少体重，并没有同比例地减少脂肪，你变成了一个实实在在的"瘦胖子"。

如果你在训练的过程中，体重保持不变，但是体脂率下降了，那意味着你的瘦体重增加了，肌肉增加了，那么你的代谢指数会上升很多。这是我们想要的结果，这也是通过这个代谢指数可以观察到的。

所以如果我从之前的身体情况，改善到了体重为 102 千克，体脂率为 10% 的话，我的代谢指数会变成：

$$[(102 \div 1.85^2) \times 10.3] \div 10 \approx 30.7$$

这意味着我的身体成分，正在向好的方向变化。

身体减重目标

当我们的训练目标是减少身体中的脂肪时，减脂通常会成为减重的结果之一，但不是所有减少的重量都来自脂肪细胞。减重和减脂这两个词经常被交叉使用，但你需要清楚两者是不同的事情。我承认我自己也会经常使用这两个词来形容同样的事情，这是为了让你们理解起来更加简单一些。

我可以让任何一个人在 5 天内减少 5 千克的体重，但其中减少的大多数并不是脂肪。事实上，大多数减少的体重都是糖原和水分。身体中的水分和糖原是非常容易减少的，具体的形式如过度地流汗、减少水分的摄入、减少钠的摄入、减少肝脏和肌肉中的糖原（因为每 1 克肌肉内的糖原包含 3 克的水分）、减少肌肉、减少脂肪。

体重秤上每天呈现的数字变化，大多数情况下是每天身体内的水分和糖原的变化，而不是脂肪的变化。所以如果你想要减脂，选择一种缓慢且能长期坚持的方法是最好的。每周减少 0.5%~1% 的体重，是在你进行饮食干预的情况下，目前最合适的减重速度。

如果你现在的体重是 70 千克，那就是每周减少 0.35~0.7 千克。或者你按照一个月的时间周期来参考，你可以设定每个月减少 1.4~2.8 千克的体重目标。如果你现在的体重是 100 千克，那么每周减少 0.5~1 千克或者每个月减少 2~4 千克是你的目标。

很多人在给出减重建议时，可能会直接说"建议每周减少 1 千克的体重"。这种表述方式不太好的原因是，没有考虑到不同的人当前不同的体重。比如 60 千克的人每周减少 1 千克，要比 100 千克的人每周减 1 千克，困难得多。所以这里给出了一个百分比，建议每周减少 0.5%~1% 的体重。

也许你会疑惑为什么是 0.5%~1%，原因之一是为了尽可能保留住你的代谢水平和肌肉。如果你体重下降得过快，你就容易丢失更多的肌肉。这种情况的后果就是，你的代谢水平也会随之下降得过快，之后你就更难持续减少脂肪，更难维持在当时的体重，容易在饮食管理结束之后发生体重反弹。

每周减 0.5%~1% 能保证你在每个月里，既可以看到身体上明显的变化，又不会因为在饮食和运动上管理得太严格而让自己容易放弃。

当然，这个每周减 0.5%~1% 的体重的建议，是特别针对那些基本只参考体重来判断自身减脂效果的人。我建议参考一下其他身体数据的变化，比如体脂率、腰围等，因为有时体重没有发生变化，但你从其他的身体数据上可以发现，身体的确正在发生变化。

身体增重目标

如果你想要增长肌肉，体重上升也会是增长肌肉的一个信号，但和体重下降一样，体重上升并不总是代表你在增长肌肉，特别是当你体重增加的速度过快时。与上面的例子相同，当你利用 5 天时间增长 5 千克体重时，增长的大多是糖原、水分和脂肪。

这就是为什么我不仅希望你缓慢减少体重，也希望你缓慢增加体重。在增肌过程中，如果可以按照肌肉和脂肪各 50% 的比例增长，就已经是非常完美的增肌过程了。如果可以在增加的体重中出现 20% 的肌肉增长，就已经算是成功的增肌过程。比如在我从 90 千克增重到 110 千克的过程中，我只增加了 4 千克的肌肉，只有 20% 的肌肉增长比例。

很多人一直在纠结到底是维持体重不变来增肌，还是放任体重上涨来增肌。事实上，如果你是一名力量训练新手，你也许可以选择前者，但对于那些之前进行过规律训练但已经很久没有去健身房的人，维持体重的同时增加肌肉也会是一个可行的目标。这样做的前提是，你要有足够的耐心、保持良好的力量训练并且取得进步、在饮食上做好管理，这样你在增长身体肌肉的过程中，脂肪也会有所减少，体重还基本维持不变。

但如果你已经进行真正的力量训练一年以上，并且身体形态相对精瘦，增长肌肉和减少脂肪同时进行会变得非常难。在一个特定点之后，你就需要在两者之间做出选择。

你需要清楚一个事实，当身体有足够的能量盈余的时候，会使蛋白质合成效果最大化。换句话说，如果你的体重增加，你的肌肉组织有更大的可能性在增长。如果按照具体的能量数值来说，每天的指导能量是每千克体重摄入 40~48 大卡。如果你的体重为 80 千克，这等于你每天的能量摄入目标是 3200~3800 大卡。胖型体质的人，往往需要更少的能量摄入；而瘦型体质的人通常需要更多的能量摄入。

天生特别难长体重的人，可能每千克体重需要摄入高达 55 大卡的能量。

一旦你确定了增肌的能量摄入，你就需要根据体重及其他测量数据的变化来判断你的增肌效果。如果你已经有了一定的训练经验，那么关于增肌，每两周增长 1% 的体重会是一个比较好的增长速度。在这个增长速度下，增长体重中脂肪的增长比例会相对可控。

力量变化目标

对于力量变化的判断要比对身体成分变化的判断更加简单且直观。当你可以利用相同的重量完成更多次，或者利用更大的重量完成相同的次数，或者你可以完成以前完成不了的动作时，就意味着你的力量增长了，这个判断方法非常简单直观，但这并不意味着你可以从颈后深蹲的每侧 2 个大杠铃片（共 100 千克）直接进步到每侧 3 个大杠铃片（共 140 千克）。

一个好的力量进步标准是每次训练比上一次训练提高 2% 的力量水平，这意味着你要么比上一次训练多用 2% 的重量，要么在同一个重量下可以多做 1 次。你不需要做更多，因为这已经意味着你在取得非常大的力量进步。

对于不同的训练动作，你也应该期待不同的力量增长方式。比如，多关节复合动作通常可以在重量上寻求进步，而对于单关节孤立动作，可能更适合在次数上寻求进步。比如，进行 10 千克的哑铃二头弯举时，重量增长 2% 可能难以实现，但保持同样重量，在下一次训练中试图多完成 1 次，就是一个更可行的进步目标。

从理想情况来说，如果你每周可以通过训练提高 2% 的力量水平，假设你一开始的深蹲利用的是 100 千克，第二周就可以利用 102 千克，第三周利用 104 千克，那么一年之后你就可以提高到大约 200 千克。这虽然只是理想情况，但这里想表达的意思是，不要期待一步迈很远，试着一小步一小步地一直向前走，这些小步慢慢就会积累成大步。

参考在前文中提到的力量训练计划模型，你会发现很多训练模型都是从相对较小的重量开始力量训练的。可能你在第一周完成计划中的训练时觉得很容易，但这样安排的目的是使你在以后持续不断地增加重量，保证更长久的进步。换句话说，每次前进一大步，很快就会遇到瓶颈；但每次前进一小步，就可以持续前进很久。提升力量水平的训练过程，更像是马拉松而不是冲刺跑，保持耐心、持续举起大重量、保持身体健康不受伤，才是提升力量水平的最快途径。

开始每天早上测量体重

不管你想要减少体重，还是想要增加体重，又或者你只是想维持目前的体重，开始每天早上测量体重都会是一个能帮助你的好方法。测量体重是指每天早上在上完厕所之后，站在体重秤上测量并记录下代表体重的数字。这个方法的有用之处在于，让你逐渐建立起对自己体重的概念：你会开始逐渐了解，到底什么会让你的体重上升、下降或者保持不变，帮助你进一步了解自己的身体。

❶ 养成测量体重的习惯

我已经不记得我是从什么时候开始养成这个习惯的，但现在感觉这件事就像刷牙一样，变成了我的日常习惯。如果你觉得每天都进行体重测量，那个不理想的体重数字会让你焦虑、烦躁，这个方法很可能不适合你，但我个人一直认为，恐惧来源于不够了解。

这是大多数人的反应，看到一个不理想的数字会马上觉得自己没有变瘦或者又变胖了，或者这对于想长体重、长肌肉的人来说，是没有进步。其实我们的体重会受很多因素的影响，包括身体代谢、食物、水分、月经周期、压力、药物等，所以为了某个时刻的体重数字而感到焦虑和压力，是完全没有必要，也不科学的。

❷ 观察数字的变化趋势

我们的身体每天都不一样，体重也会随着各种生活因素的影响而变动。如果你观察我记录的自己的体重数字，就会发现这一特点：体重每天都不一样。相比于纠结某个时刻的体重，一周体重的平均值也许更有参考意义。这里以我自己在2022 年 3 月 16 日—2022 年 3 月 22 日和 2022 年 3 月 23 日—2022 年 3 月 29 日的体重举例。

2022 年 3 月 16 日—2022 年 3 月 22 日的体重：

95.4/95.9/95.2/95.6/95.8/97.4/96.6

2022 年 3 月 16 日—2022 年 3 月 22 日的体重平均值约为：

96.0

2022 年 3 月 23 日—2022 年 3 月 29 日的体重：

96.3/96.5/96.0/96.8/97.0/96.5/96.9

2022 年 3 月 23 日—2022 年 3 月 29 日的体重平均值约为：

96.6

后一周与前一周的平均体重差值：

+0.6

如果我的目标是增肌，这看起来是一个比较好的进步速度。如果我并不是每天进行体重测量，恰巧在前一周看到了数字 97.4，然后在后一周看到数字 96.0，我就会以为自己没有进步。

❸ 留心产生变化的原因

体重变化一定是有原因的，比如一天早上我发现体重突然上升很多，回想起前一天在外面聚餐，我就知道很可能是我在外面吃饭的影响；又如有一天我发现体重下降很多，回想前一天在健身房训练得太累，我就知道很可能是我训练过量了。

通过每天记录体重，你会树立控制饮食和生活行为的意识。你会逐渐开始了解，到底什么行为会导致你的体重上涨或下降。这些行为包括但不限于在哪儿吃饭、吃多少、吃的是什么、运动强度、运动量、睡眠情况等。

❹ 控制变量测量体重

为了让体重尽量客观准确，我们需要保证进行测量时，除了我们自己之外的其他变量尽量稳定不变。比如，每天都穿同一件衣服进行测，或者都赤裸着进行测量，体重秤都放在同样的位置，都是在睡醒喝水后或者不喝水的情况下测量，都是在睡醒如厕之后测量。

为了便于记录，你应尽量在体重秤边上放好纸和笔，确保睡醒一上厕所一测量体重一记录体重成为你的整套的日常行为习惯。当你养成这个生活行为习惯的时候，说明你已经开始对自己的身体和健康树立了更多的意识了。

第 3 章

生活策略

饮食方法指南

我们几乎都知道，不能脱离饮食来谈论健身训练这件事情，因为良好的饮食习惯、生活习惯会为健身训练带来最大化的效果，这些也是健身训练的基础。几乎所有开始健身训练的人都听说过"三分练，七分吃"这句话，但实际上想要达到十分的效果，我相信在饮食上也需要花费十分的力气。

关于饮食管理方面的内容，网络上似乎有着比训练方面的内容更多样化的信息，也更加容易让健身爱好者和教练们感到困惑。各种各样的饮食方法，从以前的低脂饮食到现在的低碳饮食，从纯素饮食又到了现在流行的纯肉饮食，每个饮食方案的支持者都有自己的理论和依据，作为非研究专家，我们无法真正判断各种方案的好坏。所以我们在这里不谈论这些饮食方案对于治疗身体疾病的影响，只考虑对健康的大众健身人群来说，如何利用这些方案来帮助自己达到身体训练的目标：降低体重、减少脂肪，或者增加体重、增长肌肉或增强力量，并且通过身体成分的改变，来帮助提高各种形式的运动表现水平。至少在这些方面，相信我们在饮食营养和生活习惯方面是能达成共识的。

热量平衡概念和误解

很多人对热量平衡的概念有误解，很可能是因为他们把计算热量和热量平衡直接画了等号。首先要明确：热量平衡是一个生物学法则，是身体中非常多且复杂的代谢过程的总和，计算热量则是一种控制饮食摄入的工具和手段。

基于"能量既不能被创造也不能被消灭"的前提，我们认为身体通过饮食摄入的能量要么被身体活动消耗掉，要么被储存在身体之中，这就是热量平衡的概念。具体来说，热量摄入和热量消耗有不同的影响因素。

热量摄入虽然单纯指吃进多少食物，但进食这件事又会受到食欲、环境、能量代谢、口味、心理等方面的影响。

就像很多女性在月经周期前突然想吃甜的，可能就是身体激素的变化影响了食欲，进而影响到热量摄入。而经济环境、社交环境等因素也会决定你具体能进食多少，能进食什么类型的食物。我们都听说过"吃什么食物身体就是什么样子"，但实际上应该是"吃进身体而最终被身体吸收的食物，才会决定身体的样子"。更好的食物口味和口感会更容易让我们进食更多食物，很多情况下这些食物也恰恰包含更多的热量，这正是为什么大多数人在给出减脂减重饮食的概念时会说"减少摄入精加工食物"。最后，自我的心理状态和对待食物的态度也会影响到进食选择，比如日常生活中压力过大的人经常会通过摄入食物来缓解生活压力，所以我们经常听到他们说："不吃好吃的，生活还有什么乐趣？"

这就是考虑热量摄入时应该涉及的多种影响因素，而最终热量摄入其实就是众多因素共同影响的最终结果。很多人在谈论热量摄入时只考虑最终的结果，也许这正是有人无法良好管理饮食的一个原因。

热量消耗也有 4 种具体的形式，包含静息代谢、运动消耗、非主动活动的消耗，以及食物的热效应。

静息代谢是老生常谈的内容，这是我们的身体用来维持正常功能所消耗的能量。静息代谢会占久坐人群每日热量消耗的大约 70%。人们普遍认为，精力旺盛的年轻人会比老年人有更高的静息代谢率。虽然确实存在所谓"新陈代谢快"的人，也就是拥有高的静息代谢率的人，但他们新陈代谢的优势其实并没有想象得那么大。据研究统计，68% 的人的静息代谢率会保持在平均静息代谢率的 ±8% 以内，96% 的人会保持在平均值的 ±16% 以内。换句话说就是，96% 的人的静息代谢率会保持在平均值的上下 200~300 大卡的范围内。

静息代谢率还是主要取决于你的瘦体重，因此肌肉更多的人的确会比肌肉少的人有着更高的静息代谢率。

运动消耗特别指那些主动进行的身体训练所消耗的热量，比如去健身房进行训练、打篮球、跑步等，这类消耗是指通过你的主动运动所消耗的热量。这也是大多数想要减少身体脂肪和体重的人首先会想到的热量消耗方式，但实际上这样消耗的热量也许要比大多数人认为得少。

非主动活动的消耗是指那些没有通过你主动运动而进行的身体活动所消耗的热量，这类身体活动包含日常生活中的各种活动，比如在家里或工作场所的走动和身体摆动、抖动，做家务，和孩子或者宠物玩耍，去超市买东西，骑自行车通行，等等。对于那些日常生活中没有太多主动运动的人而言，非主动活动的消耗会是他们所有热量消耗的重要部分。

身体消化、吸收食物需要消耗热量，这就是食物的热效应。身体处理不同的食物种类也会消耗热量。通常来说，身体处理蛋白质会比处理脂肪和碳水化合物需要消耗更多的热量。虽然不同食物会产生不同的热作用，但总的来说，这部分热量消耗只占每天热量消耗的 5%~10%。

热量平衡的概念是生物学中的一个法则，决定了身体体重的变化规律。当热量消耗大于摄入时，也就是建立了热量缺口，身体体重会下降；当热量消耗和热量摄入几乎相等时，身体体重会保持不变；当热量消耗小于摄入时，热量有所盈余，身体体重就会增加。

所以如果你想要减少体重，并且你认为自己已经处在热量消耗大于摄入的情况下，可你的体重长期没有发生变化，可能就是因为你并没有处在有热量缺口的饮食状态下。因为热量平衡是指总热量消耗和总热量摄入之间的相对平衡，你忽视了天平另一侧影响热量消耗的各种因素。同样，如果你想要增加体重，你认为自己已经吃得很多了但体重还是没有发生变化，实际上也是因为你没有处在热量盈余的饮食状态下。

这些情况都是只关注了热量摄入的一端，忽视了热量平衡天平的另一端，就像一开始提到的：他们把计算热量这种工具和手段，误当成了热量平衡。

热量平衡无效

很多人会争论热量平衡是无效的，因为不同的食物会对身体产生不同的作用。比如一些纤维素不能完全被消化，蛋白质可以产生比碳水化合物和脂肪更多的食物热作用，以及有关降低血糖的胰岛素的影响等。他们的观点是：因为这个概念不完美，所以这个概念无效。

但热量不能被创造和消灭、只能被转移的概念，是宇宙的定律，我们每个人在初中的物理课中就已经学过了。那些被认为浪费掉的身体能量，其实已经被考虑进了热量消耗的方面。基础代谢、非主动活动的消耗、食物的热效应，都让身体将能量释放到了宇宙中。

事实上，热量消耗的确很难搞清楚，热量摄入虽然也并不完美和准确，但搞清楚热量摄入相对更简单一点，因此我们会利用热量计算的工具来进行体重管理。

即使你无法精确知道具体摄入了多少热量，身体吸收了多少热量，但如果你可以持续地利用同一种测量方法衡量食物，那么这种不精确性就可以得到弥补。比如，如果你认为自己摄入了 2000 大卡的热量，实际上摄入了 2200 大卡，在一段时间之后发现你的体重没有减少；但如果你在这个基础上减少摄入 200 大卡之后，体重就会开始减少了。这时候你会认为自己摄入了 1800 大卡的热量，但实际上这时候你摄入了 2000 大卡。

热量计算只是管理体重的一种工具和手段，实际上是通过监控食物热量摄入和体重的变化，来让你知道接下来该如何对饮食进行调整。如果热量计算的方法对你无效，并不是热量平衡的概念无效，很可能是你没有把热量计算这件事理解好和做对。

我经常会用攒钱来给学员讲解这个概念，计算热量的方法好比就是记账这个行为。单纯的记账行为是不会帮助我们攒钱的，是不是真的攒下钱来了需要看钱包里的钱是不是实际发生了变化。热量消耗就像花钱，热量摄入就像挣钱，但这两步都是蒙着眼睛做的，因为我们无法知道热量具体消耗和摄入了多少，不管怎么计算都得不到准确的结果，总会有误差。但我们可以根据结果来反推热量消耗和摄入是否做对了。

当钱包里积累的钱变多了的时候，就说明我们真正攒下钱了；当我们的体重确实下降了，才可以说我们真正做到了热量消耗大于热量摄入；当我们的体重真的有所上涨，才能说明我们处在热量盈余之中。

热量平衡是理论依据，计算热量是手段方法，而体重变化才是最终的判断依据。

体重波动

你很可能会想到那些体重随意波动的日子，这让你无法摸清体重变化的规律。事实上，体重波动的确会受到代谢、进食、压力等多种因素的影响。

因为身体的构成成分不仅包含我们常提到的肌肉和脂肪，还包含大量的水。普通人的身体中通常含有 50% 到 60% 的水分，不仅细胞之内含有水分，细胞之外也含有水分。通常情况下，细胞内水分占体内总水分的 60%~65%，而细胞外水分则占 35%~40%。不同的身体组织的含水量也不一样，例如，大脑的含水量约为 75%，所以每天身体水分含量的改变是非常容易发生的事情。

碳水化合物的摄入会让肌肉内储存更多的糖原，而每 1 克的糖原会带来约 3 克的水，也就是说，当你在摄入碳水化合物的同时，也会让身体储存更多水分，以此来使你的体重更容易增加。更多的盐分摄入也会减少体内液体的流失，因此也容易使体重增加。而过度的流汗、减少水分的摄入、减少钠的摄入、减少肌肉中储存的糖原，都容易让身体内的水分含量和体重下降。

所以每天体重秤上呈现的体重的数字变化，大多数情况下是每天身体的水分和糖原的变化，而不是脂肪和肌肉的变化。也许你认为这和上面所提到的热量平衡相矛盾，其实并没有。虽然有很多因素会导致短期的体重波动，但我们其实是利用热量平衡的概念和热量计算的手段来指导和帮助我们达到更长期的体重目标。

体重数字举例			
	第一周 Week1	第二周 Week2	第三周 Week3	第四周 Week4
周一	80kg	79.5kg	79.2kg	78.5kg
周二	80.5kg	79.4kg	78.9kg	78.4kg
周三	80.3kg	79.6kg	79kg	78.6kg
周四	80kg	79.4kg	79.1kg	78.3kg
周五	79.9kg	79.2kg	79kg	78.1kg
周六	79.7kg	79.1kg	78.5kg	78.2kg
周日	79.8kg	79.1kg	78.4kg	78.1kg
平均值	**80kg**	**79.3kg**	**78.8kg**	**78.3kg**
变化百分比	-0.88%		-0.63%	

有一个方法可以帮我们尽可能减少短期体重影响因素的干扰，那就是观察体重平均数。不管你是想要增加体重还是减少体重，计算并利用每周体重平均数作为体重变化的参考，会更有参考价值。如果你每天测量体重并考虑每周体重平均数的时候，可能会发现体重是在稳步下降的；但如果你只在某些日子测量体重并进行对比，可能会发现体重没有任何变化，甚至和上一次相比还有所增加。因此建议每天都测量体重并记录，通过每周体重平均数来判断体重变化趋势。

维持体重的热量基数

得到可以维持体重的热量基数，也就是每日消耗的总热量，是开始饮食管理的第一步。不管你是想要增加体重、维持体重，还是减少体重，都需要从这一步开始。

有很多种预估自己每天消耗的热量基数的公式，但需要注意的是，这样多数得到的大都是预估值，并不一定精准，你也不必过于在意是否精准，因为这些结果都需要进行进一步的调整。这些预估的每天消耗的总热量，都是先确定静息代谢率，再根据个人的日常生活状态，选择适合的活动系数乘以预估的静息代谢率，从而得到每天的预估值。

在众多计算静息代谢率的计算公式中，穆勒公式应该是参考变量比较多的一个，它不仅会考虑到瘦体重和脂肪质量，还会考虑年龄和性别，所以我会将其作为推荐选择的计算公式。穆勒公式如下：

静息代谢率（女）=（13.587× 瘦体重）+（9.613× 脂肪质量）+198×0 –（3.351× 年龄）+674

静息代谢率（男）=（13.587× 瘦体重）+（9.613× 脂肪质量）+198×1 –（3.351× 年龄）+674

以我自己的信息举例：体重 105 千克，体脂率 15%，性别男，年龄 29 岁，那么穆勒公式的计算如下：

$$[13.587 \times 105 \times (1-15\%)] + (9.613 \times 105 \times 15\%) + (198 \times 1) - (3.351 \times 29) + 674 \approx 2138$$

如果是一位女性，体重 60 千克，体脂率 20%，年龄 34 岁，那么计算公式如下：

$$[13.587 \times 60 \times (1-20\%)] + (9.613 \times 60 \times 20\%) + (198 \times 0) - (3.351 \times 34) + 674 \approx 1327$$

在得到预估的静息代谢率之后，需要再根据日常生活和活动状态将其乘以一个系数。如果你是经常久坐的人群，在办公桌前工作，并且基本不进行主动的运动，那么 1.2 的系数就比较适合你。

活跃程度	描述	活动系数
久坐	几乎或不进行运动 / 久坐工作	1.2
轻度活跃	每周运动 1~3 天或次	1.375
中等活跃	每周运动 3~5 天或次	1.55
非常活跃	每周运动 6~7 天或次	1.725
极度活跃	非常运跃 / 从事体力工作 / 每天 2 次训练	1.9

如果你属于久坐的工作人群但偶尔会有一些主动运动，或者你虽然不运动但你的工作要求你有更多的活动，那么 1.375 的系数就是适合你的选择。

大多数人应该会选择 1.55 的系数，这意味着也许你是久坐的工作者但训练得很努力；或者虽然你的训练程度为中等，但你经常在工作中有一些活动。体力工作者也应该适用 1.55 的活动系数。

如果你每周训练好几天，并且还有着一个需要走动、站立的工作，你适用更高的系数，比如 1.725。这意味着你每天都很活跃。1.9 的活动系数适合那些训练非常努力，并且进行体力工作的人。总之，通过将上面得到的静息代谢率预估值和选择的活动系数相乘，就可以得到预估的每天消耗的总热量。

还是以我自己的情况举例，我每天需要站着授课几小时，并且自己保持着每周 4~6 次的力量训练，那么我可以选择 1.725 这个活动系数。

那么我每天消耗的总热量预估值计算公式如下：

$$2138 \times 1.725 \approx 3688$$

这意味着我每天需要大约摄入 3700 大卡的热量，才能保持体重稳定不变。假设前面例子中那位女性是个久坐但偶尔进行一些运动的人，她适合 1.375 的活动系数，那么她每天消耗的热量预估值将是：

$$1327 \times 1.375 \approx 1825$$

所以每天大约保持 1825 大卡的热量摄入可以帮她维持体重。你应该也可以发现，我用来维持体重的热量摄入约为她的两倍。这意味着我可以吃比她更多的食物来让体重不发生变化，所以如果你想要吃得更多但更不容易变胖，那么就让自己有更多的肌肉，并且保持更多的日常活动和健身运动。

但同时你也需要了解，如果我想要减少体重或者增加体重，那么我需要比她吃得更少或者吃得更多才能让体重减少或者增加。

维持体重的热量范围

虽然上面的方法帮助我们计算出了个人维持体重的热量消耗预估值，但实际上这个维持体重的热量，很可能不是一个点，而是一个范围。因为身体总是趋向于维持内在的稳定平衡，而太少的热量变化不足以让身体为之产生变化。就像训练一样，需要给身体带来足够大的挑战，并且持续一段时间，才能使身体发生变化。

所以在维持体重的过程中，应该也会存在一个有下限和上限的范围，这个范围上、下限的差值为 100~300 大卡。比如，我可以通过摄入 3400~3700 大卡的热量维持住体重，所以如果我建立 150 大卡的热量缺口来减脂的话，那么摄入 3600 − 150=3450 的热量将不太会让我的体重发生变化。同样的，如果建立 150 大卡的热量盈余来增肌的话，那么我的肌肉含量也不会发生较大的变化。

也许这是身体通过非主动活动的热量消耗调整了这个范围，或者是食物的热效应产生了影响，具体原理还不清楚，但现在可以确定身体会通过"能量补偿"的方式弥补缺少的热量。

通过观察周围的人你也可以发现，每个人维持体重的热量范围都不太一样。有的人多吃很多体重才会增加，但稍微少吃一点体重就会下降；有的人则相反，多吃一点体重就会增加，而需要少吃很多体重才会下降。因此通过一些特定的饮食方法来控制体重并不会对所有人都有效。

另外需要注意的是，特别缓慢的增重或减重速度，也许不会出现，所以当我们在寻求身体变化的过程中，体重变化也需要设定变化速度的下限。比如你想要减脂减重的话，每周减少当前体重的 0.5%~1.0%。其中 0.5% 就是变化速度的下限，而你也不应期待每周都可以减少体重 0.1% 这样的变化速度，因为此时身体在一定范围内会拒绝改变。

营养密度和热量密度

当我们在谈论健身训练中的食物时，应该考虑食物质量和数量两个方面的内容。通常食物质量和数量会相互关联，我们利用营养密度和热量密度的概念来对一些食物进行分类。营养密度高是指食物中富含各种营养素，热量密度高则是指此类食物包含更多的热量。

高热量密度食物是大部分人都喜爱的食物，比如甜甜圈、芝士蛋糕、薯片、汉堡包、布朗尼、巧克力牛奶，等等。高热量密度食物虽然体积都很小，但是热量都很高。比如麦当劳的麦香鱼，一小块就有 335 大卡的热量。如果你吃过麦当劳，你肯定知道自己不会只吃一个麦香鱼，当你再要一些麦乐鸡，或者加上其他的东西，热量就更高。这就是高热量密度食物的概念：虽然这些食物的热量很高，但是食物体积太小，不会对你的饱腹感产生太大的影响。

高营养密度食物通常都是和高热量密度食物相反的食物，包括西蓝花、菠菜、菜花、甜菜，等等，它们大多就是那些我们小时候父母总会要我们多吃的蔬菜。这些食物因为营养素的含量高，而成为高营养密度食物。比如甜菜就含有丰富的叶酸、锰元素和纤维素，菠菜中则含有铁、维生素 K、维生素 A 和维生素 C，等等。你听说过的大多数维生素和矿物质都存在于蔬菜和水果之中。想想上一次你吃蔬菜的时候，一大棵西蓝花或一大把菠菜，你可以分多少顿吃完？而基本上你每次吃的这些食物，会给你带来 20 大卡左右的热量。所以如果你想要通过这些食物来获取和汉堡一样的热量，你需要吃非常多棵西蓝花、非常多把菠菜，这些食物都是我们很难吃过量的食物。

高营养又高热量密度食物是指同时具有高营养密度和高热量密度的食物。坚果、花生酱和一些油类都可以算作这个类别。吃一小勺花生酱就可以轻易摄入 150~200 大卡的热量；或者随便吃 15 颗坚果，就可以摄入大约 150 大卡的热量。

现在你应该了解了这些食物的类别，但我希望到此为止你不要继续想太多，并且不要着急给食物下好或不好的结论。食物没有好或不好之分，他们都有热量，有些会带来更多的营养素，有些则会在高热量的情况下带来少量的营养素。所以没有绝对不好的食物，它们都只是你自己的选择。

具体举例来说，如果你是一个体重大概为 50 多千克，日常坐着办公的女性，不让想自己增长体重，你通过计算预估自己每天的热量消耗为 1500 大卡。如果你选择每天吃一些甜品，那么仅这一小部分食物就占据了 500 大卡的热量，而一天的剩余时间只能再吃 1000 大卡的食物（这很容易达到），否则你的体重就会上升。结果就是，你可能会在这一天中经常感到很饿，很想吃东西，也许你会觉得这并不是一个划算的买卖，但对有些人来说，这种选择也许会让他们更容易长期坚持。

再如很多人认为自己可以"干净增肌"，只将燕麦、鸡蛋、鸡胸肉、西蓝花等食物作为自己的增肌饮食选择。事实上，如果你这么做的话，会让增肌和增重的过程变得异常艰难，因为光吃鸡胸肉和西蓝花确实很难吃过量，为了保证足够的饮食热量盈余，也许在增肌和增重过程中选择一些高热量密度食物，容易有更好的胃口，也会摄入更多的热量。

代谢灵活性

身体利用三大营养素——碳水化合物、脂肪和蛋白质来提供能量。通常来说，身体主要依靠碳水化合物和脂肪来提供其所需的主要能量。但如果你让身体处在特定的环境中、特定的活动需求下，以及面对特定的身体能量储存情况，身体的主要能量来源会发生转换，比如更多地利用碳水化合物来提供能量，或者更多地利用脂肪来提供能量。

这就是身体对于能量供应条件变化的一种反应和适应，而代谢灵活性（Metabolic Flexibility）就被用来描述这种能力。代谢灵活性描述了生物体根据代谢或能量需求的变化，以及根据条件或活动做出反应或适应的能力。

一项研究发现，瘦人的肌肉可以通过禁食和注入胰岛素来调整身体燃料偏好，因此被认定为"代谢是灵活的"。然而与瘦人相比，胰岛素抵抗型的肥胖患者表现出对脂肪酸氧化的依赖性较小，也就是不容易利用脂肪来提供能量。并且他们在禁食后，没有显示出脂肪酸氧化的增加，也没有在注入胰岛素后显示脂肪酸氧化减少。由于他们对代谢环境挑战的反应不足，这些患者被称为"代谢不灵活"。

其他的研究显示，在进行了高脂肪食物摄入之后，有良好代谢灵活性的瘦人可以增加脂肪酸氧化，减少糖原消耗，但胰岛素抵抗型的肥胖患者没有出现此种情况。

简单来说，如果你身体中的这种能力出现问题，也就是代谢不灵活了，那你就不能及时转换能量的来源。如果你的代谢系统有足够的灵活性，这会让你及时在脂肪和碳水化合物之中转换能量的来源。那你就可以在不进行运动时燃烧更多脂肪，你也会在运动时利用更多的碳水化合物来为运动提供能量，得到更好的表现。

但如果你的代谢不灵活，不灵活的代谢系统可能会和堆积脂肪这件事在一个恶性循环中相互影响。肥胖的关键问题就在于，即使肥胖患者的体内有那么多脂肪，但他们在饥饿的时候还是无法有效利用那些脂肪提供能量。

而增强代谢灵活性的关键就在于调整生活方式、运动训练和调整饮食，这和所有改善身体健康状况的建议一样。

缺乏运动可能是引起代谢不灵活的主要原因之一，规律的日常运动习惯早就被指出可以改善代谢灵活性。健身训练可以作为改善代谢灵活性的干预措施。减脂也是增强代谢灵活性的重要一步，并且也是针对肥胖症和与肥胖相关的代谢性并发症的最常见干预措施之一。

减脂饮食

减脂饮食的关键在于，让自己处在一个有热量缺口的饮食情况下。你可以通过减少热量摄入及增加热量消耗来达到这个目的，而任何的具体形式都是达到这些目的的方法和手段；并且要了解和认识，更少的脂肪、更多的肌肉和更健康的身体状况，是生活习惯、饮食习惯和运动习惯的综合结果。

减掉脂肪不反弹

通过控制饮食减掉脂肪很简单，但是保持不反弹不是一件容易的事情。有研究显示，在减肥后的一年内，有 50%~70% 的人将在减掉体重的一年内重新获得他们减掉的所有体重；有 85% 的人会在减掉体重的两年内重新获得减掉的全部体重；在减肥之后的 3 年内，95% 的人将全部恢复至原来的体重。也就是说，饮食减脂的成功率仅约为 5%；而且更糟糕的是，那些体重反弹的人，有 1/3~2/3 的人会增加比减掉的更多的体重。

我们通过分析那成功的 5% 的人群，得出了他们具有以下这些共同点。

❶ 采用可持续的饮食方案

成功减掉脂肪，并且持续保持下去没有反弹的人，都采用可持续的饮食方案。我一直提到：成功的饮食方案是你能享受其中并且能持续下去的。因为大多数人认为他们减到一定的体重或一定的体脂率，就大功告成了。但事实是，当你减掉脂肪之后，才是减脂过程真正开始的时候。如果你不能将你的饮食方案持续下去，你需要面对的问题就不是"会不会反弹"，而是"会多快反弹"。

❷ 有一个具体的计划

当我们有一个具体的计划时，不管是训练还是饮食，都会展示出更好的完成度和持续性。所以如果你还不知道怎么制订训练和饮食计划，那就找一个教练，请他帮你制订一份计划。但在这个过程中，请参与其中，不断提供你的个人信息，比如饮食偏爱、饮食习惯、训练水平等，来帮助教练更好地为你制订个人计划。没有一种计划适合所有人，你需要利用教练的知识找到最适合自己的方案。

❸ 保持运动

那些减掉脂肪并且持续保持体重没有反弹的超过 70% 的人，都进行了规律的运动。规律的运动不仅会增加每天消耗的热量，还会对身体的激素水平和肌肉产生影响，这些都对长期保持体重且不反弹有积极的帮助。这里所指的运动，不仅是指在健身房举铁，也可以是你所享受的任何形式的运动，如跑步、骑车、打篮球、柔术等。选择你个人喜欢的、能持续进行下去的运动，才是关键。在前文中你也看到了，当我们谈论饮食和训练方案的时候，个人的享受和持续性都非常重要。

❹ 关注长期目标而不是短期感受

那些能成功减掉脂肪并且保持的人，会更多地关注长期目标而不是短期感受。比如在减脂过程之中，我们难免会感到饥饿并且非常想吃东西，关注短期感受的人，会被当时的感受影响而选择进食；而关注长期目标的人在那些时刻会自我约束，使自己的目光保持在长远的目标方向上。同时，关注长期目标的人通常也不会选择快速简单的解决方案，比如网上盛传的"一个动作瘦小臂""3 天甩掉拜拜肉"之类。他们也不容易被流行的饮食方案及那些减脂减重的营养补充剂所左右。他们不会立刻减掉 10 千克的体重，而是用一种可持续的方法减掉体重并且保持下去。

❺ 将减脂当作生活方式而不是手段

能持续执行饮食和运动方案的一个关键，就是可以享受其中。当我们为了减掉体重而选择某种饮食方案的时候，当我们为了消耗脂肪而去健身房进行运动的时候，实际上都是在利用这些手段来达到自己的目的。当我们关注"现实目标"时，就更难坚持和持续下去、更计较得失；但当我们转移注意力，关注"过程目标"时，我们才会真正享受其中并且持续下去。把减脂当作一种生活方式，而不是手段，就是在关注"过程目标"。

选择运动的生活方式而不是久坐，和伙伴们一起进行运动而不做"独行侠"，选择健康饮食的生活方式而不是暴饮暴食，选择早睡早起的生活方式而不是熬夜，做自己喜欢的事情而不是不得不做。我可以在这里列举出更多的生活方式，你肯定也可以在你选择的生活方式中找到各自的群体和伙伴。我将我的生活方式分享给你：热爱运动，持续学习，选择健康，得到快乐。

选择不同的饮食方法

你选择的饮食方法不需要有一个名字。不同的饮食方法可能都会对你有效，前提是你可以享受其中并且按正确的方法持续下去。生活在现在这个食物选择丰富的环境中，大多数人都无法持续一个"固定"的饮食习惯，所以发展自己的饮食习惯，而不是直接套用现成的饮食模版，就显得非常有意义。

不管是纯素饮食、纯肉饮食、低脂饮食、低碳饮食，还是生酮饮食等都可以帮助你达到减脂减重的目标，最关键的还是你需要通过这些饮食方式建立热量缺口。虽然很多人宣称使用某个饮食方法让他没有控制热量摄入就减少了体重，但他们其实是通过饮食方法中提供的食物选择来自然地让自己无法摄入以前那么多的热量，而得到了减脂效果。其实不同方法存在的意义，也许就是让你可以选择最适合自己持续下去的方法。

下面将会给你介绍常见的不同减脂饮食方法，带你进一步了解不同减脂饮食方法的区别。由于本书只是传递关于健身训练的完整知识体系，不是专业医生给予的疾病治疗处方，所以以下涉及的营养饮食信息不应被视为医疗专业人士意见的替代方案。

❶ 纯素饮食

不建议进行健身训练的人士使用纯素饮食，主要是因为纯素饮食很难摄取到丰富的人体必需氨基酸，而动物蛋白质通常含有丰富的必需氨基酸。如果可以根据不同食物的氨基酸含量来进行仔细分析，通过组合不同的富含蛋白质的食物拼凑出人体必需氨基酸，这时纯素饮食也可以作为一种可行的饮食选择。但对大多数无法做到这一点的人来说，从饮食中减少的动物蛋白质的热量，通常会被那些精加工的碳水化合物所替代，这意味着他们不仅没有足够的蛋白质帮助保持肌肉、增肌、减少肌肉流失，反而更容易引发更大的碳水化合物比例导致的过量进食、热量超标问题。所以在日常生活中常见到的素食主义者大多数都没有良好的肌肉组织，并且他们虽然可能看起来比较瘦，但实际上体脂率可能很高。

❷ 纯肉饮食

纯肉饮食是在国外流行的新奇饮食方法，即饮食几乎全部以肉类为主。牛排、鸡蛋和水可能就是他们的食物，并且他们宣称这种饮食方法有很多健康益处。他们宣称得到的好处和纯素饮食差不多，但在食物选择上和纯素的饮食理念正好相反。如果你想要通过纯肉饮食减脂，这应该会很容易，因为只进食肉类的话会很容易得到饱腹感，所以很容易建立热量缺口。但如果你在进一步了解了纯肉饮食之后想要试验，那么建议你给自己安排饮食习惯调整的过渡期，你不应该从大众人群的日常饮食直接转为只吃肉。太快太极端的变化会给身体带来很大的挑战，影响这种饮食的持续性，所以你可以先从每天一顿饭只吃肉开始尝试。相信很多人仅从这一餐的改变中，就已经可以实现很多身体上的变化。

❸ 低脂饮食

低脂饮食流行的原因也许需要追溯到 20 世纪的脂肪有害论。在 20 世纪 50 年代，美国生物学家安塞尔提出"饮食中的饱和脂肪会增加胆固醇水平，过高的胆固醇水平会引起心脏疾病"的假设。从那之后，低脂饮食开始流行，受这种观念的影响，当时的健美运动员在进行备赛减脂的过程中也都会选择低脂饮食，自此以后低脂饮食也成为大多数健身训练者的主要饮食方法。

近年来，大量的科学证据开始为脂肪正名，认为在经历了几十年的低脂饮食之后，并没有改善大众人群的健康水平。从以下信息可以了解营养科学对于胆固醇的态度的转变：《中国居民膳食指南（2022）》中删除了对成人每日胆固醇摄入量的限制，《中国居民膳食营养素参考摄入量》从 2013 版开始已经不再为胆固醇摄入制订上限。

❹ 低碳饮食

低碳饮食是近几年流行起来的饮食方法。之前我们认为脂肪是对人体不友好的东西，而现在这个趋势又转移到了碳水化合物上，特别是添加糖。低碳饮食的提倡者宣称："碳水化合物倾向于增加胰岛素的分泌，因此特别容易让人发胖。胰岛素会将摄入的能量转化为脂肪储存在脂肪组织中，并且会减缓脂肪组织中脂肪的分解，称这会导致细胞内部的饥饿。细胞内部的饥饿反应会导致人体感到饥饿并且食欲增加等一系列循环。"简单说，此项理论的假设是，肥胖并不是由于进食过量，而是碳水化合物的摄入影响了身体内的各种激素的调节。

事实上，释放胰岛素不会让你变得更胖，过度进食才会让你变得更胖（再加上没有足够的身体活动）。胰岛素是一个由胰腺分泌的合成激素，它通过促进血液中的葡萄糖被吸收进细胞，来调节碳水化合物、脂肪和蛋白质的代谢过程，也会在一些组织中影响蛋白质的合成。一项研究比较了白面包和乳清蛋白粉对胰岛素的影响，发现乳清蛋白粉会比白面包引起更大的餐后胰岛素反应。所以如果你还是认为胰岛素会让你变胖，那么如何解释健美运动员利用乳清蛋白粉来减少体脂这件事，或者乳清蛋白粉是如何帮助肥胖的人减少脂肪的呢？

很多人现在还在恐惧白米饭、白面包这些升糖指数高的食物，因为他们害怕升高的胰岛素水平会让他们的身体储存更多脂肪。事实上，这些食物本身并不是使体重增加的元凶，过度进食才是。一项研究显示，当热量摄入一样时，不管实验者采取高糖饮食还是低糖饮食，减重效果没有太大的区别。也就是说，如果你想减掉体内脂肪，应该持续建立热量缺口，并且摄入足够的蛋白质。

当然，因为你的"热量预算"有限，所以你还是需要尽可能腾出较大的"预算"空间来摄取高营养密度食物，以得到足够的营养元素等，以及更强的饱腹感。但是，如果你很喜欢吃甜的，减脂时不必完全不吃糖。

这里再一次强调了热量平衡的重要性。多项综合研究分析显示，在控制进食的情况下，低碳饮食相比于高碳饮食，并没有在生理上或临床上对减重、减脂、能量消耗等方面表现出更卓越的效果。

事实上，很多饮食方法所带来的健康好处都可以归结于减重本身带来的好处。我相信也有通过低碳饮食得到健康改善的情况，也许是那些成功者在进行低碳饮食时所避开的碳水化合物种类，恰恰是使他们身体产生不良反应的原因（比如麸质过敏和其他肠道不耐受的情况）。那么低碳饮食对于这类人群来说，不仅可以从热量控制上得到健康好处，也可以从减少问题食物来源上得到健康好处。

❺ 生酮饮食

生酮饮食可以被包含在低碳饮食的分类之下，具体来说，生酮饮食是极端的低碳饮食。了解低碳饮食和生酮饮食的区别，是开始采取这些饮食方法的第一步。低碳饮食可以理解成只是减少了一些碳水化合物摄入的饮食，而生酮饮食则是使身体进入一种利用脂肪提供能量的代谢状态。生酮饮食是唯一一个利用身体代谢状态来描述的饮食方法。

在我向大众健身人群介绍生酮饮食时，大多数人的第一反应是："这是用来治疗疾病的""酮体是有毒的"。他们出现这些反应很可能是因为看到了网络上一些关于生酮饮食的信息，但并没有深入了解和试验过生酮饮食。首先，生酮饮食在一开始的确是用来治疗疾病的，并且持续应用到了现在。其次，肥胖是一种慢性代谢疾病，人们在近几十年中开始将生酮饮食作为治疗肥胖的解决方案之一。最后关于酮体有毒这件事情，关键在于血酮的浓度，它决定了我们是进入生理性酮症（安全）还是病理性酮症（中毒）。对于正常人群来说，减少碳水化合物的摄入使身体"生酮"，血酮浓度的确会升高，但很少会超过 7~8 毫摩尔 / 升，因为身体还可以利用其他能量物质通过糖异生的过程来产生葡萄糖，这是所谓的生理性酮症；而病理性酮症是血酮浓度过高，血酮可能会高达 20 毫摩尔 / 升。

生酮饮食也会带来类似于低碳饮食的好处，比如减少炎症、改善饥饿状态、获得更好的精神状态等。如果对于其他的饮食方法你没有能享受其中并持续使用，那么也许值得尝试一次生酮饮食。

总之，对于减重减脂来说，饮食的关键是保证蛋白质和纤维的摄入，其他的则可以根据你的喜好来安排，重点是建立热量缺口。

进食频率

也许你在了解了很多饮食信息之后仍然不知道一天到底该吃几顿饭。大多数人讨论饮食频率的目的似乎都是更好地燃烧脂肪，所以那些健身和饮食专家声称："每顿饭少吃一些，多吃几餐会帮助你提高代谢！"其他人甚至还会声称饮食频率比总热量摄入还重要。

你要知道身体的代谢系统其实比我们自己的大脑要聪明得多，也没有任何像少食多餐之类的"秘诀"可以加速身体的新陈代谢。研究已经有说服力地展示了：每天吃几顿饭都不是很重要，是总体的热量平衡决定了能否达到减脂目的。

根据我们目前掌握的知识来说，没有一项研究显示在摄入热量相同的情况下因为进食频率而出现减脂效果的差别。事实上，现在提倡的观念与少食多餐有助于提高代谢这一观念相反，不认为少食多餐更有助于减脂，同时也不认为在一顿饭里吃很多更利于减脂。

我们来看一个例子，看看在摄入相同热量的情况下，一天进食两餐和八餐的对比。当少食多餐时，因为每一餐进食少，所以每一餐身体可能会储存更少的脂肪到脂肪细胞,这意味着在单次进食中,更少的营养被转移到了脂肪细胞中;而一天进食两顿大餐则可能会有更多的脂肪储存进脂肪细胞,尤其是餐后的几小时。

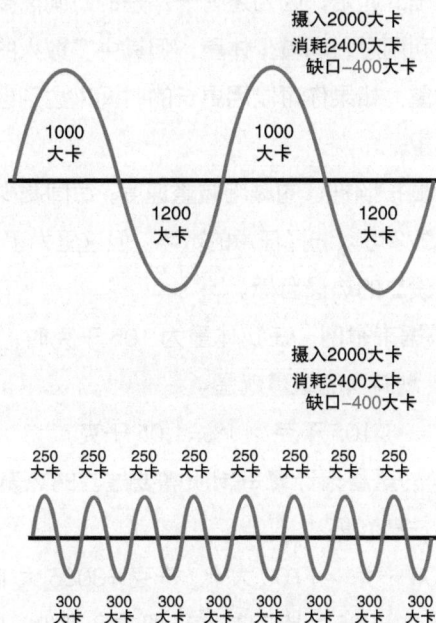

摄入2000大卡
消耗2400大卡
缺口−400大卡

1000 大卡   1000 大卡

1200 大卡   1200 大卡

摄入2000大卡
消耗2400大卡
缺口−400大卡

250 大卡 250 大卡 250 大卡 250 大卡 250 大卡 250 大卡 250 大卡 250 大卡

300 大卡 300 大卡 300 大卡 300 大卡 300 大卡 300 大卡 300 大卡 300 大卡

很多人看到这里可能会说,少食多餐会对减脂更有帮助?

事情没这么简单。尽管两顿大餐会在一开始导致更多的脂肪储存进脂肪细胞中,但身体会在营养吸收之后的阶段内燃烧掉很多的脂肪。因为如果一天进食两餐,就会有一个很长的进食间隔,那些存储起来的能量就会开始被利用。并且,虽然八餐相比于两餐会让身体在每次进餐的过程中储存更少的脂肪,但八餐也会在每次进食后储存一些脂肪;而且他们在能量被吸收之后的进食间隔更短,缺少了一个利用脂肪的阶段。

再次重申,两种进食频率方式对于减脂来说,是没有太大区别的。

计算热量

想要减少脂肪,我们需要让热量消耗大于热量摄入。在这之前我们已经预估了每天的总消耗热量，接下来我们需要根据这个总消耗热量建立热量缺口。

总之在开始前还是要记住：减掉脂肪或达到你理想的体重时，并不是减脂成功之时，而只是减脂历程的起始，因为还有一辈子的时间需要你来维持这个状态。你应该也看到过太多人利用短时间减少体重，但其中多数人的体重都很快反弹了，甚至超过了一开始的体重。如果你可以用更长的时间来达到理想的状态，那么你也就更容易维持理想的体重。

建立热量缺口时你要按照推荐的减脂减重速度，每周减少 0.5%~1.0% 的体重。选择你期待的数字，虽然你可以选择任意的数字，但这里为了计算简便，就选择 1% 来教你计算减脂所需要设立的热量目标。

还是以我自己的数据来举例，在我体重为 105 千克时，每日消耗的热量预估值为 3688，那么每周计划减少的重量就是：

$$105 千克 × 1\% = 1.05 千克$$

根据每周计划减少的重量来计算每周所需要建立的热量缺口，利用每千克脂肪含有 7700 大卡的方法来计算：

$$1.05 千克 × 7700 大卡 / 千克 = 8085 大卡$$

这意味着我每周建立 8085 大卡的热量缺口才会减少 1.05 千克的脂肪，虽然身体很可能不会完全只是减少脂肪，但 7700 这个数字是计算热量的一个好用的工具。在得到每周需要建立的热量缺口之后，就很容易确定每日需要建立的热量缺口：

$$8085 大卡 ÷ 7 = 1155 大卡$$

利用之前计算出的预估每日消耗的热量减去这里确定的每日热量缺口，就得到了我每日的热量摄入目标：

$$3688 大卡 − 1155 大卡 = 2533 大卡$$

如果你不想进行这么复杂的计划，你可以直接从 300~500 大卡的热量缺口开始，具体数值取决于你的初始体重，取决于你想要的减重速度，并且要及时根据体重下降的速度来进行调整。要注意的是，你在工作日建立了热量缺口，但很可能会通过周末 1~2 天的暴食或者所谓的"欺骗餐"来抵消你之前所建立的热量缺口，导致最终并没有在一周内建立真正的热量缺口。

确定每日的热量摄入目标之后并没有结束，还需要进一步设定三大营养素的摄入目标。你首先需要考虑的就是蛋白质，其次根据你的喜好来安排碳水化合物和脂肪的比例，因为我们说过只要建立了热量缺口，不同的饮食方法都有效。

　　蛋白质是三大营养素中最重要的一个，因为在某些情况下，蛋白质既可以转化成碳水化合物，也可以转换成脂肪，但碳水化合物和脂肪不能转化成蛋白质。同时蛋白质也帮助我们增肌、减弱饥饿感。对于久坐成年人保持健康的最低蛋白质摄入建议是，每天每千克体重摄入 1 克蛋白质，但在一些特殊的情况下需要补充更多的蛋白质。

　　这些情况包括：每周进行多次健身训练，需要修复很多肌肉组织；或者正在进行饮食管理并且有热量限制，需要更多的蛋白质来帮助肌肉增长或者减少肌肉流失。

　　有人担心摄入过多蛋白质会对身体产生健康危害。研究显示，健康人群每千克体重摄入高达 3 克的蛋白质都不会使肾脏产生问题；而文献研究中所记录的最高蛋白质摄入量，实际上是每千克体重摄入高达 4.4 克的蛋白质。总之，如果你的肾脏是健康的，你就不用担心进行高蛋白质的饮食。如果你的肾脏已经受损，那么你需要控制蛋白质的摄入量。

　　很多蛋白质摄入建议是以体重为依据的，在通常情况下，大多数人可以这样进行选择；但如果你的身体脂肪过多、体脂率过高，那么利用瘦体重的数字来进行选择则相对更有意义，因为脂肪并不会像肌肉那样需要那么多的蛋白质。

　　如果你利用体重计算蛋白质的摄入量，那么可以参考的范围是每千克体重摄入 1.6~2.2 克的蛋白质。也就是说如果你的体重为 100 千克，那么每天保持 160~220 克的蛋白质摄入是理想的范围。对于那些备赛期间的形体运动员来说，由于他们处于摄入热量非常低的情况下，每千克体重摄入 2.3~3.1 克蛋白质会是他们的参考摄入量。

　　如果利用瘦体重来计算蛋白质的摄入量，你可以在每千克瘦体重摄入 2.0~2.8 克蛋白质之中任意选择。具体来说，如果你正在进行健身训练，但对摄入很多蛋白质存在一些困难，那么就选择建议范围的下限——每千克瘦体重摄入 2.0 克蛋白质。如果你很喜欢吃肉，并且不需要留给碳水化合物和脂肪那么多热量预算，那么就选择建议范围的上限——每千克瘦体重摄入 2.8 克蛋白质。对于大多数训练者来说，每千克瘦体重摄入 2.4 克蛋白质也许是一个好的开始。

　　因为每克蛋白质含有 4 大卡的热量，所以此时可以根据你选择的蛋白质摄入参考数值计算出所有蛋白质所包含的热量。假设我根据总体重数字选择每千克体重摄入 2.0 克蛋白质，那么我每天需要摄入蛋白质：

105 千克 × 2.0 克 / 千克 = 210 克

210 克蛋白质所包含的热量为：

210 克 × 4 大卡 / 克 = 840 大卡

在确定蛋白质的摄入量和总热量之后，你需要根据自己的饮食喜好选择适合的脂肪比例。虽然你可以根据个人喜好来自由安排碳水化合物和脂肪的比例，但在实际应用中，通常我们这样建议：有着更高体脂率（比如男性 >25%，女性 >30%）的人选择高脂肪比例的饮食，他们通常会因为进食过多的碳水化合物而导致身体脂肪含量超标，而提高饮食中的脂肪比例也许会帮助他们改善饮食控制下的饥饿问题；那些体脂率偏低的人（男性 <15%，女性 <20%）可以选择低脂肪比例的饮食，但也可以根据个人喜好选择高脂肪比例的饮食。

各类饮食具体的脂肪比例如下。

低脂肪比例的饮食：脂肪热量占热量摄入目标的 25%。

中脂肪比例的饮食：脂肪热量占热量摄入目标的 35%。

高脂肪比例的饮食：脂肪热量占热量摄入目标的 45%。

利用每日热量摄入目标，你将会得到脂肪的具体摄入热量。假设我选择 25% 脂肪比例的减脂饮食，并且由于我的每日热量摄入目标为 2533 大卡，那么我每日摄入脂肪的总热量为：

2533 大卡 × 25% ≈ 633 大卡

由于每克脂肪含有 9 大卡热量，所以每日所需脂肪为：

633 大卡 ÷ 9 大卡 / 克 ≈ 70 克

在确定了蛋白质和脂肪的摄入量之后，每日热量摄入目标剩下的热量就都属于碳水化合物了：

2533 大卡 − 840 大卡 − 633 大卡 =1060 大卡

由于每克碳水化合物含有 4 大卡热量，所以每日所需碳水化合物为：

1060 大卡 ÷ 4 大卡 / 克 = 265 克

至此我已经得到一开始我的减脂饮食所需要的所有摄入参考目标，具体如下。

每日预估热量消耗：3688 大卡

每周减少 1% 的体重所需要建立的热量缺口：1155 大卡

每日热量摄入目标：2533 大卡

每日三大营养素摄入目标

蛋白质：210 克

脂肪：70 克

碳水化合物：265 克

下面再次利用我的数据来帮助大家梳理这一整套热量计算的流程。

第一步：计算每日预估热量消耗（3688 大卡）。

第二步：根据体重减少速度计算每日热量缺口（每周减少 1% 的体重，需要每天建立 1155 大卡的热量缺口）。

第三步：确定每日热量摄入目标（3688 – 1155=2533 大卡）。

第四步：确定蛋白质摄入量和蛋白质总热量（我根据总体重选择每千克体重摄入 2.0 克蛋白质）。

第五步：确定脂肪比例，得到脂肪摄入总热量和摄入量（选择 25% 的脂肪比例）。

第六步：确定碳水化合物的总热量，得到碳水化合物摄入量。

第七步：整理所有营养素摄入目标。

蔬菜是否需要计算热量

我们开始进行食物称重、热量计算时，会有很多细小的地方需要考虑，这也是为什么很多人认为热量计算让人困惑，比如需不需要为蔬菜进行热量计算这件事。

如果你是一个严谨的计算者，不愿意忽略任何一个可以让自己的热量计算变得更加精确的方面，那么计算蔬菜的营养素和热量绝对是你需要考虑的；但如果你认为只需要把握计算过程中的关键，以此帮助自己节省更多的时间，那么蔬菜的称重和计算你可以不必进行。

从以下两个方面考虑，你不必进行蔬菜的热量计算。第一，蔬菜所包含的热量非常低，即使我们吃很多的蔬菜也很难得到很多的热量，并且大多数人都还没有吃到足量的蔬菜。第二，如果从始至终都不计算蔬菜的热量，那么这种被忽视的计算内容会在长久的计算之中得到抵消。

所以不管你是否决定计算蔬菜中的热量，这都不会影响我们减脂减重的热量计算过程。如果你在一段时间的热量计算之后没有发现身体的变化，那么很大可能不是蔬菜导致的，而是你对热量进行计算及调整的方式出了问题。

对热量目标进行调整

你不能只计算好热量摄入目标就期待可以持续得到身体上的变化。在你持续建立热量缺口的过程中，身体会逐渐减少体重和脂肪，甚至一些肌肉，来适应你带给身体的外在环境变化。身体很可能会在改变一段时间之后，不再对同样的外在环境变化产生适应，这就是很多人说的"代谢水平好像下降了"或者"好像遇到'平台期'了"。这意味着以前可以产生热量缺口的热量摄入目标，在目前已经变成了维持体重的热量基准。

当你的身体变化停滞一段时间之后，你需要给身体建立新的热量缺口，以带给身体新的挑战，让身体产生新的适应和变化。因为热量缺口是热量摄入和热量消耗之间的相对平衡，所以你可以通过继续减少热量摄入或者增加热量消耗的方式进一步建立热量缺口。

保持热量摄入不变、增加热量消耗的方式非常简单，就是在跑步机或者椭圆机上运动更长的时间，或者在健身房的训练之外进行更多的日常活动。如果你之前是开车上下班，那么现在就可以试着利用自行车通勤。每周增加 2~3 次 30~50 分钟的额外运动时间，通过这些额外增加的热量消耗应该就可以为你目前的热量平衡打开新的热量缺口。

如果你没办法继续增加热量消耗，不管是时间上的原因还是你觉得身体无法从更多的训练或活动中恢复，那么进一步减少热量摄入将是你的解决方案。从之前的热量摄入目标之中减少 10% 的热量摄入，你将开始给身体带来新的变化。需要注意的是，这减少的 10% 的热量摄入，需要从碳水化合物和脂肪的摄入量之中减少，在减脂减重过程一开始计算好的蛋白质摄入量不能发生变化。这是因为研究显示，即使在有热量缺口的情况下，摄入了更多的蛋白质导致的热量超标，不会增加身体脂肪而是减少脂肪。这个情况并没有违背热量平衡的原理，因为蛋白质有着相比于碳水化合物和脂肪更高的食物热效应。并且过量的蛋白质很难储存为身体脂肪，也有助于身体减少肌肉的流失，甚至在同时进行健身训练的情况下可以增加肌肉。

如果你的体重已经发生了非常大的变化，那么你可以重新开始之前热量计算的流程，得到新的摄入目标。

　　如果你刚刚开始采用新的饮食方法，那么不建议你在前 4 周之内进行任何热量上的调整，因为身体需要时间来适应并确认真正需要发生怎样的变化。在采用新的饮食方法 4 周之后，我们的目标是每周平均减少体重的 0.5%~1.0%。如果你的体重变化没有停滞，但每周的减少量大于 1.0%，就意味着你减重的速度过快，那就增加 5% 的热量摄入，这 5% 的热量摄入加在碳水化合物或脂肪上都可以；如果你发现自己连续两周体重平均减少量小于 0.5%，这意味着减重的速度过慢，那就像前面提到的减少 10% 的热量摄入，减少的热量算在碳水化合物或脂肪上都可以。

　　从这里你可以了解到，我们在一开始计算并建立的热量摄入目标只是起点。没有人可以持续利用一开始的摄入目标长期取得身体变化，我们都需要不断根据身体变化的反应来进一步对摄入目标进行调整。所以这里再一次强调，热量计算只是帮助我们应用热量平衡的一种工具，我们不应该过度在意热量摄入或计算的具体数值，而是要关注我们利用数值来根据身体变化进行调整的过程。不是具体摄入了 1500 大卡还是 2000 大卡会让我们得到减脂减重的效果，而是调整的过程会帮助我们得到我们想要的效果。

欺骗餐

　　欺骗餐是健身训练人群减脂减重时经常会提到的一个词，每当他们外出聚会就餐时，就会利用这个词来为自己进行辩解，但是否吃欺骗餐需要多方位的考虑和衡量。如果你在工作日建立了热量缺口，很可能会通过周末 1~2 天的暴食或者欺骗餐摄入过多的热量，抵消之前所建立的热量缺口，结果就是你在这一周内并没有真正建立热量缺口。

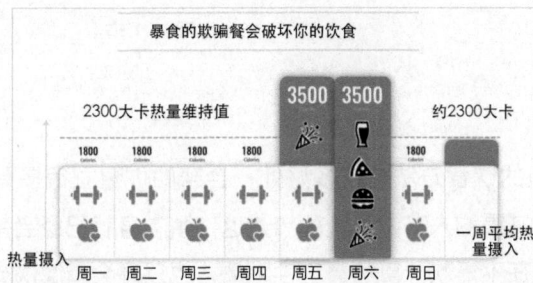

暴食的欺骗餐会破坏你的饮食

2300 大卡热量维持值　　3500　3500　　约 2300 大卡

1800 Calories　1800 Calories　1800 Calories　1800 Calories　　　　　1800 Calories

热量摄入　　周一　周二　周三　周四　周五　周六　周日　　一周平均热量摄入

　　设置所谓的欺骗餐的主要原因是防止身体进一步适应低热量摄入的情况。因为身体在低热量摄入的情况下，会通过以下途径来产生适应：降低日常活跃度、改变激素水平、降低代谢率、流失瘦体重、增强对食物的渴望等。这些对于想要得到长期的减脂减重效果来说，都是不利的。

具体要不要设置包含高热量饮食的一餐或一天，也就是要不要设置常说的欺骗餐或欺骗日，需要考虑多种因素。如果你刚开始进行饮食上的调整，那么不建议吃欺骗餐；如果你有很多身体脂肪需要减少，那么不建议吃欺骗餐；如果你还没有培养好饮食习惯，吃一次欺骗餐之后可能反而会让你更加想吃那些平时不吃的食物，那么也不建议吃欺骗餐。那些已经开始调整饮食一段时间、建立好具体饮食习惯和概念的人，可以吃欺骗餐；但是吃欺骗餐并不意味着可以随便吃垃圾食物，也不意味着可以无限制地进食。

如果你决定开始吃欺骗餐，那么以下具体的安排建议应该可以帮到你。

- 可以将欺骗餐安排在训练最辛苦的一天。
- 可以将欺骗餐安排在避不开的聚会活动上。
- 提前安排好欺骗餐的具体日程。
- 首先保证满足蛋白质的摄入总量。
- 建议只是把平时吃的那些食物的量增加。
- 不含酒精。
- 将欺骗餐安排至一餐而不是一整天的多餐。
- 吃更多的蛋白质。
- 在开始饮食调整的前两周不安排欺骗餐，两周之后，在 7~14 天之内安排一次欺骗餐。

不计算热量

尽管计算热量的饮食方法有很多好处，会帮助你建立很多有关饮食的概念，但对于一部分减脂减重的人来说，计算热量这件事本身就已经会带来很多额外的心理压力。如果你实在不喜欢计算热量这件事情，也还是会有解决办法的，但是从一方面得到便利，就会牺牲另一方面的便利。也就是说，如果你不想要计算饮食热量，你就需要对饮食有一些额外的要求。

使用计算食物热量的方法时，只要你能按照计划目标来保证摄入的热量，就可以有很多的选择。比如你某一天想节省 500 大卡的热量给自己想吃的冰激凌，没问题！计算热量会让你的饮食具有更多的灵活性，这种自由选择的灵活性也许会让很多人可以坚持下去，不必完全避开那些自己想吃但本以为不该吃的食物，并且还能达到自己的目标。因此计算食物热量的方法也被称为灵活的饮食方案（Flexible Diet）。

不计算热量的方式虽然没有制订好的热量计划，但其实也应用了热量平衡的原则，只是还利用了一些饮食上的原则来帮助你进行饮食上的调整，从而使你达到减少总体热量摄入的目标，培养并建立减脂饮食的习惯和意识。但你也需要像利用计算热量的方法那样大概了解蛋白质的摄入情况，因为不管是计算还是不计算热量，每日蛋白质的摄入都是你首先需要保证的,蛋白质的摄入是减脂饮食中的重中之重。

以下是一些推荐的饮食习惯和原则，你可以选择应用其中的一些，以此来帮助你在不进行热量计算的情况下减少热量摄入。

❶ 每天只吃 3 顿饭

如果你通常每天都是吃 3 顿饭（早餐、午餐、晚餐），那么这种方法的意义其实在于帮助你不吃这 3 顿饭之外的额外的食物。其实很多人会在上午、下午，甚至晚间吃很多零食、水果，而且他们都对这些进食没有太多的意识，不认为这些看起来不像正餐的加餐会为身体带来很多的热量。实际上很多人通过减少吃零食，已经就能给身体带来改变。他们也许会开始意识到，如果经常在吃过正餐之后感到饥饿，就应该对以后的正餐进行调整，来得到更强的饱腹感，而不是靠吃零食解决。

❷ 每顿饭都有肉

不管你选择什么饮食方法都建议每顿饭要有肉，但我在这里想说的是，你的每顿饭可以以肉为主。因为肉类通常都有着比较少的加工程序，也很容易带来饱腹感；并且含有丰富的优质蛋白质，可以帮助减缓肌肉流失甚至增加肌肉。在每顿饭开始的时候，先吃肉，然后吃蔬菜，最后再去吃主食，你也许会发现你吃不下以前那么多的主食了。这样也许可以帮助你在不改变食物的情况下减少一些热量摄入。

❸ 吃很多蔬菜

吃很多的蔬菜可以帮助你增强每一顿饭带来的饱腹感，从而减少其他高热量食物的摄入。并且蔬菜会为身体提供很多的纤维素和微量元素，对于想要减脂减重的人来说，也是非常必要的。有一种说法是，体内脂肪是储存毒素的地方，因为脂肪不太会参与代谢过程，所以身体会把遇到的毒素马上储存在脂肪里。而在你开始减少脂肪的过程中，这些被储存的毒素会被释放出来，因此在减脂过程中补充一些微量元素，有助于帮助身体排出这些毒素。

❹ 吃蛋白质和脂肪丰富的早餐

把肉和坚果作为早餐是查尔斯·波利金非常推荐的一种饮食方法，他说："早上第一个放进嘴里的东西，应该是真正的食物，它能给你的一整天提供更好的支持。"肉可以缓慢提升血糖，避免吃碳水化合物后的犯困。坚果则提供了许多健康的脂肪。特别对于减脂来说，经过未进食的一宿，身体的分解代谢水平开始提升，正是消耗脂肪的时候，如果这时候增加碳水化合物的摄入，则会让身体开始转而更多地利用糖原来提供能量。

如果你在早餐时吃不下太多的肉，那就循序渐进，从吃一小块开始，饮食习惯的调整也需要让身体慢慢适应。如果你还是无法改变对传统早餐的执念，那么就选择鸡蛋、蛋白粉、奶酪作为早餐，或者吃用椰子面粉和蛋白粉做的不含糖的华夫饼或者面包。如果你对坚果过敏，那就利用其他的健康脂肪来替代坚果，比如黄油、牛油果等。

尝试这种早餐方式一段时间，看看你的身体和精神会发生什么变化。

❺ 根据活动调整碳水化合物摄入

尽管我们说过只要建立热量缺口，无论是高碳水低脂肪比例或者低碳水高脂肪比例的饮食，还是中等碳水中等脂肪比例的饮食都会为身体带来改变。但如果你采用不计算热量的饮食方法，那么限制碳水化合物的摄入可能会是一个较好的饮食手段。因为碳水化合物含量高的食物随处可见，并且相比于脂肪和蛋白质，碳水化合物会更容易让我们吃过量，导致我们在无意识的进食情况下摄入更多热量。大多数人变胖的原因，也许正是这个。

你应该围绕你的训练进食碳水化合物，不训练就不进食碳水化合物。你可以从在训练前、后都进食碳水化合物开始，逐渐过渡到只在训练之后进食碳水化合物。你要特别注意，这里所说的训练是指有一些强度的训练，比如各种力量训练或者 HIIT，而不是慢跑这种低强度的活动。因为你会在训练中消耗你的糖原，并且你进食的碳水化合物恰好会补充你训练过程中所消耗的糖原。

这会是一种比较容易进阶的不计算热量的减脂饮食方法。如果你从没有在某一顿饭中减少过对碳水化合物的摄入，或者在某一段时间内只进食蛋白质和脂肪，直接应用这种饮食方法可能会让你产生非常强烈的不适感。这可能会让你感觉到非常想吃东西、非常饥饿难耐，这其实是你血糖过低的一种表现。像前文提到的，这也说明你的身体代谢不太灵活，在碳水化合物摄入缺席的情况下，身体无法转而利用脂肪提供能量。

你还要注意，当我们说减少对碳水化合物的摄入的时候，其实也是指脂肪摄入的比例更高，反过来也一样。这意味着如果你在远离训练的时候没有进食碳水化合物，就需要适当增加一些脂肪的摄入，避免热量缺口太大。如果你在训练前后为了训练而进食碳水化合物，那么此时你也需要相应减少脂肪的摄入。

举例来说，在远离训练的时候，你可以选择黄油煎牛肉加上橄榄油炒的蔬菜作为一餐；而在训练后，你的选择可以变成炖鸡肉和白米饭，如果你愿意可以增加一些水煮蔬菜。

❻ 碳水化合物和脂肪只选择一种

这和上一条饮食原则非常类似，但这种方法不会特别限制进食碳水化合物的时间。因为很多美味的食物都同时包含着高碳水化合物和高脂肪，非常容易让我们吃过量，所以通过这种方法可以限制一些食物选择和热量摄入。像前面提到过的，当你选择煎牛肉和炒蔬菜的时候已经增加了脂肪的摄入，就不要再增加任何碳水化合物的摄入了；如果你选择在这一顿饭中吃一些碳水化合物，那么就再选择一些低脂肪的食物。总之，你可以在任意时间，交替顺序进行营养素的组合，要么是蛋白质和碳水化合物的组合，要么就是蛋白质和脂肪的组合。

❼ 吃固定的食物

有研究显示，食物可选的种类更多时，食物消耗量就会增加，并且更多的食物种类和体重及脂肪的增加有关。也就是说，进食相对固定的食物容易让我们摄入更少的热量，更多的饮食变化容易让我们摄入更多的热量。而且在不计算热量的饮食方式中，如果你不把握好每天的食物种类，就会很难对饮食进行调整和改变。比如像"肉和坚果"的早餐就是一种固定食物种类的方法，但你也不一定需要完全限制住食物的类型，比如可以利用类似的食物进行替换。如果你选择每顿饭都吃肉、蔬菜、主食，那么可以每天在不同的肉类中选择一种，如牛肉、猪肉、鸡肉、鱼肉等；在不同的蔬菜中选择一种，如西蓝花、菠菜、菜椒、胡萝卜等；在不同的主食中选择一种，如红薯、芋头、玉米、米饭等。这样既可以增加饮食的变化，又能使其相对固定，便于进行调整。

❽ 约束进食或禁食的时间

间歇性断食是指你可以选择在一些时间段进食或者禁食，比如在晚上 5 点以后不再吃东西，或者只在几小时的时间段内进食等。这是通过约束进食的时间来减少热量摄入的一种方法，实际上我们睡眠时也在间歇性断食。虽然有人认为间歇性断食能带给身体神奇的效果和好处，但研究发现，其产生的所谓的效果和正常限制热量摄入的饮食方法带来的效果没有区别。这只是另一种减少热量摄入的方法，如果你正在使用不计算热量的饮食方法，你可以试着约束自己进食或禁食的时间。

❾ 自己做饭

如果你不做饭，就不会对食物产生更具体的概念。那些可以管理好饮食、得到更好身材的人，通常都会自己做饭。自己做饭，你会开始对食物的选择有概念，因为估计没有人愿意吃不新鲜的食材。你会开始对食物的数量和质量有意识，如果这时候你同时开始留意体重，那么这些意识会对你长期管理体重提供非常多的帮助。别说你没有时间做饭，你总会有时间，只是你现在还不愿意优先把时间花在做饭上而已。一开始也许你会发现做饭比较难以实行，但就像其他事情一样，随着你的技巧越来越熟练，你做饭也会越来越有效率。也许你只需要每天花一点时间就可以做出一整天的食物，或者只需要每周专门花半天时间就能做出一整周的食物，这种方法在健身领域中被称为饮食备餐（Meal Prep）。也许你还会在做饭的过程中发现乐趣。

增肌饮食

为了最大化地增长肌肉，关注饮食营养是必不可少的。我们不是通过训练让肌肉得到生长的信号之后就可以促进肌肉增长，我们还需要为肌肉增长提供其需要的能量和营养支持。增肌饮食中常见的问题包括到底需不需要热量盈余，减脂的同时可不可以增加肌肉，吃多少蛋白质，以及碳水化合物和脂肪的选择比例等，下文会让你有清晰的理解和思路。

脂肪无法转化成肌肉

这个问题的答案其实来自我们的常识。虽然开始健身训练的人应该都知道这个问题的答案，但可能还有一些人不知道。你无法将体内的脂肪转化成肌肉，因为这是两种不同的身体组织，有着不同的功能和目的。

实际上，当人们说"脂肪转化成肌肉"的时候，其实是指在减少脂肪的同时增加肌肉，这种情况是可能的，但这种情况的发生并不是因为脂肪细胞转化成了肌肉细胞，而是脂肪细胞变得更小，肌肉细胞变得更大了。这两个过程可以同时发生，所以可能看起来像是脂肪转化成了肌肉。

减脂的同时增肌

减脂的同时增肌，这几乎是所有人都希望达到的目的。像前面提到的，二者的确可以同时实现，并且不仅限于健身新手和超重肥胖的人群。要促进这种身体成分重组的变化，重要的是循序渐进地进行力量训练，并且保证饮食中有足够的蛋白质，再加上足够的耐心。另外，在维持体重的状态下保持热量平衡，也就是不要有热量盈余，是同时进行这两件事情的关键。

具体来说，每日的蛋白质摄入量应该大于进行减脂饮食时每日的蛋白质摄入量，因为蛋白质相比于其他两种营养素，有着更高的食物热作用，而且这时候我们不仅仅是希望保留住肌肉，而是要尽可能促其生长，所以需要保持每千克体重摄入2.2~3.3 克的蛋白质。当食用超过推荐范围的蛋白质时，即使在热量盈余的情况下也可能会帮助减少身体脂肪，但你需要注意，这里说的是蛋白质热量盈余而不是碳水化合物和脂肪热量盈余。

除此之外，你需要进行力量训练来增加肌肉，保持每周至少进行 3 次以上力量训练。足够的训练量、足够的训练强度，并且在训练上渐进超负荷，保证训练之间足够的恢复时间，保证每天的睡眠数量和质量，比如每天保证 8 小时的睡眠。你也可以应用一些在后文将会提到的营养补充剂，比如蛋白粉和一水肌酸，来帮助你达到减脂的同时增肌的目的。

热量盈余

虽然可以在减脂的同时增肌，但单纯就热量盈余这件事情来说，即使在不进行力量训练的情况下，摄入过量的热量本身就能够有效地刺激合成代谢。研究显示，在热量盈余的情况下结合力量训练，瘦体重的增加量有可能占所有增加体重的 38%~46%。

但这并不意味着可以无节制地进行热量摄入。就像很多其他事情的平衡一样，当摄入的热量超过一个临界点之后，过多的热量将会对肌肉增长产生不利的影响。

训练经验较少的人，可以从每天大约 2000 大卡的热量盈余中获益，并且在所增加的体重中获得更大比例的肌肉增长；而对于有良好训练经验的训练者来说，每天 500~1000 大卡的热量盈余是增长肌肉的更好选择。不同人群之间存在这种区别，是因为刚开始接触健身训练的训练者有着更高的肌肥大潜力和更快的肌肉生长速度，这意味着更多的能量和物质会用来帮助增肌。

三大营养素的摄入量

除了保持热量盈余之外，如何安排三大营养素的摄入量也是需要重点考虑的。如果你想要使你的增肌效果最大化，就需要具体了解该如何安排蛋白质、碳水化合物和脂肪的摄入量。

❶ 蛋白质

《中国居民膳食营养素参考摄入量（2023 版）》中对蛋白质的每日推荐摄入量是 18 岁成人男性（参考体重代表值 65 千克）65 克，30 岁成人男性（参考体重代表值 63 千克）65 克，50 岁成人男性（参考体重代表值 63 千克）65 克。18 岁成人女性（参考体重代表值 56 千克）55 克，30 岁成人女性（参考体重代表值 55 千克）

55 克，50 岁成人女性（参考体重代表值 55 千克）55 克。这些推荐量大致相当于每天每千克体重摄入约 1.0 克的蛋白质，这是基于参考体重代表值来计算的。但对于那些进行健身训练的人士，特别是想要使肌肉增长最大化的健身爱好者来说，每天每千克体重至少需要摄入 1.6 克的蛋白质，这是膳食指南中蛋白质每日推荐摄入量的 1.6 倍。这些更多的蛋白质，需要被用来抵消运动过程中的氨基酸氧化和修复锻炼导致的肌肉损伤。而蛋白质摄入的反应高峰大约出现在每天每千克体重摄入 2.2 克时，这意味着超过这个标准，补充更多的蛋白质并不会进一步促进肌肉组织的发展。

因此如果你是健康并且活跃的人群，希望增肌，那么蛋白质摄入目标会是每天每千克体重摄入 1.6~2.2 克。提高蛋白质摄入量达每天每千克体重摄入 3.3 克的程度，也许会帮助那些有经验的训练者在增肌期间，尽可能减少身体脂肪的增加。

这些蛋白质摄入标准是根据体脂率在 10%~20% 的男性和女性的数据得出的，如果按照瘦体重的方式来计算，那么蛋白质摄入参考会调整为每天每千克体重 2.0~2.6 克。

蛋白质的质量也需要被考虑进来，我们通常按照蛋白质的氨基酸成分和数量来判断蛋白质的质量。包含 9 种必需氨基酸的完整蛋白质是支持身体增长肌肉的关键，而那些不包含所有必需氨基酸的蛋白质被称为不完整蛋白质。几乎所有的动物蛋白质都是完整的蛋白质，而植物蛋白质通常都是缺乏某些必需氨基酸的不完整蛋白质。因此如果你是素食主义者，或正在从植物中获取大部分蛋白质，那么你的蛋白质需求量可能会更高，因为植物蛋白质在生物利用度方面通常不如动物蛋白质。

❷ 碳水化合物

碳水化合物是身体必要的营养素，对于使肌肥大效果最大化来说，饮食中包含碳水化合物是一个合理的饮食逻辑。在进行中等次数的抗阻训练中，大约 80% 的能量都是以糖酵解的方式产生的。通过在饮食中减少对碳水化合物的摄入，会显著减少肌肉中所储存的葡萄糖，但这也会导致肌肉在高水平力量输出过程中的持续能力下降，导致你在增肌训练中只能完成有限的训练量。

虽然饮食中的碳水化合物会提高运动表现水平，事实上只有中等含量的碳水化合物才会带来这样的益处。一项研究显示，摄入的饮食中碳水化合物含量为 65% 的人群，在利用 15RM 进行的 15 组下肢训练中，没有比摄入的饮食中碳水化合物含量为 40% 的人群有更好的效果。另一项研究显示，摄入的饮食中碳水化合物的含量为 70% 的人群相比于摄入的饮食中碳水化合物的含量为 50% 的人群，没有提高相对的运动表现，但摄入的饮食中碳水化合物的含量为 25% 的人群显著减少了达到力竭的时间。

所以也许可以这么理解，摄入碳水化合物使身体储存足够的葡萄糖可能是碳水化合物的摄入标准。但具体摄入多少碳水化合物会达到这个效果，取决于体型大小、不同来源的碳水化合物、不同的训练量。

碳水化合物的摄入会影响身体激素的产生。研究显示，实验组和对照组男性都食用同等总热量的饮食，实验组男性食用高碳水化合物的饮食，对照组男性食用低碳水化合物的饮食，10 天之后实验组男性显示出更高水平的睾酮水平和更低水平的皮质醇浓度。

对于大多数健身爱好者来说，每天每千克体重摄入 3 克的碳水化合物，可以作为一个最低的摄入标准。如果你有个人的饮食偏好，或者发现摄入更多的碳水化合物会让你有更好的训练反应，那么可以增加到每天每千克体重摄入 4~7 克的碳水化合物。

❸ 脂肪

低脂饮食的流行让很多人害怕脂肪，但其实脂肪也是支持身体功能的重要营养素。它在身体中的作用包括通过缓冲来保护身体内部器官、帮助吸收维生素、构成细胞膜、促进激素产生等。

饮食中的脂肪似乎对抗阻训练的运动表现只有很少的帮助。在碳水化合物的介绍中我们提到了，进行抗阻训练时的主要供能系统是无氧代谢系统，糖酵解是在进行中等次数、多组数训练中的主要供能系统。虽然肌肉间的甘油三酯的确会在抗阻训练中提供一些额外的能量，但脂肪对于无氧训练的贡献几乎可以不予考虑。

但脂肪的摄入会对睾酮浓度产生影响。研究显示，低脂肪饮食会和中等程度的睾酮减少有所关联。而饮食中脂肪和激素产生的相互影响是非常复杂的，也和总能量的摄入、营养素的比例，甚至饮食中摄入的脂肪类型有关系。而且，还有证据显示，高水平的饮食脂肪摄入还会抑制睾酮的浓度提高。由此看来，和碳水化合物的摄入一样，饮食中脂肪的摄入也需要一个下限和上限，以达到最佳的睾酮生产水平。

不同类型的饮食中，脂肪的摄入也会对身体成分产生直接的影响，比如 ω-3 脂肪酸就被认为在蛋白质代谢过程中有着特殊的作用。总之，就像碳水化合物的摄入量参考一样，脂肪的摄入量参考通常是一个下限范围，而不是像蛋白质那样有摄入参考的上限和下限。对于脂肪摄入的考量应该放在计算蛋白质和碳水化合物的热量之后，以此来帮助你达到每日热量盈余。只要你处在热量盈余的情况下，你的脂肪摄入应该很容易满足下述的脂肪摄入参考范围。

每天每千克体重摄入 1 克的脂肪可以作为每天的最低摄入标准，来保证激素水平不会受到低脂肪摄入的影响。并且你似乎应该更多地关注不饱和脂肪酸的来源，因为不饱和脂肪酸不仅对于维持正常的生理功能非常重要，似乎也对使肌肉蛋白质的合成最大化很重要。这里给出参考数据：男性每天摄入 1.6 克或以上的 ω-3 脂肪酸，女性每天摄入 1.1 克或以上的 ω-3 脂肪酸。

蛋白质：每天每千克体重摄入 1.6~2.2 克。

碳水化合物：每天每千克体重摄入 3.0 克或以上。

脂肪：每天每千克体重摄入 1.0 克或以上。

进食频率

研究显示，在喝下蛋白粉或者摄入其他高蛋白的食物之后，肌肉蛋白质合成（Muscle Protein Synthesis）速率会在 2 小时之后达到峰值。根据这些信息，如果在早上 10 点左右喝下蛋白粉，那么肌肉蛋白质合成速率会在中午 12 点左右达到峰值。这种延迟效果的出现正是因为身体需要把完整的蛋白质消化、吸收和转运。

这些由蛋白质分解的氨基酸被运输到肌肉中后，它们还需要经过很多个步骤才可以开始真正制造新的蛋白质。有些人可能会想，如果知道了肌肉蛋白质合成速率大约会在 2 小时之后达到峰值，这是否意味着我们需要每天每隔 2 小时就吃一些蛋白质？

其实并不是这样的。有一个叫作肌肉饱和效果（Muscle Full Effect）的概念，是说你在摄入一次蛋白质之后，血液中升高的氨基酸水平需要先降回基准值，然后才会为下一次蛋白质摄入带来更敏感的效果。也就是说，你可能认为每 2 小时吃一些蛋白质就会带来更好的肌肉蛋白质合成效果，但身体不是那样运转的。似乎每天摄入 3~5 次高蛋白质的食物，才是最大化地刺激肌肉蛋白质合成的最佳频率。

一次消化的蛋白质所能带来刺激肌肉蛋白质合成的效果，也有一个上限。也就是说，在一顿饭中或在一整天内，即使消化过量的蛋白质，肌肉蛋白质合成速率提高到一定水平之后并不会继续增加。当这样的情况发生时，也就是肌肉蛋白质合成并不会继续因为血液氨基酸水平的提高而进一步提高时，我们可以说骨骼肌对于这种刺激开始耐受了。

有一项研究采取了对实验者身体直接注入氨基酸的实验方式，来测试肌肉蛋白质合成速率的变化。这和我们吃常规的蛋白质食物类似，因为蛋白质都会分解为氨基酸进入血液，来提高血液中的氨基酸水平。当研究人员给实验者连续注射了 6 小时的氨基酸时，结果显示身体整体的肌肉蛋白质合成速率峰值相比于基准值提高了 3 倍，但是肌肉蛋白质合成速率的波动时间非常有意思。肌肉蛋白质合成速率在开始注射后的 0.5 小时左右开始提高，在 2 小时达到顶峰，然后很快降回基准值并且在后面的 4 小时内保持不变。

尽管血液中的氨基酸在 6 小时内都维持在高水平，但肌肉蛋白质合成速率只在约 1.5 小时内提高了。这表明了骨骼肌的耐受反应，说明肌肉蛋白质合成有一个上限。骨骼肌的这种耐受反应，对于我们在增肌时决定最佳的蛋白质进食频率有着很重要的意义。当我们为了增肌而进食蛋白质的时候，我们希望尽可能高效地利用蛋白质来提高肌肉蛋白质合成速率。但似乎在再一次进食蛋白质来最大化地提高肌肉蛋白质合成之前，血液中的氨基酸需要先降回基准值，才能更好地提高肌肉蛋白质合成速率。

如果进食高蛋白质的食物太频繁，很可能会激发上述的"肌肉饱和"效果。所以如果你想要使你的增肌进程最大化，根据目前所了解到的信息，我会建议你采取每天大约 4 次的进食频率，每次平均分配一天的蛋白质总量。比如你每天计划进食 4 次，每次摄入蛋白质的标准为每千克体重摄入 0.4~0.55 克蛋白质，来满足每天每千克体重摄入 1.6~2.2 克蛋白质的目标。这种进食频率策略确保了身体会在一整天中持续处于合成代谢的状态下，并且很好地利用了骨骼肌在抗阻训练后产生了肌肉蛋白质合成速率提高的反应。

进食时机

选择合适的进食时机是使训练反应最大化的一种饮食策略。健身训练者熟知的关键进食时机应该是训练结束之后，这被称为训练之后的合成窗口期。有研究者提出在训练结束之后的 1 小时之内进行营养补充会增强肌肉增长的效果，并且根据这种理论，他们还提出在这种合成窗口期之外的进食会对肌肉发展有负面影响的说法。

❶ 蛋白质

参考众多文献资料可知，即使蛋白质的进食时机对肌肥大有影响，影响也相对较小。虽然很多研究都支持在训练之后进行营养补充会急剧提高肌肉蛋白质合成速率的说法，但研究并未证明蛋白质进食时机对于肌肥大效果有长期的影响。但反过来说，也没有发现这种特定进食方式的明显坏处，所以如果你期待最大化的肌肥大效果，那么在辛苦的训练结束之后马上进行蛋白质营养补充能给你带来的好处可能远远大于坏处。

睡前马上进食蛋白质也被提出可以增强合成代谢的效果，特别是利用酪蛋白作为睡前主要补充的蛋白质，因为这种蛋白质具有缓慢消化并且持续在睡眠过程中释放的特点。但研究文献提出，这种睡前进食蛋白质所增强的合成代谢的效果，似乎是通过达到每日蛋白质摄入目标而得到的，睡前不是特别的进食时机。总之，如果这种进食安排方式可以让你满足每日蛋白质摄入目标，那你可以继续运用，而事实上是不是必须在睡前的特定时间进食似乎就不是那么重要了。

❷ 碳水化合物

除了对于增长肌肉尤为重要的蛋白质摄入时机，碳水化合物的摄入时机也是众多健身训练爱好者所关注的。在训练之后补充蛋白质的同时补充碳水化合物，被认为可以促进肌肥大的效果。这种假设的依据是碳水化合物会激发胰岛素的释放，从而促进合成代谢。尽管胰岛素的确具有促进合成代谢的特性，一些研究表明，胰岛素在调节蛋白质合成过程中不具有刺激源的作用。

胰岛素对身体肌肉发展的影响，主要与胰岛素会帮助减少肌肉分解有关。但具体需不需要在训练之后激发胰岛素的释放，取决于训练前的进食情况。通常在一次混合食物的摄入之后，胰岛素的浓度会持续升高 1~2 小时，并且会保持在高水平 3~6 小时，具体的时间长短取决于那一次摄入食物的数量。所以，只有在训练前没有进行营养补充的情况下，才需要在训练之后快速逆转身体的分解代谢过程。

还需要注意的是，氨基酸也会产生高胰岛素的反应。一份 45 克的分离乳清蛋白就可以有效促进胰岛素的产生来使肌肉蛋白质的净平衡最大化，所以在通过摄入氨基酸达到这样的效果之后，额外增加碳水化合物的摄入来进一步刺激胰岛素水平的升高，对于肌肥大效果的影响没有太多意义。

在训练之后是否需要补充碳水化合物的另一个考量应是，是否需要快速补充在训练中消耗的肌肉糖原。有证据显示，在训练之后马上补充碳水化合物会显著加快肌肉糖原的恢复速度，而在训练之后 2 小时再补充碳水化合物会减弱高达 50% 的肌肉糖原合成效果。特别是在进行肌肥大类型的训练时，糖原对于训练表现水平的影响尤为明显，也就是说，由于枯竭的糖原而导致的训练表现水平下降会影响肌肉增长最大化。

即便如此，在实际训练之后快速补充糖原，似乎对大多数训练者来说不是那么重要。因为即使糖原在训练中完全耗尽，不管是在训练之后马上补充碳水化合物还是延迟补充，身体都会在 24 小时之内补充好那些消耗的糖原。特别是那些每天可以摄入足够碳水化合物的人群，对于糖原的恢复速度不需要进行过多考虑。所以相比于碳水化合物的摄入时机，摄入总量是那些想要增长肌肉的人更应该关注的因素。但是对于那些需要在一天中对同一个肌肉群进行两次训练的人来说，训练之后快速补充糖原可以作为一个需要仔细考虑的营养策略。

❸ 合成窗口期

科学研究显示，所谓的合成窗口期要远大于训练之后的 1 小时，训练之后的合成窗口期时长也取决于训练前的进食。如果在训练前摄入了富含蛋白质的食物，那么就会相应延长训练之后的合成窗口期时间；相反，如果空腹进行训练，那么在训练之后马上补充蛋白质来提高合成代谢就变得更加重要。因此对于肌肉增长最大化的营养补充时机，我们需要考虑到整个训练过程的前、中、后 3 个时间周期。

综合以上信息，对于肌肉增长效果最大化，在训练前后都补充高质量的蛋白质是非常关键的。在训练前和后的两餐中，每千克瘦体重补充 0.4~0.5 克的蛋白质，并且两餐间隔 4~6 小时，而具体的间隔时间由进食数量来决定。对于那些会空腹进行训练的人来说，可以在训练之后立即以每千克瘦体重补充 0.4~0.5 克蛋白质的标准，来快速逆转身体分解代谢的过程。那些一天会进行两次训练的健身训练爱好者或者专业训练人士，应该在训练之后 1 小时内以每千克瘦体重补充 1.0~1.5 克碳水化合物的标准进行补给。

健身又爱喝酒

很多人会咨询喝酒会不会对健身训练的效果产生影响，其实大多数人这样问的时候，就是抱着侥幸的心理，想要在健身训练的过程中摄入更多酒精。健身行业似乎对于酒精持有两种态度：一种是那些非常重视自己运动效果和目标的人提出的，他们认为应该完全避开酒精；另一种则认为，在适度饮酒并且做好热量控制的情况下，酒精不会影响健身。

酒精对健身的实际影响应该会处于这两种极端之中。

我们首先需要知道并记住的就是，根据具体的饮用程度，酒精会产生连续性的不同的影响。每周喝 1 瓶啤酒和每周喝 4 瓶啤酒的情况完全不一样。你喝得越多，酒精对于健身的影响就越大。

对于大多数大众健身人群来说，每周饮用 1~2 次共计 1~3 杯的酒精饮品应该不会对健康、身体成分和运动表现产生太大的影响；如果达到中等饮用量，比如每周饮用 3~10 杯的酒精饮品，即使单次的饮用量比较少，比如每次 1~3 杯，也可能对身体成分产生影响。但在这个饮用程度上，健康似乎不会太受到影响，所以很多人愿意通过那一点身体成分的变化来换取更多的酒精摄入。如果每次饮用超过 4 杯或更多的酒精饮品，那么其对于健康和健身目标的威胁就更加严重了。

具体来说，酒精对于健身过程各个方面的影响如下。酒精会通过各种途径降低肌肉增长速率。一些途径和雌激素以及睾酮的生产有关，一些途径和肌肉蛋白质合成有关。你喝得越多，你能增长的肌肉就会越少。比如有一项实验的内容是，在训练之后分别为不同组安排不同的训练后补充物，观察训练后进行酒精摄入是不是会影响训练后的肌肉蛋白质合成。结果显示，在训练之后同时饮用酒精与蛋白质的混合物质，相比只饮用蛋白质，所抑制的肌肉蛋白质合成高达 24%。也就是说，如果你的目标是使肌肉增长最大化，那么在训练之后饮用酒精显然不是一个好主意。

如果你想要在远离训练的时间段饮用酒精，那么饮酒所带来的额外热量摄入则是你需要考虑的。特别是如果你想要减少脂肪的话，额外的酒精摄入很可能让你更难处于一个热量缺口中。当你饮酒时，你身体里大多数细胞会倾向于先燃烧这些酒精作为身体的主要燃料，然后才会选择碳水化合物和脂肪的混合物作为燃料。也就是说，如果你处在维持体重的热量状态下，或者处在热量盈余的饮食状态下，你的身体不会那么有效地燃烧你摄入的其他热量，所以这些热量就会更容易形成你身体里的脂肪。当你处在热量缺口、饮食热量摄入不足的情况下，若你摄入酒精也意味着你的身体不会继续燃烧体内的脂肪，而是优先使用那些摄入的酒精作为能量，你的减脂过程会停滞，并且会增加肌肉流失的可能，这对减脂的人来说是双重打击。

很多人可能会认为酒精是碳水化合物含量低或者是不含碳水化合物、没有能量的物质，其实酒精的热量几乎高达每克 7 大卡，一小杯的烈酒就包含大约 80 大卡的热量。这种液体的热量不会带来很多饱腹感，同时还会降低人的控制能力，所以在饮酒之后，人们更可能做出糟糕的食物选择和生活选择。在这个时候，人也很容易选择饮用其他的带糖饮料，这些额外摄入的热量会直接对身体成分产生不利影响。

如果你正处在减脂过程中又非常想要饮用酒精，那么小剂量或中等程度的饮用是可以被接受的，只要你把酒精的热量计算在每天的热量摄入之中，这样通过减少摄入一些食物热量的方式可以使你喝上几杯。

另外你需要知道的是，饮用大量的酒精除了会抑制蛋白质的合成和脂肪的氧化，还会抑制睾酮的水平，而睾酮对我们的主要作用被斯坦福大学的神经科学家描述为"让我们努力的过程感觉更好"。

总的来说，如果饮酒是你的生活习惯，那么不必完全戒掉。至于具体饮用多少会开始对身体产生负面作用，你可以把喝醉作为一个判断标准。如果你喝到感觉有点醉了，那就意味着酒精可能会开始对身体成分产生负面作用了。你可以在进行饮食计划和训练方案的时间之外，尝试在可能带来最小影响的阶段安排饮酒。比如在度假或者聚会时，或者在那些不打算开始减脂或增肌的时间段饮酒，这也许会让你享用酒精并且在健身训练中也取得效果。

虽然这里提供了一些具体的饮酒策略，也许它们可以尽可能减少酒精带来的负面影响，但你也需要明确，有时直接禁酒会是一种更好的选择。

营养补剂指南

大多数人开始接触健身训练的时候，首先会问："我是不是也要吃营养补剂？"

大多数人都对营养补剂很感兴趣，似乎认为吃营养补剂可以给自己的训练带来更好的效果。再加上一些营养补剂品牌夸张的宣传方式，比如"快速燃脂""提高代谢""促进肌肉增长"，让人听到就感觉自己吃了马上就能瘦、就要长肌肉了。

事实上，很多关于营养补剂的研究在实验组和对照组之间没有发现显著的区别。有可能就是，实验组减少了3%的身体脂肪，而对照组只减少了2%的身体脂肪，然后营养补剂公司就宣传说，自己的产品可以提高50%的燃脂效果。当然，从数据上说这完全没错，但提高的50%的效果只减少了1%的身体脂肪，这其实不是一个大的区别，因为这1%非常不明显。

营养补剂公司非常善于利用这种策略进行品牌宣传。即使那些声称可以显著提高男性身体激素水平的睾酮补剂，其实也只会在身体成分上产生微小的差异。本节的目的是帮助你建立使用营养补剂的概念，如果你想要深入了解某个营养补剂如何使用，可以在很多专业的网站上找到答案。这些网站上有营养学专业人士汇总的不同的科学资源，来帮助你深入了解某个营养补剂。

总之，营养补剂之所以被称为补剂，是因为它是用来弥补日常饮食中摄入不够的营养素的。没有一种补剂可以弥补不良睡眠、不良饮食和不良生活习惯带来的负面影响。如果你在这些方面做得不够好，感觉身体疲劳、训练状态不好，那么这时候想利用刺激运动表现和精神的营养补剂来提升你的训练表现水平，也许只会给身体带来更多负面的影响。

从另一个角度来说，那些愿意将钱花在营养补剂上的训练者反而通常不会得到更好的训练效果。这并不是因为营养补剂没有太多效果（虽然大多数情况的确就是这样）而是那些愿意花费金钱购买营养补齐的人，可能更多地想要在短期内取得效果，而不是有耐心地长期坚持训练。记住，健身训练不是100米冲刺跑，而是一场马拉松，关键不是某一段跑得有多快，而是谁可以以良好的速度坚持更久。

乳清蛋白

蛋白粉可能是人们在谈到营养补剂时首先会想到的产品，作为一种方便我们补充蛋白质的物质，蛋白粉可能不能完全被称为营养补剂。我们通常提到的蛋白粉，大多是由乳清蛋白制作而成的。

乳清蛋白是从牛奶中提取的高质量的蛋白质，称其为高质量的蛋白质是因为乳清蛋白有着非常高的经消化率修正的氨基酸评分（Protein Digestibility Corrected Amino Acid Score，PDCAAS），以及亮氨酸含量。经消化率修正的氨基酸评分是一个蛋白质消化吸收率校正评分质量的评价指标，借助衡量蛋白质的消化率及其是否能够满足人体的氨基酸需求而对不同的蛋白质进行评分。

亮氨酸是支链氨基酸的一种，是负责激活哺乳动物雷帕霉素靶蛋白（Mammalian Target of Rapamycin，mTOR）信号通路和触发肌肉蛋白质合成的氨基酸。事实上，蛋白质中的亮氨酸含量可能是决定这个蛋白质的合成代谢效力的最重要因素。大多数的蛋白质只含有大约 8% 的亮氨酸，这些蛋白质来源于动物、米、豆等，而乳清蛋白则有着大约 11% 的亮氨酸含量。

市面上乳清蛋白的种类通常有以下 3 种：浓缩乳清蛋白（WPC）、分离乳清蛋白（WPI）和水解乳清蛋白（WPH）。

浓缩乳清蛋白的精制程度比较低，因为它是通过对牛奶进行离心操作，将脂肪分离出来，然后添加酸以将不溶性的物质（酪蛋白）与可溶性的物质（乳清）分离，将可溶性的物质浓缩起来后得到的。浓缩乳清蛋白的味道很好，并且富含生物活性成分，对免疫功能有很多积极的影响。

分离乳清蛋白是通过将浓缩乳清蛋白进行额外的过滤制成的。和浓缩乳清蛋白的蛋白质含量只占重量的约 80% 相比，分离乳清蛋白的蛋白质含量更高，可以占重量的 90%，并且碳水化合物和脂肪的含量更低。分离乳清蛋白中降低了乳糖和其他成分的影响，对很多人来说更容易消化。实际上，很多人都不能很好地消化纯的浓缩乳清蛋白，所以分离乳清蛋白是一个好的选择，但分离乳清蛋白的缺点就是比浓缩乳清蛋白贵很多。

水解乳清蛋白则是利用酶促进蛋白质水解而形成的，我们可以理解成这个过程是在将乳清蛋白切成短小的碎片，所以大多数人都非常容易消化水解乳清蛋白。水解乳清蛋白的缺点是价格比分离乳清蛋白更高，并且由于在制作过程中提前加入的酶会导致生物活性降低，其味道也不如浓缩乳清蛋白和分离乳清蛋白。

每次补充 20~30 克的乳清蛋白就可以帮助大多数人提高肌肉内的蛋白质合成速率，有些肌肉发达、体重基数较大的训练者可能需要每次补充 40 克左右。你可以自行决定是否需要使用乳清蛋白来满足自己每日的蛋白质摄入目标。有些人声称在特定的时间段摄入乳清蛋白会有神奇的效果，实际上这只是一种高质量的蛋白质，和你选择其他高质量的蛋白质没有什么区别。

蛋白粉的具体使用可以参考健身领域营养专家埃里克·塞拉诺（Eric Serrano）的建议。

- 限制使用蛋白粉的频率，以食物为蛋白质的主要来源。
- 如果使用蛋白粉，经常更换蛋白粉的种类，例如轮流选择乳清蛋白粉、酪蛋白粉、豌豆蛋白粉等。
- 如果进食蛋白粉后产生肠胃不适的症状，可以尝试选择进食必需氨基酸类补剂。
- 蛋白质需要和脂肪一起摄入，避免单独进食蛋白质后犯困。

肌酸

肌酸可能是所有营养补剂中最有效的一种，有超过 1000 篇已发表的研究文献证明了肌酸的有效性。肌酸似乎会通过多种机制来起作用，其最突出的一个作用是提高肌肉中磷酸肌酸的浓度，来帮助增强无氧运动的能力。

肌酸也是唯一被证实可以直接帮助增肌的营养补剂，对那些正在进行饮食控制的人会很有帮助。肌酸可以帮助他们增加瘦体重、增强力量，在健身训练中表现得更好，并且会更好地抵抗运动疲劳。

许多营养品公司都会不断推出新形式的肌酸产品，试图用更高的价格售卖本来价格低廉的肌酸。虽然一些新型的肌酸产品声称会带来更好的效果，但事实上还没有证据表明这些产品会比传统的肌酸产品（一水肌酸）更好。所以如果想要选择肌酸产品来作为自己的营养补剂，久经考验的一水肌酸还是值得考虑的。

就像其他营养补剂一样，虽然肌酸会对大多数人有效，但大约有 30% 的人可能是无反应者，也就是说这些人在服用肌酸之后没有效果。这种现象其实也不奇怪，很多人都会对一些物质没有特别的反应。对于肌酸来说，可能那些无反应者的肌肉细胞中已经有了不错的磷酸肌酸水平，进一步补充也不会产生额外的好处。所以如果你认为补充肌酸对你没有很大的帮助，也别太过担心，也许你已经有很高的磷酸肌酸水平。

如果你在进行饮食控制时补充了肌酸，可能会发现体重在短期内有所增加。这并不是你体内的脂肪增加了，而是细胞内的水分有所增加，也可能是瘦体重增加了。所以如果你打算在减重减脂时期使用肌酸产品，希望你不要被可能会增加的体重烦扰。

在决定使用肌酸之后，你需要利用磷酸肌酸使肌肉细胞饱和，来得到使用肌酸的真正好处。你可以选择以下两种方法补充肌酸。

一种方法是在前 5 天每天服用 20~25 克肌酸，之后就每天服用 3~5 克肌酸来维持。这种方法会让你的细胞肌酸含量在一周内达到饱和，但很多人可能因为高剂量的肌酸而出现肠道不适。另一种方法就是每天服用 3~5 克肌酸，你不用像第一种方法那样进入高剂量阶段，但你的细胞需要 4 周左右的时间才可以充满肌酸。采用这种方法需要花更多时间来达到细胞肌酸含量饱和，但产生胃肠不适和腹胀的可能性也会比较小。

这两种方法都会得到一样的结果，你可以选择适合你的补充策略。如果你是在开始进行饮食控制时第一次使用肌酸产品，那么在选择高剂量方法之前最好先试验一下。

咖啡因

咖啡因似乎已经普遍存在于我们的生活中，很多人可能有喝咖啡的习惯。我把咖啡因放在这里，是因为咖啡因也是可以有效提升我们运动表现水平的营养补剂。事实上，很多声称在训练前使用可以有效提升运动表现水平的产品，使其起关键作用的正是其中的咖啡因。

很多刚开始减脂的人应该都听说过咖啡因可以帮助我们在运动中消耗更多脂肪，除此之外，在运动前进食咖啡因还可以帮助我们抵抗疲劳、提高运动表现水平、增强力量。但如果你是个还没有开始健身的人，那么咖啡因对你的帮助可能会比较小。

每个人对咖啡因的反应都是不同的。有些人对咖啡因非常敏感，甚至进食咖啡因还会引起他们的一些不良反应，比如焦虑和不安，所以使用前应先评估自己对于咖啡因的敏感度。另外，如果你经常饮用咖啡，应该能体会到咖啡因不会一直起着相同的作用。随着咖啡因进食量的积累，身体对于咖啡因的耐受性也会增强，这会降低相同咖啡因剂量的效果。也就是说，再继续使用与以前同样剂量的咖啡因，不会给你的训练带来与之前同样的改善。

并且有研究称，使用咖啡因可能会抵消掉肌酸补剂带来的好处。虽然还没有明确的证据，但似乎不要同时使用咖啡因和肌酸是个好主意。

因为每个人对于咖啡因的反应不同，有些人仅服用 75 毫克就会难以入睡，而有些人即使服用 500 毫克也可以安然入睡，所以这里没办法给出确切的剂量建议，但大多数研究表明每千克体重摄入 3~6 毫克的咖啡因就会显示出力量有所增强，这也许是个好的参考。鉴于以上我们提到的咖啡因耐受性的问题，在使用一段时间咖啡因之后便暂停使用一段时间，也许对于改善咖啡因耐受性会有很大的帮助。

身体吸收咖啡因是非常迅速的，大约在 45 分钟之内，99% 的咖啡因就可以被吸收进身体组织。所以如果你选择咖啡因作为你的训练前补充剂，那么就在训练前 1 小时至前 30 分钟内使用。由于咖啡因的半衰期是 4~6 小时，咖啡因所带来的效果应该可以完全覆盖你的训练时间。但如果你的咖啡因耐受性比较低，尽量不要在下午 2~3 点之后再使用咖啡因，这样才能确保晚上的睡眠不受太大的影响。

盐酸甜菜碱

虽然健胃消食片这种帮助消化的产品已经存在一段时间了，但直到从查尔斯·波利金那里了解盐酸甜菜碱之前，我都没重视自己的肠胃状态。甜菜碱已被证实可以改善力量表现、运动表现，并且可以增加瘦体重，主要以无水甜菜碱和盐酸甜菜碱的形式呈现。而使用盐酸甜菜碱，除了可以得到上述好处之外，还可以利用其中的盐酸帮助肠胃消化。

盐酸的一种功效是通过增加胃酸来帮助我们消化食物。虽然很多人会出现胃酸过多的情况，但胃酸水平低也是一个常见的现象。查尔斯·波利金相信，如果你出现肠胃不适的状况，那么你使用的很多营养补剂或吃的很多食物可能都不会奏效。

虽然胃酸不足的人可能会从盐酸甜菜碱的补充剂中受益，但是如果你出现了胃酸过多、胃酸反流，那么你可能要避免使用甜菜碱盐酸。

肉毒碱

肉毒碱的名字虽然奇怪，但它似乎对人体有着多种功效。值得注意的是，肉毒碱也具有各种不同的形式，每种形式可能会呈现不同的功能。其常见的一种形式就是我们经常听到的左旋肉碱（L-Carnitine）。

左旋肉碱是由赖氨酸产生的一种化合物。它自然存在于食物中，在肉类，尤其是牛肉中最为普遍。左旋肉碱因为参与了线粒体中脂肪酸的氧化过程，一直被认为是帮助脂肪燃烧的物质。虽然很多人对于左旋肉碱减少脂肪的作用有所怀疑，但新的文献资料显示它确实对减脂具有明显的积极作用。

不过在使用之前，你需要认识到它对于减脂所带来的积极作用其实还是很小的。一些研究中虽然发现使用左旋肉碱的确产生了少量的减少脂肪的效果，但这通常是由于左旋肉碱有助于减少身体的疲劳感而导致身体活动增加的结果。

尽管如此，左旋肉碱还具有其他积极的作用，比如可以减少疲劳感来改善运动表现，改善训练导致的延迟肌肉酸痛，在补充高剂量的左旋肉碱时明显改善精子质量，以及增加肌肉细胞中的雄激素受体密度，这意味着肉毒碱可以使你目前的合成代谢激素水平更有效地发挥作用，比如通过睾酮促进肌肉的增长。其他形式的左旋肉碱因为更容易越过血脑屏障，也可能具有影响认知的作用。

左旋肉碱的标准使用剂量为 500~2000 毫克，但不同种形式的补充剂会有不同的等效范围：用于增强认知能力的乙酰基左旋肉碱（Acetyl-L-Carnitine）等效范围为 630~2500 毫克，用于增加运动表现的左旋肉碱酒石酸盐（L-Carnitine L-Tartrate）的等效范围则为 1000~4000 毫克。

左旋肉碱可以每天补充，可以在训练前的 1~2 小时补充，也可以在一天中的其他时间进行补充。

鱼油

鱼油也是广为人知的一种营养补剂。鱼油中通常含有两种 ω-3 脂肪酸：二十碳五烯酸（EPA）和二十二碳六烯酸（DHA）。这些脂肪酸通常存在于动物产品和浮游植物中。

这两种脂肪酸都拥有抗炎作用，这对于我们来说有时候是好事情，有时候又是坏事情。比如对于肌肉增长的合成代谢来说，一定程度的炎症似乎会带来更好的合成代谢效果。一项研究显示，对健康的年轻人使用抗炎药可以减少肌肉的形成；但是在身体基础炎症水平较高的老年人中，使用抗炎药有助于肌肉的增长。

虽然这些脂肪酸对于身体健康似乎还有很多其他的好处，但我们在这里主要是针对健身训练来说：EPA 似乎可以减少肌肉蛋白质的分解，同时服用 EPA 和 DHA 可以增强食物的合成代谢作用，还可以减少肌肉酸痛并增强身体恢复能力。

鱼油的补充剂量应根据补充目标决定。针对大众人群保持健康的目标，美国心脏研究协会推荐每天补充 1 克鱼油。如果想通过补充鱼油来提升训练效果，新的综合研究分析认为，每天 2~5 克的剂量会提高合成代谢效率，并可能对运动后的肌肉细胞产生积极影响。

支链氨基酸

支链氨基酸可能是除了蛋白粉之外最受健身人群欢迎的营养补剂了。支链氨基酸其实是指 3 种氨基酸：亮氨酸、异亮氨酸和缬氨酸。

虽然很多人对于支链氨基酸的褒贬不一，但我们通过文献资料可以很清楚地知道：和大多数其他营养补剂一样，支链氨基酸不会帮助你增加很多的肌肉。一些研究表明，进行支链氨基酸的补充可以使瘦体重增加，但在另一些研究中则没有发现这一结果。还有一份研究表明，服用支链氨基酸可以在人们进行饮食热量控制时帮助维持肌肉。

在《国际运动营养学会期刊》上发表的一篇研究论文表明，单独进行支链氨基酸的补充不会促进肌肉合成。因为对于肌肉蛋白质合成来说，丰富的、可利用的、完整的氨基酸（至少是必需氨基酸）是促进肌肉蛋白质合成的必要条件，这对于促进增加更多肌肉来说是至关重要的。

其实，支链氨基酸对于肌肉恢复的作用可能要比帮助肌肉建立的作用更多。支链氨基酸可以促进训练后的肌肉蛋白质合成，尤其是我们上文提到的亮氨酸。支链氨基酸还可以减少肌肉酸痛，缩短训练后的身体恢复时间，这意味着你可以更早地再次进行努力的训练。在运动之前或运动过程中补充支链氨基酸，还可以防止运动期间血清中支链氨基酸水平的下降，从而减少运动疲劳感。

很多日常的蛋白质来源食物中，就已经包含了很多的支链氨基酸。但对于那些从饮食中摄入蛋白质较少或不足的人群来说，在低蛋白质摄入的同时进行支链氨基酸的补充，可以促进肌肉蛋白质合成，并且从长期来看，也许会帮助增长肌肉。比如，上述研究中显示支链氨基酸会增强蛋白质的合成代谢作用，向含有 6.25 克乳清蛋白的饮料中添加 5 克的支链氨基酸，就可以使肌肉蛋白质的合成增加到与摄入 25 克乳清蛋白相当的水平。

对于每日蛋白质的摄入量已经足够高的人来说，其实不需要再进行支链氨基酸的补充。但如果你每日蛋白质摄入不足或者需要减少身体酸痛，那么可以试着在训练前使用 10~20 克的支链氨基酸。

必需氨基酸

蛋白质由氨基酸组成，我们的身体只能合成其中的某些氨基酸，其他的则必须通过饮食方式获得。对于成人而言，有 8 种我们身体无法合成，只能通过饮食得到的氨基酸，它们被称为必需氨基酸。其实在必需氨基酸中已经包含了 3 种支链氨基酸：亮氨酸、异亮氨酸和缬氨酸。其他的 5 种必需氨基酸为苏氨酸、赖氨酸、苯丙氨酸、甲硫氨酸和色氨酸。

当一种蛋白质中包含所有的必需氨基酸时，我们称这种蛋白质是完全的、完整的。大多数的动物蛋白质都是完整的蛋白质。对于那些不吃肉类的素食者来说，无论是单纯想使身体更健康，还是想得到更多健身训练的收益，通过必需氨基酸或蛋白粉之类的营养补剂来获取所有的必需氨基酸是一个不错的选择。

通常单位剂量的必需氨基酸类补剂中亮氨酸含量相对于其他支链氨基酸含量较低。前面已经介绍过了，亮氨酸是主要负责触发肌肉蛋白质合成的氨基酸，从选择补剂的经济性和促进肌肉蛋白质合成效果两方面考虑，似乎选择必需氨基酸而不是支链氨基酸不太划算。

但必需氨基酸类补剂的优势恰恰包含了完整的必需氨基酸，不仅能促进肌肉蛋白质合成，还为形成新的完整蛋白质提供必要的合成底物。对于那些日常不能摄入足够完整蛋白质或者进食乳清蛋白粉会产生肠胃消化问题的人来说，必需氨基酸类补剂是一个很好的选择。

和支链氨基酸的使用建议一样，如果你每天摄入了足够的完整蛋白质，那么你无须使用必需氨基酸；但如果你每天蛋白质摄入量不足，不能从肉类中获得完整蛋白质，或者对于其他蛋白质来源的食物存在消化问题，那就可以尝试补充 10~20 克必需氨基酸。

褪黑素

睡眠在健康管理、健身训练中是不容忽视的一环，很多人为了得到更好的睡眠质量开始使用褪黑素。虽然睡眠管理不应该只依赖于补充剂，更多地依赖于调整生活方式和生活习惯，但在调整的基础上配合使用褪黑素也许会有所帮助。

褪黑素是大脑中的松果体分泌的一种神经激素，会引起睡眠并帮助调节睡眠。早上的阳光照射在眼睛上有助于晚间褪黑色素的合成，但晚间的光会抑制褪黑素的合成。褪黑素的主要作用是帮助缩短入睡时间。

褪黑素的副作用较小，但服用这类补充剂会使你身体产生的褪黑素减少。服用褪黑素也不会上瘾，并且它没有毒性。褪黑素似乎对瘦体重或身体脂肪的影响不大，但有可能会阻止你的身体积累更多的脂肪，并且可以通过改善睡眠来让身体得到其他的好处。

褪黑素只需要比较小的剂量就可以改善睡眠，并且服用更多似乎并不能进一步增强效果。为了调节睡眠，褪黑素的剂量在 0.5~5 毫克似乎都有效。 所以在睡前 30~60 分钟，从使用 0.5 毫克开始，如果不起作用，那就增加到 3~5 毫克。

维生素 D

维生素 D 是一种脂溶性营养素，是对人类生存至关重要的微量营养素之一，但许多人似乎都缺乏维生素 D。晒太阳有助于我们获得维生素 D，通过足够的紫外线照射，人体会利用胆固醇来产生维生素 D。但要注意，阳光需要直接照射在皮肤上，而不能透过玻璃和衣服，才会产生维生素 D。除非你每天可以直接暴露在阳光下超过 20 分钟，不然你很可能缺乏维生素 D。现代人因为生活方式和工作方式的原因很少直接被阳光照射，所以缺乏维生素 D 是比较普遍的情况。一项由中国学者进行的，针对 2588 名居住在上海的 20~89 岁成年人的维生素 D 检测发现，约 84%的男性和 89% 的女性缺乏维生素 D。

而补充维生素 D 会带来很多好处，包括增强认知、提高免疫力、改善骨骼健康，甚至似乎对心脏病和癌症也有预防作用。低水平的维生素 D 也与低水平的睾酮和低能量的身体状态有关。研究显示，每日补充 75 微克的维生素 D 就可以恢复睾酮的正常水平，但是如果你目前的维生素 D 水平正常，补充更多的维生素 D 似乎就不会继续提高睾酮水平。

检测自己的维生素 D 水平的方式非常简便，价格也很便宜，在医院的营养科就可以抽血检测维生素 D。如果你已经有良好的维生素 D 水平，那么进一步补充可能不会有太大的效果，但为了预防水平过低，补充维生素 D 还是有必要的。

每天补充 25~75 微克的维生素 D 应该会让你处在维生素 D 的最佳水平范围内。

通常不建议使维生素 D 高过这一水平，因为维生素 D 是脂溶性的，并且超高剂量的补充可能会导致中毒，它也不容易排出体外。

目前很多健康指南中建议的维生素 D 每日摄入量为 10~20 微克，但这个标准对于成年人来说太低了。在美国和加拿大，安全的上限是每天摄入 100 微克。并且有研究表明，真正的安全上限高达每天摄入 250 微克。所以每天补充 25~50 微克的维生素 D 应该可以满足大多数人的需求，这是最低的有效剂量。而更高的有效剂量，需要按照体重计算，即每天每千克体重摄入 0.5~2 微克。

推荐使用维生素 D3 补充剂而不是维生素 D2 补充剂，因为维生素 D3 会在体内更有效地被利用。建议每天服用维生素 D3，推荐和脂肪一起服用，比如鱼油。

复合维生素

复合维生素中通常都包含多种维生素和矿物质，很多人用它来解决营养素缺乏的问题。如果你认为自己目前的饮食种类不够丰富，可能有多种营养不良的情况，或者想为身体提供足够的营养来预防营养素缺乏的情况，或者只想选择一种营养品而不是很多种来进行补充，那么很可能你会首先想到复合维生素。

有关复合维生素的研究结果是不太明确的，但对于进行健身训练的人群或者更高水平的运动员来说，进行额外的营养素补充似乎有所帮助。尤其在有饮食热量、食物种类、食物数量等限制的情况下，摄入足够的维生素和矿物质变得更加困难。比如为了限制脂肪的摄入而不进食红肉，导致身体很难获得足够的铁元素。

这里有一些选择复合维生素时的具体参考。不建议选择那些含有高剂量 B 族维生素的复合维生素，因为你会通过尿液将其排掉很多；也不推荐选择那些没有达到维生素或矿物质每日建议摄取量（Recommended Daily Allowance）的复合维生素，所以你要观察其中如钙、镁、铁和维生素 D 的含量。

建议选择那些利用了身体更易吸收的维生素和矿物质形式制作的产品，比如利用天然的维生素 E 而不是合成的维生素 E；选择前面提到的维生素 D3 而不是维生素 D2；选择用血红素铁，而不是非血红素铁；选择螯合镁而不是氧化镁的。

每天早上进行补充就可以了，没有证据显示你需要把维生素和矿物质分散在一天的不同时间段内服用。

镁元素

镁是人体内重要的元素之一，是数百种生理反应的重要催化剂，在人体内构成了多种酵素，参与多种的酶促反应过程。镁元素的缺乏在西方饮食中很常见，而身体缺乏镁元素会使神经受到干扰，会引起暴躁和紧张，引起神经兴奋，以及升高血压、降低胰岛素敏感性。

镁的主要食物来源包括坚果、绿叶蔬菜等，尤其紫菜的含镁量非常高。如果你不经常食用这些食物，那么通过额外食用镁元素补剂可以避免身体缺镁。研究显示，对那些有着糟糕睡眠的人来说，镁可以帮助改善睡眠质量，所以镁通常会作为改善睡眠的首选补剂之一。

肠道对镁的吸收取决于人体需要多少镁，所以补充镁元素并不会有太大的副作用。如果补充镁过量，肠道也只会吸收那些所需要的量，但是极度的过量可能会导致胃肠道不适或者腹泻。

每天补充镁的剂量建议是 200~400 毫克。在镁的形式的选择上，不建议选择氧化镁或氯化镁，因为这两种形式的镁的吸收率比较低，对肠道的副作用也更大。螯合镁会有更高的吸收率，通常来说柠檬酸镁是一个好的选择。还有人相信不同形式的螯合镁会对身体有着不同方面的作用，总之和进行食物选择时一样，我们也需要变换镁元素的来源。

谷氨酰胺

谷氨酰胺是膳食蛋白质中天然存在的 20 种氨基酸之一，也是人体中最丰富的游离氨基酸，参与很多的身体反应。肉类和蛋类的谷氨酰胺含量很高，并且在乳清蛋白和酪蛋白中也都有着很高的谷氨酰胺含量。你需要注意的是，谷氨酰胺是一种非必需氨基酸，意味着身体可以根据需要来制造出所需要的谷氨酰胺。

谷氨酰胺通常会被宣传为促进肌肉增长的补剂，但其对于增长肌肉的效果还没有足够的证据来证实。除此之外，补充谷氨酰胺也不会影响身体成分的变化，但似乎可以加快健身训练中的力量恢复，并且降低进行高强度耐力训练的运动员生病的概率。

如果服用补剂的主要目的是改善肠道健康、增强免疫能力，补充谷氨酰胺的确会是一种选择。因为肠道细胞会首先选择使用谷氨酰胺作为燃料，而不是葡萄糖，以此来保证肠壁的完整性、免疫系统和消化系统的健康。

每次补充谷氨酰胺的剂量通常为 5 克左右；如果你需要补充更多来恢复肠道和免疫系统的正常功能，那么每天高达 40 克的剂量似乎都是安全的。

生活习惯指南

我们的身体呈现出来的状态和样子，是我们训练习惯、饮食习惯和生活习惯的综合结果。现在你已经足够了解健身训练中的训练和饮食方面的内容，接下来我将会带你进一步了解更多关于生活方面的内容。有关生活方面的内容不仅仅对健身训练的人群有用，对那些还没有开始进行健身训练但想要让自己身体健康的人群也有帮助。因为让自己得到更加健康的身体，是取得更多的健身训练效果和饮食效果的前提。

了解身体的压力

压力有时是个可怕的东西，过大的压力，会影响你的睡眠、你的情绪、你生活中的方方面面，但是我发现很少有人在认真谈论压力。

当你在表达"我真的快崩溃了，我最近感觉压力很大"的时候，你有没有发现你是在描述自己的一种状态？是的，这也许听起来像一句废话。但一个需要你了解的，关于压力的关键点就是：压力完全是一个受个人感知主导的感受。这意味着，你感觉压力大，只是因为"你"感觉压力大。

面对同样的压力，其他人并不一定会有和你一样的压力感受。比如突然被人打了一巴掌，有的人可能会潇洒走开，有的人就会感觉自己受到了侮辱；工作上有10 件事情压着需要完成，有的人就忙得焦头烂额，有的人就平静地一件件完成。难怪很多人在听到你抱怨"压力大"的时候，会说"想开点就好了"，因为你的压力很可能是你想开就可以缓解的一种自我感受。

你需要了解，锻炼是一种形式的压力，被领导训斥也是一种形式的压力。对于身体来说，身体可能还没有办法辨认那是身体上的压力还是精神上的压力。所有形式的压力会积累在一起，最终形成你个人的整体压力水平。当你的整体压力水平比较高的时候，你只能允许再给身体带来一小部分的压力，不然你就会开始出现各种崩溃的情绪。

这也是为什么那么多人会"一点就着"，开车上路稍微吃点亏，就开始"路怒症"爆发，所以下一次遇到这样的人，请同情他们，而不是和他们较劲。就锻炼这方面来说，当你的压力水平和别人不一样的时候，你不应该要求自己像职业运动员那样完成同样的训练内容和训练量，因为你的身体承担不起。

在整体压力水平允许的情况下，短期的身体压力，比如锻炼所带来的压力，可以算作一种新的刺激，身体会通过各种身体组织、代谢系统、神经系统上的适应来适应这种压力。但长期的压力不仅不会让身体变得更好，反而会让身体长期处在应激状态下。

长期的压力，包括但不仅限于以下内容。

- 每天在做自己不喜欢又不得不做的事情。
- 处在一段纠结的关系中。
- 工作和生活失衡。
- 长期晒不到阳光。
- 每天吃的食物质量差。
- 每天的睡眠数量和质量得不到保障。
- 总和其他人比较。

总之，你要开始试着控制你的压力，因为压力真的是一种可控的情绪状态。

了解运动中的压力

如今很多人每天都在面对精神不振、睡眠问题、身体发炎、便秘、消化不良和皮肤问题，并且很多人会同时面对以上这些问题。是的，很多经常运动的人也会面对这些问题，而出现这些问题的原因，也许就是你的运动方式。你可能还以为运动只会给你带来多巴胺，实际上，运动还可能会给你的身体带来另一个严重的问题——压力。

这些问题都是从你的自主神经系统（Autonomic Nervous System）开始的。首先你应该开始了解你的身体系统，自主神经系统分为两部分。

❶ 交感神经系统（Sympathetic Nervous System）

这个部分和你的"战斗或逃跑"反应相关联。任何会刺激交感神经系统的活动，都会快速燃烧身体里的能量。这个系统的主要功能就是帮助你进行身体上的准备，让你在面对威胁时进行战斗或者逃跑。

当你开始感觉到压力的时候，肾上腺髓质会释放出一系列压力激素，并且会在几秒内覆盖全身。这些压力激素会刺激你的交感神经系统，而交感神经系统会迅速将血液从器官转移到肌肉，让你可以为保护自己而战斗或者逃跑。

这会使你的器官得不到足够的血液，同时也会减少器官中可用的氧气量。比如在你的身体对压力做出反应的时候，自然的肠胃蠕动就会大幅减少，消化食物和排出废物的过程几乎停滞了。

❷ 副交感神经系统（Parasympathetic Nervous System）

和以上内容相对的就是副交感神经系统，它被称为"休息、消化和排出"的系统，可以帮助你的身体进行能量的积累和恢复。

长期的压力状态会影响消化食物和排出废物，从而迅速导致能量不足，结果就是：你的器官无法从食物中获得足够的营养，你也不能有效地排出身体废物。难怪长期处在压力之下的人们会感觉到疲惫、反复生病，并且有糟糕的皮肤问题。而副交感神经系统会在你看见食物、闻见食物、吃到食物的时候被激活，但如果你的压力激素水平过高，此时血液正在流向你的肌肉，那么你的食物就无法正常被消化。血液的流动对于消化食物、产生能量和排出器官废物是非常重要的。

当你运动足够用力的时候，你的呼吸速率和心率加快，你的交感神经系统就会立即被激活。这种活动伴随着能量的燃烧，这就是为什么锻炼的英文是 Working-out。这也解释了为什么在锻炼之后，你会感到疲劳和饥饿，因为你需要补充那些刚刚消耗掉的大量能量。

相反，如果你运动得很温和，你的呼吸和心率没有上升，交感神经系统就不会被激活。你的肌肉就会像一个泵，为你的器官进行消化和排出的蠕动功能提供支持。直接支持蠕动的肌肉是沿着骨盆底部的肌肉、围绕器官的腹部肌肉和负责呼吸的膈肌。因为这些温和的运动会支持身体蠕动、消化食物和排出废物，所以能量不会被大量消耗，这也是为什么我会建议利用这些运动来缓解你的压力、促进恢复。

支持以上功能的运动包括以下形式。

- 放松或缓慢地走路。

- 非常悠闲地骑车。

- 非常缓慢地游泳。

- 太极。

- 气功。

- 低强度地练瑜伽。

如果你想要拥有一个健康的身体，那就每天进行至少 30 分钟的这类温和的运动。虽然通常那些大量消耗能量的运动是大家的主流选择，但在现在这样一个充满压力和忙碌的生活环境下，显然那些运动没有温和的运动重要。

越来越多的人每天处于久坐的状态，这种久坐的状态会影响我们肌肉的功能，影响那些本来会帮助我们的身体进行营养转移和排出废物的重要功能。所以如果你之前认为自己没有什么时间来进行那些大量消耗能量的运动，那么从现在开始，你一定要开始进行一些温和的运动。

冥想缓解压力

压力被称为"20 世纪的疾病"，因此压力管理已经成为一种趋势。但糟糕的是，我们在 21 世纪针对压力管理方面所做的事情还不够好。也许是因为我们现在面对的压力水平，是一个世纪以前的 100 倍。

冥想对于激素状态（尤其是皮质醇）的强大影响，使得它已经成为许多追求健康，甚至更高运动表现水平的人群的日常练习内容。神经科学领域也正在仔细研究冥想，而相关研究者的发现使得冥想似乎成为一件非常重大的事情。

他们提出证据证明了冥想可以产生奇妙的作用，比如控制压力和焦虑、重塑大脑甚至使大脑的一部分再生、延缓衰老、提高注意力和集中力、对抗抑郁等。并且只需要每天冥想几分钟，就可以得到上述的好处。

所以应该开始冥想吗？答案肯定是应该。进行冥想，你的健康和在健身房的表现都会得到改善。除了锻炼之外，我想不到还有比这个更好的投资了。

培养睡眠习惯

你的睡眠情况怎么样，是很容易入睡还是入睡困难？是半夜会醒还是一觉到天亮？是醒来感觉精力充沛还是有些疲劳？睡眠如此重要，如果你睡不好觉，那生活中的一切都可能变得糟糕。就算我现在说得这么严重，除非你自己体会过什么叫好的睡眠、高质量的睡眠，你才能真正理解我的意思。

事实上，大多数人都没有体会过高质量睡眠带来的绝佳身体感受。通常他们每天都感觉差不多：睡得一般，睡醒后身体还是有些疲劳，脑袋运转缓慢。如果你目前就有入睡困难，或者半夜会醒，或者你早上起床会很痛苦，醒来之后感觉疲劳又昏昏沉沉，甚至你已经对睡眠产生了焦虑，那么主动为寻求更好的睡眠做一些事情，会对你产生非常多的帮助。

互联网上有数不清的可以帮助你提高睡眠质量的信息，你只需要轻轻敲击键盘，输入"改善睡眠"4个字，就会找到各种可能会对你有用的方法。心理状态、食物、阳光、水、床、温度、灯光等都是可以进行改善的不同方面。

❶ 找到改善睡眠的目的

没有人会没有目的地做事情。如果你觉得自己的睡眠不太好，但又不知道对于自己目前的生活来说，睡好觉到底会有哪些实质性的帮助，那你很可能就没有改善睡眠的动力。如果你像我一样痴迷于健身训练，只要睡眠不良就会严重影响训练状态；在那些本来应该进行训练的日子，却因为感觉疲劳不得不调整训练；那些本来该增加重量的训练动作，却因为睡眠不足而只能维持重量不变，你就应该有了改善睡眠的动力。

如果你的生活中有更加在意的事情，那么你也可能更容易产生改善睡眠的动力；如果你希望自己的皮肤变得更好、变得更加美丽，而睡不好觉会让你看起来很憔悴。现在你有改善睡眠的动力了吗？如果你还是没有足够的动力改善睡眠，那么说明其实你不是很在意这个目的。

❷ 早上起床之后马上晒太阳

太阳是地球各种能量的来源，植物需要利用太阳进行光合作用，人类也非常需要太阳。我们除了借助阳光照射皮肤产生重要的维生素 D 外，还有说法认为阳光会帮助我们细胞内的线粒体产生更多 ATP。ATP 是我们生物体内各种能量的来源，所以越进行"光合作用"，你的身体就会有更多可以利用的能量。

晒太阳还会帮助我们改善情绪、缓解压力。早上起床之后马上晒太阳，还能帮助我们调节激素。

❸ 提前在睡觉前关灯

现代科技让我们在夜间也可以享受白天的便利，它在给我们带来好处的同时，也严重影响了我们延续了很久的人类发展历程中形成的睡眠周期。你甚至能看到，越来越多的城市发展出了夜班车和午夜商场，这使得住在城市的人更容易颠倒黑白，打乱自己的昼夜节律。

不难想象，人类身体中提示睡觉的相关激素会和日光有所关联。日光恰恰是在电灯发明之前，人类用来提示睡觉和醒来的信号。当你在晚间没有及时关掉家里的灯时，你的身体会认为目前还处在白天，所以如果你期待着关掉灯之后，躺下就马上可以睡着，那你肯定高估了自己体内困意的积累速度。一个关于关灯和睡眠的规律就是灯关得越晚，你也会入睡得越晚。

❹ 晚上戴防蓝光眼镜

如果你无法避免在晚上使用电子设备，那我建议你佩戴防蓝光眼镜。各种电子设备屏幕照射出来的蓝光，会抑制身体褪黑素的产生。褪黑素是一种唤起困意和促使你睡觉的发令枪，通常在早上水平最低，通过白天睡眠压力的逐渐积累，会在晚上达到峰值。蓝光的照射会让身体误以为还是白天，所以会推后褪黑素的产生，直到睡眠压力积累到非常大的程度，它才会开始产生。

你应该在准备睡觉的时候，关闭电脑、手机、电灯，并把电子设备放在远离卧室的地方；然后进行各种睡觉的准备，比如洗澡、看书等。如果你真的难以完全避免使用电子设备，那么就佩戴一副防蓝光眼镜，这样也许会帮助你在想要睡觉的时候更容易入睡。

❺ 培养睡眠的情绪

睡眠的情绪也需要培养？是的，想想自己因为躺在床上想着各种乱七八糟的事情而难以入睡，你就能理解什么叫培养睡眠的情绪了。我常说，睡眠就像你的男

（女）朋友，你需要好好照顾他。如果你把他对你的好当作理所当然，那他就不会像之前那样对待你。

你需要培养你的睡眠的情绪。尽可能早地关掉家里的灯，制造黑暗的环境，就是为培养情绪做的第一步。之后你需要远离你的各种电子设备和那种突如其来的信息，避免情绪的进一步波动。然后利用黑暗的环境，没有新消息打扰的时间，做一些能进一步感受到自己身体状态的事情，比如拉伸。做完这些准备之后，你应该就不会思考日常的糟心事了，因为现在对你来说更优先的事情是接下来的睡觉。

❻ 让晚上别再那么忙碌

我想大部分人其实都会发现导致他们出现睡眠问题的主要原因，其实是他们睡觉前的生活太过丰富和刺激了。他们在外面参加聚会，然后期待回到家马上就能睡着。他们睡觉前刷视频、打游戏，期待关掉手机就可以睡着。对于大部分人来说，这种情况是不切实际的。

我发现我自己在回家比较早，可以悠闲地做一些自己的事情，并且需要去"寻找"事情来打发时间的夜晚，会更容易获得好的睡眠。如果我和朋友聚餐到晚上12点才回家，我就没有精力和意愿在睡觉前看一会儿书（通常我都会这样做），虽然我会感到更加疲惫，但反而睡不好觉。所以如果你希望调整并改善睡眠，那么就试着在下班之后早点回家，让自己的晚间生活节奏变得缓慢。这样你应该就不会在闭上眼睛之后，脑袋还在飞速运转。

❼ 睡觉前读书

避免躺在床上，思绪被各种事情烦扰的另一个方法，就是看书。看书的时候，你会更关注书本中的文字，而不是自己脑海里的事情。这也是进一步培养睡眠情绪的方法。很多人会发现，只要一看书，就很容易看着看着睡着了，这并不奇怪。

对书本的选择也是一个关键，比如我选择阅读一些人生感悟、哲学理论方面的书籍，它不仅可以帮助我进一步观察自己，也让我更加平静，帮助我得到更好的睡眠。

叔本华、克里希那穆提都是我喜欢的作家，推荐你也阅读他们的作品。

❽ 做一些有意义的事情

我们在前文说过，如果你想改善你的睡眠，你需要让自己的夜间生活变得更加悠闲、缓慢一些。这意味着你可能需要减少一些持续时间太长的聚会与晚餐，或者在家避免做一些让自己情绪激动的事情。除了不建议做的，哪些是我们可以在晚间做的事情呢？

那些对你的生活、生命有意义和价值的事情，都是我推荐在晚间做的，比如阅读、学习、写作、运动、拉伸、为第二天准备食物等。你应该可以想到，你做这些事情时的心态，和做那些只为当下消遣和娱乐的事情是完全不一样的。做这些事情时，你展现了更加积极的一面，你没有虚度时光，你在期待着未来的生活和自己。

这种感激、向上的心态会让我们在晚间更容易平静下来，更容易在闭眼之后入睡，也会通过一宿的良好睡眠让我们拥有更多的精力和动力，迎接新的一天。

❾ 保持一个持续和规律的上床时间

开始利用你的手机闹钟叫自己上床睡觉，而不是叫自己起床。这意味着你应该让手机闹钟提供提醒服务，而不是叫醒服务。你应该让闹钟在晚上固定的时间提醒自己停止手头的工作或娱乐，开始为睡觉做准备。

规律的上床睡觉时间对于获得良好的睡眠尤为关键，即使前面所有内容你都做得很好了，但睡眠时间没有规律，失眠也会是非常常见的现象。

❿ 保持室温和身体凉爽

想想那些夏天被热醒的时刻，你就会知道，凉爽的室温的确会帮助我们得到更好的睡眠。除了利用空调设定室内温度，在睡觉之前洗澡，也能帮助你降低体温，进而使你得到更好的睡眠。

有的人在夏天睡觉时觉得开着空调太冷、关掉空调又太热，睡眠被影响。解决这个问题的一个方法是，在准备睡觉的时候关掉空调并且开启屋里的电风扇，这样既保持了之前空调调节的温度，又可以通过空气的流动让自己在睡觉时觉得不太热，最终得到更好的睡眠。

⓫ 睡前吃一些甜食

还记得你通常在吃完早餐或午餐之后昏昏欲睡的感觉吗？这也许不是什么春困秋乏，而是你吃的食物中包含了太多的碳水化合物。所以如果能在晚上睡觉前进食一些碳水化合物，也会让你入睡变得更加容易。通常那些高升糖指数的食物，会是你入睡前的最佳选择。

有人担心晚上睡觉前吃这些会变胖。其实不用担心，对于体重管理来说，热量平衡还是最关键的饮食原则。也就是说，只要你的热量摄入小于热量消耗，你就不会变胖。所以如果你担心晚上的高碳水进食会让你变胖，那么你可以通过减少白天的热量摄入，留给晚上更多的热量预算，保证你在晚上进食高碳水也不会使热量整体超标。

⑫ 睡前避免大量进食

越接近睡觉时间越要避免大量进食，否则在你的完整睡眠的前半段时间，整个身体都在持续消化胃里的食物。通过观测睡眠时的心率可以发现，如果在睡前进食大量食物，那么在入睡后的几小时内心率会相比于没有吃东西的时候高很多，这意味着身体即使已经入睡也还是无法得到应有的休息。

因此如果你的生活习惯使你不得不在睡前进食，那么在睡前吃下小分量、易消化的食物是保证睡眠的一个好方法；你还可以把睡前不得不吃的食物分配给白天，睡前少吃或者不吃。

⑬ 睡觉时利用封嘴贴

睡觉时把嘴巴封上的一个原因是：我们的嘴巴是用来吃东西的，鼻子才是用来呼吸的。如果你经常感到焦虑和压力大，你可以试着关注自己的呼吸。通常在压力大的时候，你会更容易利用嘴巴来呼吸，而不是鼻子。这种呼吸的模式会导致一系列的生理问题，使你无法通过呼吸来帮助自己缓解这种倍感压力的状态。而我们主要利用鼻子进行深呼吸。

除此之外，如果你每天早上起来会感觉喉咙干涩，很可能是因为你在半夜张着嘴巴睡觉了。利用封嘴贴，可以确保你的嘴巴整夜都保持紧闭的状态，空气将通过鼻腔并被润湿后进入气管；也许还会减少你打鼾的可能，帮助你提高睡眠质量，从而进一步改善白天紧张的精神和压力状态。

核心价值

第 4 章

你的思想决定了行为

健身到底该选择什么运动

你是否纠结过如何在各种形式的运动中做出选择？如果你还没有接触过健身运动，是不是不知道该从哪里开始你的健身旅程？如果你属于已经有了一些健身经历的训练人群，你有没有试着尝试和体验不同的运动形式呢？还是你"执拗"地认为自己的训练，就是最好的、最有效的，其他人都是瞎练呢？

我一开始是从传统健身举铁训练开始接触健身训练的，我上过普拉提课程，进行过 CrossFit 训练，后来回到相对传统的力量训练，又接触了柔韧性、灵活性的相关训练内容，还练习习倒立。

经历过这么多的训练内容和形式，加上我的训练知识经验的积累和观念体会，在这里我想告诉你以下内容。

❶ 掌握任何运动形式都会有一个过程，我们一定会发生变化

不管我们从什么运动形式开始，我们一定会在不断进行的过程中经历各种变化。我们对于运动选择的理解、对于训练的热爱、自己的生活观念与训练观念，甚至训练目标，都会随着时间的推移发生变化。

就像我前面经历的那些运动形式的转变一样，我们所喜欢进行的运动项目会随着我们的生活过程发生转变。我身边有一位开始非常讨厌跑步的朋友，后来他发现跑步让他感觉非常舒服，于是他逐渐开始喜欢上跑步这一运动形式。他会到不同的山中跑步，参加各种越野赛事，发现在野外跑动的过程中可以触碰到内心深处，和自己的心灵对话。他甚至和我说，有一次跑着跑着，他把自己跑哭了。

你看，这就是运动让情绪到位了。当我们采用一种运动形式过久，我们很容易迷茫，需要重新审视我们选择的运动形式。比如那些在最开始和我进行 CrossFit 训练的学员们，她们有的本来自认为喜欢 CrossFit，练着练着发现这种运动形式的结果并不是自己想要的，或者那样进行运动并不能帮助自己达到健身训练目标。

这时就是时候开始改变了。只要进行一段时间的某种形式的运动，每一个人

都会得到新的体会和感悟。不要害怕改变和挑战，这是我们生活的一部分。

❷ 不同运动形式可以相互辅助

对于大众健身人群来说，进行不同形式的运动也许要好过在某一种运动形式中太过深入。毕竟他们不是职业运动员，也没有条件在某一种运动形式中投入太多的时间和精力（每天训练几小时并持续很多年）。进行其他形式的运动也许会给你带来更多促进作用，而不是阻碍。比如你在常规进行的举铁力量训练之外，进行一些改善身体灵活性的瑜伽运动，会帮助你更高质量地完成之前的力量训练动作，也会降低受伤的风险。

如果你是一名跑步爱好者，那么通过在健身房内利用哑铃、杠铃进行力量训练，帮助身体增长基础肌肉和增强力量之后，你的跑步能力自然也会得到增强。如果你一直在练习瑜伽，那么在瑜伽运动中很难锻炼到的心肺能力，你可以通过跑步来得到改善；并且跑步可以帮助你消耗更多的热量，减少更多的身体脂肪。当你的体重减轻、身体围度变小，在进行瑜伽运动的时候，想必你也可以做得更加流畅自如。

❸ 要鼓励不要鄙视

举铁的鄙视跑步的，做 CrossFit 的鄙视举铁的，诸如此类的健身领域的鄙视链太多了。作为教练，在经历和体会过这么多健身领域内的鄙视之后，我更希望利用鼓励来回应选择各种形式的运动的学员。我们都希望在积极和充满鼓励的环境中获得更快的成长，一直打压我们的环境只会让我们无法前进。

不管进行哪种形式的运动，都好过在家躺着边吃东西边看电视。我们应该鼓励身边的人从现在开始，从目前进行的运动开始，坚持下去。就像我一开始说的，他们自己会在运动过程中逐渐得到新的体会和感悟。

跑步的人知道自己应该进行一些力量训练，增强力量、减少脂肪会帮助他们跑得更快；举铁的人也知道自己应该改善身体紧张，练瑜伽可以帮助他们更好地完成训练动作。

所以当我们在健身房外看到有人跳绳，在健身房里看到有人只进行有氧训练不进行力量训练时，不要再认为"他们在做错的事情"，而应该认为"他们正在走向对的路上"。

花钱找健身教练，重要的是树立"成长型心态"

你为健身训练找过教练吗？你找教练的理由是什么？又或者你没有单独找过教练辅助训练，那么你没有找过教练的理由又是什么？费用是一个很重要的决定因素，但一定不是最重要的因素。最重要的因素是你打算如何投资你的金钱，以及打算如何对待自己的身体。

❶ 你抱有什么样的心态

你应该听说过"成长型心态"，这是指在遇到问题时总是想着如何能做得更好的一种心态。拥有成长型心态的人不拘于目前的状态，会想着如何能让自己变得更好。这种心态不仅体现在生活方面、工作方面，也体现在身体方面、身材方面、运动能力方面，等等。

在训练的时候，成长型心态的人会想"如何能使我的训练变得更加有效"，会了解"自己目前不了解的东西"。他们总是会寻求解决办法，而不是自暴自弃、萎靡或否定自己。所以在遇到类似减脂平台期、增肌变化不大，甚至出现身体伤病的时候，他们会把这些困难当作一种机遇，来帮助他们探索下一步该如何做得更好。

他们更多地会把专业的事留给专业的人来做，他们会找教练帮助自己进行健身训练，因为他们总是想让自己变得更好。他们会把花在健身训练上的教练费用当作投资，当作为自己的训练知识、营养知识、身体健康所进行的投资。他们知道这种投资将会影响自己接下来很多年的生活和身体状态，而不仅仅是眼下的一笔额外的生活开销。

拥有成长型心态的人，会在为自己的身体和知识进行投资之后，思考"我如何能赢回我的投资"。他们会尽可能利用好这些训练课程，不断问教练更多的问题，提高投资的回报率。他们会进一步探索自己、开发自己，想办法通过更多方式来"赚回投资"。他们会更加努力地工作、学习新的技能，或者开展副业，实现在生活中"花得更多，然后赚得更多"。

❷ 如何成为一个有成长型心态的人

上面这些状态听起来很正能量吧？我猜几乎没有人会愿意变成一个消极、萎靡、不努力、不上进、不想让自己变得更好的人，没有人愿意让自己变得肥胖、身体不健康。但在实际生活中，得到成长型心态也的确不是一件容易的事情，这需要一个漫长的过程。也许你现在想马上就变成拥有成长型心态的人，但事实上培养和发展成长型心态的过程才是最重要的，在你向成长型心态发展的过程中，你就已经成为有成长型心态的人了。

现在你一定已经知道该如何开始变成有成长型心态的人，但这里还是想给你分享一些我的体会和经验。

• 要消除错误的期待。

错误的期待包括但不仅限于可以快速减少脂肪，可以快速取得健身训练的进步，自己以后不再需要学习知识或进行知识投资。网络上的一些不实信息不断给我们灌输这些错误的期待，我们要消除这些错误的期待。

• 主动吃苦，避免走捷径。

训练中没有完全简单的方式，而那些看起来简单的训练方式通常不会带给我们好的训练效果。主动选择吃苦，不管是在训练中还是在生活中都应如此。选择按照非常严格的标准完成训练动作，而不是放松动作要求。

• 开始冒险做些不一样的。

冒险是新的安全，敢于冒险、敢于做出不一样的事情意味着你有承担风险的能力、对自己的能力有信心、有更多机会得到其他人没有得到的东西。如果你没有锻炼过，那就马上开始锻炼，不然你的身体如何产生积极变化？

• 开始做出新的改变。

现在就开始做出新的改变，从今天这一刻开始。不管是你本想运动但又比较懒，还是你本想说一些话但又不好意思说，立即就去做那些你本来想做的事情。你会发现身体就像一个轮胎一样，把轮胎翻起来是最难的，但当你开始把轮胎滚动起来时，就非常容易了。当你越来越听从自己的心声，你就会越来越回应自己的情绪，你也会越来越快乐。

• 找到拥有成长型心态的人。

我们会受到常接触的 5 个人的影响，他们是否有所成就决定了我们自己是否也会有所成就。如果周围的好友都开始健身训练，那么你也会更容易开始健身训练。所以如果你想要拥有成长型心态，让自己的生活变得更加积极，那你需要先找到这样的人。

- 行动起来。

以上分享的体会和经验，都要求你现在就行动起来。通常很多人都想要在行动之前寻找行动和改变的动力，实际上在很多情况下，人们并不是先有动力再开始行动的，开始行动才更有可能找到继续下去的动力。

你的核心价值是什么

在最近几年我们一同经历了许多让人感到意外、惊慌、紧张的事件，但生活还有很长的路要继续走下去。有人开始重新思考活着的意义。是的，搞明白到底为了什么而活很重要，这决定了我们具体的生活方式和选择。我们要找到、认清自己认同的人生核心价值——信念、为什么而生、为什么而死。缺乏对核心价值的了解，会使我们在实际生活中出现非常多的问题。

核心价值会决定你具体如何投资你的时间、精力和金钱，也会决定你想要的和你需要的之间具体的关系，这些是生活的基本组成部分。

通过回答下面 4 个简单的问题，你可以很好地定义自己的核心价值。

你会用哪些东西、在哪个地方、什么时间、用什么方式来养活自己？

什么是你愿意花时间学习的？

你愿意为什么样的梦想、谁的梦想而努力？（我们都在以某种方式，为实现自己或别人的梦想而努力。）

你想成为什么类型的消费者和创造者？

我们中的大多数人，或许就像没有自己想法的孩子一样，都沿用了父母或其他人生榜样的核心价值。而有些人随着逐渐成熟，有了更深刻的人生思考后，会找到属于自己的核心价值。当一个人的信念和他通过行动表达出来的核心价值相吻合时，他就会表现出所谓的"身心一致"。这样的人可能很少陷入不良情绪，即使陷入不良情绪，他们也会很快从不良情绪中走出来。

为什么呢？他们清楚自己是谁，以及作为人类的意义。这些能力使他们非常了解那些会耗尽生命力的东西，并会抵制那些东西。他们的核心价值就是他们的人生指南针，所以他们只需要花费很少的精力就可以重回正轨。当你清楚自己的核心价值时，你就会对自己选择的生活方向充满热情。当你确定这是你的生活，而不是你的父母或他人强加给你的生活时，你就会变得真正自由，成为具有自我意识的人。

有了自我意识，你会知道自己到底想要拥有怎样的个人关系、职业关系和精神关系。

只有你真正变成一个能定义自己的核心价值，并根据自己的核心价值生活的人，才能回答"我要什么"，才能收获内心的平静与幸福。否则，你就会陷入"我不知道"的迷惘，这就是我在问客户的目标是什么时，经常听到他们说"我不知道"的原因；也是当我在一节课中，教授学员如何更好地运动之后，很多人不会继续做下去，然后在下一次上课时，问他们为什么没有遵循那些要求去完成时，也经常会听到他们回答"我不知道"的原因。

他们不知道，是因为他们还没有定义好自己的核心价值，或者哪些行为不符合他们真正的核心价值要求。所以，你的核心价值是什么？

一定要对自己言而有信

我们都欣赏言而有信的人，这意味着那个人只要作出承诺，他就会兑现。其实这里更重要的也许是，我们对自己言而有信。

回想一下，当你曾经想要让自己达到一个目标、进行一个改变的时候，你是会努力坚持直到获得想要的结果，还是进行到一半就放弃，甚至你完全使想法停留在脑海里从未付诸实践？

我们应该都听到过一个说法：把自己想做的事情告诉其他人，这样自己就更有动力做下去。其实还有另一个说法：如果你把自己想做的事情告诉其他人，似乎大脑就认为自己已经做到了……那么我们到底该怎么做？

❶ 对自己言而有信

有些人会在意别人眼中的自己，所以将自己的目标告诉其他人之后，内心会产生额外的压力来驱动自己完成那些事情。因为如果不完成的话，自己在别人心中似乎就会变得"言而无信"。也许在完成的过程中，我们在别人心中如何树立一个形象并不是最重要的，最重要的是我们自己如何看待自己。

当你在某一个时刻说我要"努力工作"，然后在工作中又去偷懒开小差；你说我今天要收拾屋子，然后到家又躺在沙发上玩手机；当你说我今年要开始运动减肥，结果大半年过去了你都没有开始……

这些所有"自己想要做，但又没有去做"的事情，会不断积累，结果就是让

221

你越来越不重视自己对自己做出的承诺。

你会发现自己越来越难以完成那些"自己想要做"的事情，即使那些事情很重要，自己也依然有很大的惰性。只有当事情变得足够重要并且足够紧急的时候，也许你才会积累足够的能量来走出这个"死循环"。但通常这个时候，已经太晚了。

❷ 从今天开始让自己"赢"

我希望你能从今天开始，不断让自己"赢"。这里不是说我们要赢过同事、伙伴，或者其他人；而是想说，你要从今天开始，不断让自己"赢"过自己。这意味着从今天开始，当你在心中告诉自己"我要做那件事情，我想要做成那样"的时候，就一定要行动起来，做到那些自己心中想要做的事情。

你的行动要和你的思想一致，你会开始"赢"过自己，你会开始走向生活的"正循环"。当然，这个过程一定会非常艰难，因为克服自己的惰性的确需要很大的能量。希望你下一次再在心中不断纠结和犹豫的时候，可以参考下面这些思路。

- 我是因为不想做，还是因为不想要？
- 确实是我想要的，但就是不太想做。
- 那就去做。

记住，当你每一次利用这种方式"赢"过自己的惰性时，你就会开始扭转生活不断陷入"负循环"的局势，你会开始走向"正循环"。你会发现自己开始越来越重视自己的想法，开始有更强的行动力，开始有更大的创造力，开始取得更多的成就（不管是什么方面），开始变得更加快乐。

你运动或是不运动，真的没有人会在意

当我们谈论时间管理的问题时，总有人告诉我他没有时间做某件事情。事实上，不是他没有时间做那件事情，而是他不愿意花时间给那件事情。

当我需要为第二天的微信公众号推送或翻译一些文章时，我可能会花费 2~4 小时来完成这件事情，而且还是在我的其他日常生活行为之外完成的。我也想知道我到底是如何挤出这些时间的。我发现我减少了发呆放空的时间，我利用了通勤时间，我晚上回到家做的第一件事就是赶紧把我需要翻译的内容翻译完。当我有紧急且重要的事情需要完成时，我不再躺在沙发上玩手机，不会在回家之后还想要先休

息一下，而是只要一有空闲时间就去做那件事情。

很少有人真的没有时间，我们每天都有 24 小时，我们都会在白天忙碌地工作。有没有时间的区别在于是否利用忙碌时间的间隔，是否减少那些可有可无的慵懒时间。

相关研究清楚地显示，健康的肌肉对整体的身体健康至关重要，并且肌肉需要建立在良好的饮食和生活活动基础之上。如果你是一名运动员，你想要达到最佳的运动表现，但你吃得很糟糕，即使进行了最好的训练也没有什么好的效果。

但不管你利用什么饮食方法，如果你忽视了运动，你的肌肉都会流失。

在这个以肌肉为主的健康世界中，饮食和运动都非常重要。

运动不仅会改变你的身体，还会改变你的大脑、你的态度，以及你的心情。有些日子我真的不太想进行运动，或者我感觉自己没有时间运动。但事实上，这些日子恰恰是我最需要进行运动的日子。如果我不太想进行运动，我就放一些音乐，或者点开一些视频甚至广播，然后进行一些简单的运动，比如拉伸、玩杂技球、做一些灵活性练习，甚至出门散步。如果我今天有正式的训练内容要完成，但我实在没有时间训练，那我会在忙碌时间的间隔做 3~5 组的俯卧撑，或者做几组引体向上。最终你是运动了还是没有运动，其他人真的不会在意。这不会对其他人的生活产生任何影响，只会对你自己的生活产生影响。这些影响不仅仅是身体上的，还是关乎你的大脑、你的态度、你的心情的。你需要为你自己的生活负责，运动还是不运动，只有你会真的在意。

我之前工作的健身房位于一楼临街的地方，通常工作日中午是健身房最忙碌的时间。这就是说，有一些在意自己是否运动的人，会在午休的时候进行锻炼。这真是非常聪明的一个时间管理方法，他们可以在下班之后直接回家。但透过健身房的门往外看，有更多的人会选择和同事散步聊天来度过午休时光。通常这些人如果被建议进行运动，他们会说自己没有运动的时间。

时间的利用是一个选择。我们在选择如何利用每天的 24 小时，利用什么形式来度过这 24 小时。

当我的减脂学员说没有时间运动的时候，我建议他可以每天骑自行车上下班，把路上的时间利用起来，这样就不再需要找额外的时间进行长时间的有氧运动，一石二鸟。可大多数的健身者下班后开车到健身房运动，再开车回家，然后抱怨自己晚上都没有什么时间进行额外的有氧运动。

我们都在根据我们生活的核心价值对时间进行规划。我不能要求你运动，强迫你选择某种运动，因为你运动还是不运动，其他人真的不会在意。

希望你运动愉快。

为什么要吃那些垃圾食品

首先，这些文字没有批判任何人的意思，我只是想到可以分享一下我最近对食物的感悟，让更多人看到，原来对待食物可以有这种思路。

我个人非常关心健康，再加上我在研究健康方面投入了大量的时间和精力，所以我对待食物，可以说是"极致到有病"。长时间的居家生活会让很多人体重上涨，但我的体重反而直线下降。有人说这和我的体重基数大、肌肉多有关系，当然这的确是一方面，但另一方面在于我的食物选择。

请你试着通过这些文字理解我的这种感受："我需要强迫自己，才能吃下垃圾食品！"

为什么？因为我觉得那些食物太"糟糕"了！垃圾食品通常添加了白砂糖、食用盐、加糖炼乳、味精、甜味剂、食品用香料、香精、酿造酱油、麦芽糊精、酸度调节剂、小麦粉、着色剂、抗氧化剂、增稠剂……

为什么我要把这些东西吃进身体？因为好吃？的确好吃，它们添加了这么多额外的东西，就是为了让我们觉得好吃。但我们吃的食物最终都会成为身体的一部分，所以你想一想，身体里的哪些部分想被这些东西代替？

另外，我个人对小麦粉不耐受，所以有几个晚上，我吃下几口含有小麦粉的蛋糕之后，睡眠质量变差了，这让我感觉很不舒服。因为我很重视我的睡眠，我以前可以一觉睡到天亮，起床时感觉神清气爽，但那段时间我得不到这样的睡眠了。很多人应该有过这样的体会和经历，吃完一种食物之后感觉很糟糕，肠胃不舒服，或者有其他不适的症状，但他们没有想到原来是身体不喜欢这种食物。

他们忽视了这种身体信号，还不断进食身体不喜欢的食物。他们感觉很糟糕，睡眠也可能像我一样受到影响，然后导致第二天精神更差，这让他们做出更不好的食物选择，然后继续选择那些虽然吃起来好吃，但身体根本不喜欢的食物。他们完全没意识到那些食物可能就是这么多糟糕感觉的根源。

所以，到底该怎么看待食物？我常说一句话：为了燃料而吃，而不是为了感觉。食物是我们身体能量的来源，我们需要利用这些能量来支持我们身体进行各种重要的活动：心脏跳动、大脑运转、分泌激素，以及完成每一个行为动作，包括运动。

我们拿两个人来举例子。给一个人吃各种垃圾食品，给另一个人吃各种原生态的食物，哪个人会有更好的生命力和生命表现？只有当我们吃更高质量的食物时，我们才可以给身体提供发挥各种功能所需要的营养。

现在，越来越多的人到健身房锻炼，但他们中很多都是身体不太好、睡眠不太好，还肥胖的人，他们期待去健身房可以甩掉一些自己不想要的东西。可他们有什么可甩掉的呢？首先被甩掉的可能是本该提供给身体的发挥重要功能的关键营养素。所以他们锻炼的行为，其实是在和身体争夺那仅存的、本就缺乏的关键营养，他们体内可利用的营养进一步减少，身体倍感压力。

能理解吗？他们不应该先考虑如何向外锻炼，他们应该先考虑如何向内锻炼。如何让身体拥有更丰富的、关键的、全面的营养素，在有了额外的营养之后再进行向外锻炼。

而这种向内锻炼从哪里来？就是从我们的食物中来。所以为什么要吃那些垃圾食品？当然，这和我上面提到的"核心价值"直接相关，我本能地拒绝这些食物的原因，是我重要的核心价值之一——想要变得更健康，而不是更糟糕。

优先级和借口，诚实地对待自己

为自己做不到的事情找一些借口，会让我们感觉良好。

"我没有时间锻炼。"

"我没有时间做康复训练。"

"我没有时间烹饪食物。"

"我没有时间在日程里安排一个业余爱好。"

"我没有机会照顾好睡眠，我的电视剧还没看完。"

......

我可以继续往下举例，我经常听到这样的话。事实上，如果你说出这些话，骗不了其他人，只能愚弄自己。如果某个问题不属于优先考虑的情况，而是对自己而言真的不太重要，那就还好；但如果你确定那件事情是自己需要的，那就去做！

就这么简单。养成一个新的习惯或者改变一个行为的确会有些困难，但如果一直找各种借口会让我们很快陷入逃避的态度。

很多人会问："他们（那些可以坚持运动的人或成功改变自己的人）是怎么得到那些效果的？为什么对他们来说这么容易做到？"答案其实非常简单，只是他们将事情划分为不同的优先级。这意味着运动这件事情对他们来说，优先级很高。这也是为什么你不应该把自己和其他人做比较，因为你根本不知道他们所处的环境。

曾经有一个客户和我进行了非常真诚的交流，他说："我真的想做到这些，但其实目前这些事情在我的生活里并不属于最高的优先级，我还有更重要的事情要做。"这样完全可以。如果你也这样说，那么我们就可以通过调整，来制订一个围绕你目前的优先级可以进行的计划。这种"坦诚"并不会让你自己看起来很糟糕，反而是你对自己很诚实。

生活其实不需要借口，我想我们都明白。当我们对自己诚实的时候，其他人也会对我们的诚实表示尊重。可是，我总是听到很多人说，"抱歉，我太忙了，找不到时间做这件事情，但我还挺想做的"之后，看到他们去外面喝酒、聚餐或者做那些我认为他们太忙了以至于不能做的事情。现在我知道了，他们确实想要做那件事情，但那件事的优先级不高。

生活就是这样，需要我们不断选择。

向左，还是向右。

熬夜，还是改善睡眠。

解决压力，还是持续向其他人诉说自己有多大压力。

改善饮食营养，还是抱怨好好吃饭很难。

这些都是选择，而且有时候这些选择会制造出一些冲突：选择你想要的，还是你需要的？如果是你非常想要的，你总会为它找到时间和精力。你可以问问自己这个问题："在 1 年后、5 年后、10 年后，我希望自己和现在一样吗？或者我希望自己有什么不一样？"这个答案会决定你是在安排事物的优先级，还是制造借口。

希望你诚实地对待自己。

"健康餐"真的健康吗

你是否被市场上众多的餐饮产品搞得眼花缭乱？健康餐的相关概念层出不穷，

但当你收到外卖，打开只看到几片菜叶子的时候，你是不是也会产生这样的怀疑："这就叫健康餐吗""这个真的能带给我健康吗"？

健康餐不应该只有一些菜叶子，标注出热量的也不一定是健康餐。下面我带你一起思考什么是真正的"健康餐"。

❶ 健康餐不一定需要标注热量

并不是标注了热量的食物就是健康餐。麦当劳也会为食物标注出相应的热量，但你会把它归类为健康餐吗？我猜不会。

计算食物总热量能够帮助我们管理饮食。你会发现你的热量盈余，你的体重就会上升；你的热量有缺口，你的体重就会下降。但除了食物数量，食物质量也是需要考虑的部分。这就是我们常说的："一种卡路里不是另一种卡路里（即使总热量一样，但食物不同也会带来不同的效果）。"同样热量的食物，拿汉堡和水煮菜举例，你会发现吃完 500 大卡的汉堡只需要一两分钟，但你吃同样是 500 大卡的水煮菜，你可能会挺饱的。

这就是食物质量的区别，以及营养密度和热量密度的概念。当你选择更高营养密度的食物时，意味着你的食物热量密度更低，这样会在摄入同样的热量情况下给你带来更多的营养和饱腹感；如果你选择更低营养密度的食物，它们通常都是高热量密度的食物，这样会在带给你更少营养的同时，带来更多热量和更少的饱腹感。

在考虑食物质量和食物数量两方面时，也许你都不太需要了解食物具体的热量是多少。如果你除了每天一顿"健康餐"之外，都没有考虑食物质量和食物数量，那么这一顿"健康餐"也不会真的对你的健康带来什么有效的帮助。

❷ 不要只用一个标准来判断健康餐

在这里我想说的是，不要总从一个角度判断健康餐，因为健康并不仅仅是这么简单的事情。要判断"健康餐"是不是真的给你带来了健康，我建议从结果的方向上考虑。这就意味着，你应该从你在身体外形上有没有取得变化，你的身体和生活状态有没有真的变得健康上来判断。

如果你在一段时间内吃了所谓的"健康餐"后，没有得到任何身体外形上的变化，没有减少脂肪、增长肌肉，也没有在日常生活中感觉更好，那么你吃的一定不是"健康餐"，至少对你来说它不是。

食物是人类进行活动的能量来源。如果你的食物，不管是什么，可以让你变得更加精力充沛、状态更好、身材更好，即使那些食物是别人眼中的垃圾食物，对你来说也许也是"健康"的；但如果你认为"健康餐"就是会给你的身体带来健康的食物，而忽视了自己身体吸收了这些食物后的真实感受，那你很可能不是正在给身体带来健康，而是危害。

❸ 自己做健康餐

没有人比你自己更了解自己，甚至你自己都还没有完全了解你自己，所以除了自己做健康餐外，我想不到更好的饮食管理办法了。做自己的健康餐、选择适合自己的食物。不论是喜欢更多的肉，还是更多的蔬菜，又或者相信低碳水会给身体带来好处，自己去试验一下吧！

你会发现不同的食物类型和搭配会让你的身体做出不同的反应。观察你在吃完那些食物之后的身体变化，比如肠胃状况、精神状态、运动能力、睡眠情况、排便情况等，你会逐渐对自己身体喜欢和不喜欢的食物有所了解，你可能会发现自己也许不一定需要遵从其他人给出的具体饮食建议，因为你的身体对那种建议感觉并不良好。

没有人比你自己更了解你自己，你应该试着找到真正能给自己带来健康和快乐的健康餐！

你想过把要吃的食物加入第二天的计划中吗

你还在每到吃饭的时候就纠结吗？不知道具体该吃些什么食物，随意选择之后，又经常为不合理的食物选择感到不愉快？不管你的饮食目标是什么，我发现一个非常好的方法，可以有效地帮助你进行饮食管理。

通常人们会提前一天安排好第二天要做的事情，比如明天早上起来要做什么、中午和下午具体要做什么、晚上要做什么，但很少有人会提前一天计划好第二天要吃的食物。

当我听到有一个会员保持着这个习惯之后，我发现这个习惯就像其他我一直在谈论的习惯一样，比如每天早上测量体重、晒太阳、戴防蓝光眼镜等，可以给我们的生活和身体带来很多额外的好处。

❶ 你不用再纠结每天吃什么

通常我们都有这样的体会：不知道到底要吃些什么！上大学时，面对食堂各种窗口的不同菜品，我和小伙伴们经常为选择什么食物而纠结好久，结果这个问题竟然持续到了现在。

选择食物时产生的纠结也是我们日常生活中的一种压力来源。特别是对于那些有体重和体型管理目标的人来说，由于饮食选择时的纠结，再加上由于不佳食物选择导致的身体的一系列连锁反应，"吃饭"这样一件简单的事变得难上加难。

为什么健身人士都需要一份训练计划，具体包括每周练几天，每天练什么动作，具体每个动作进行多少次多少组，休息多长时间等？有了这样具体的训练计划，他们不仅训练效率提高了，训练的完成度也会变高。

所以在饮食方面，我们也需要一份计划。训练计划可以由教练来帮助你制订，但饮食计划则需要你自己制订。教练可以给你一些大体的热量指导、营养素比例，但具体选择哪些食物，你需要根据自己的偏好来设定。每天晚上提前为第二天做好饮食计划，是一个非常好的开始。

❷ 你的饮食是受到计划限制的

"今天吃了一个冰淇淋。""同事给了我一包零食。""我喝了一杯奶茶。"以上情况，你是不是经常会遇到的？生活中会出现各种意料不到的事情。那些本来下定决心进行饮食管理的人，禁不住各种意料之外的"食物诱惑"的一个原因可能是，他们没有对饮食制订计划。

如果你有一份具体的饮食计划，能具体到早上吃哪些食物，中午吃哪些食物，下午吃哪些食物加餐，晚上吃哪些食物，并且对于这些食物已经进行了热量的规划，那么你每天的饮食其实就变成了简单的"0和1的游戏"。你要么选择执行这份饮食计划，要么选择打破这份饮食计划。

❸ 你可以提前计划好热量

热量平衡决定了你是增加体重还是降低体重。这意味着你要比较每天通过食物摄入的总热量和每天通过运动与活动消耗的总热量。大体上来说，想通过额外的运动和活动来增加热量消耗，是效率比较低的，因为1小时的走路或慢跑所消耗的热量，很容易被一根雪糕或一点零食平衡掉。

如果你的目标是降低体重，那么进行食物热量上的控制，会帮助我们更好地达到这个目标。提前一天计划好第二天具体的饮食安排，并计算好这些食物所包含的总热量，特别是对于那些试图降低体重的人来说，是一个非常好的选择。

为什么要练杂耍

随着年龄的增长，你会持续迎接生活的新挑战吗？这不仅仅是人们常说的"走出舒适圈"，更重要的是，如果你在持续接受新的挑战，你也在不断锻炼你的大脑。

我们知道身体会随着年龄的增长而发生变化，大脑也会。大脑会随着年龄的增长发生萎缩，从分子层面到形态层面都会有所变化，心理功能也会变化。

精神衰弱是人的衰老过程中非常普遍的情况，但认知障碍和记忆力问题，也许是我们使用一些方法可以避免的。这些方法包括得到新的精神刺激、进行体育运动，等等。

通过研究，科学家发现，大脑的活动会刺激神经细胞之间建立新的连接，甚至可能会帮助大脑生成新的细胞，发展神经的"可塑性"，并且会建立功能储备来对抗未来可能发生的细胞丢失。

任何刺激精神的活动应该都有助于增强大脑运转，比如阅读、参加课程、玩智力游戏等。或者你可以尝试一些需要手工技巧和脑力劳动的事物，比如画画或制作手工艺品。

研究也显示，如果你在利用你的肌肉，也有助于你的大脑。实验显示，那些经常运动的动物的细小血管数量会增加，这些细小血管会将富含氧气的血液送到负责思考的大脑区域。体育运动还可以刺激发现新的神经细胞，并且增强脑细胞（突触）之间的联系。

这些可以使我们的大脑变得更有效、更灵活可塑，并且有更强的适应性，也就是使我们随着年龄的增长有更好的表现。通过体育运动，我们还可以降低血压、降低胆固醇水平、帮助调节血糖平衡、减轻精神压力，所有这些都有益于我们的大脑和心脏。

我们的大脑决定了我们如何想、如何做，决定了我们的行为。如果我们可以改变我们的大脑，我们就可以改变我们的行为，改变我们的生活。

幸运的是，我们可以通过精神刺激和体育运动带给大脑新的刺激。也就是说，我们现在需要为我们的大脑和生活开始进行一些活动。

所以我开始练习杂耍（Juggling）。

杂耍其实有很多种意思，不仅仅是指一种玩耍方法，也不只是利用小球来进行。从历史上看，早在古埃及就已经有了关于杂耍的记录。

中国的古代历史中也有关于杂耍的记载。比如《列子》中提到了兰子能够踩着高跷玩耍7把剑，并且常有5把剑保持在空中。

现在，杂耍变成了更多人的爱好和兴趣，甚至还有一些职业运动员也会利用杂耍帮助提升运动表现，因为不可否认的是，成功进行杂耍需要非常强的协调能力。

杂耍随时随地可以进行，每天只需要几分钟，就可以锻炼你的大脑，还会带来很多的乐趣。

当你有好的态度时，好事就会发生

你的训练态度是什么样的？你把每一次训练当作会被自己征服的困难，还是一个个遥遥无期的宏大目标？你每次训练时是笑着的，还是皱着眉头的？如果你是教练，你有没有发现，给有些学员做训练指导非常顺利，给有些学员做指导异常艰难？你可能已经体会到这并不取决于学员具体的能力，而是他们的态度。

作为一名教练，我得承认，面对一些学员，我发现即使我很想尽我所能帮助他们，但我总是会在实施过程中觉得无计可施，甚至开始怀疑自己的教学方法和内容不够好。

出现这种情况主要有以下几个原因。

他们会在开始训练的时候，告诉我其实他们不太喜欢健身。

他们会在重复几次特定训练动作的时候，告诉我做太多组好无聊。

他们会在我询问要不要增加重量的时候，告诉我不要加重，这个重量就可以了。

他们会在我为他们的训练目标选择训练内容的时候，告诉我自己不想做这个了。

仔细想来，那些能在锻炼中取得不错锻炼效果的学员，都有一个共同点——拥有好的态度。他们会努力训练，也愿意在我的帮助之下变得更好，我们的教学和训练过程都非常顺利，每次训练课程我们都感觉时间过得飞快。这种态度其实并不取决于你当下的训练水平和身材，而这种态度却会决定你到底可以达到什么程度，得到什么效果。

当你看到世界名模凯特·厄普顿（Kate Upton）的训练状态时，你就能理解我说的态度是什么意思。在开始一组辛苦的训练动作前，她会很有斗志地说"练就行了"。

她的教练这样说："太棒了！她用 24 千克的壶铃每侧做了 11 个反向弓步，并且动作都很标准。这就是真正的训练。凯特和我分别住在同一个国家的两端，但我们一直通过视频连线进行远程训练。在过去的 58 天里，她在家里进行了 52 次训练。她只有 3 个壶铃，1 条弹力带和 1 个稳定球，但是我们设法进行了 52 次出色的训练，并且她不断变得更加强壮和健康。塑造身材的过程中没有快速解决方案，努力并且坚持下去就是唯一的答案。我们的训练计划其实非常简单，但并不容易。我尽可能指导她在家里进行训练，并且利用逐渐增加超负荷来帮助她变得更加强壮。现在她正在用之前进行硬拉的壶铃进行弓箭步。我喜欢她对于训练的态度。每次我问她是保持这个重量还是增加重量的时候，她都会选择增加重量，然后说'让我们看看会发生什么，但我认为我可以做到'。当你有这种态度，并且将其定期展现出来的时候，好事就会发生。我告诉她，以她现在的训练努力程度和可以举起的重量，她已经非常厉害了。请大家给她一些爱，因为她真的很努力。"

进行健身训练不一定需要很多设备，训练内容也不一定要很复杂，重要的是你如何对待自己和训练，这会让你在和教练一起训练的过程中产生 1+1>2 的效果。很多人找到我进行训练咨询，但我总感觉非常奇怪，本来应该是对方主动介绍自己的情况，而我询问情况时感觉像在挤牙膏，但是遇到有的学员的时候，我马上就知道，他是想认真开始和我训练的。

他们会认真对待我布置的饮食内容，每一天都会详细告诉我自己的饮食情况。就是这种态度会帮助他们收获成效。除此之外，有些学员也做了很多我没有想到的事情，比如花两周时间把我的几百篇微信公众号文章都读了一遍。我被这种态度感动了。

所以当你有好的态度，并且将其定期展现出来的时候，好事就会发生。

大众健身人群需要的 4 种运动形式

你是大众健身人群吗？或者你在为大众健身人群提供训练指导吗？那你知道我所说的大众健身人群具体是指哪些人吗？你知道大众健身人群需要什么样的运动

形式吗？

大众健身人群，其实是我、是你，也是大多数的他。如果你没有从小接受专业运动训练，或者接受过一段时间的训练但退役很久了，又或者从小就喜欢运动，但没有接受过专业的指导，然后现在开始去健身房锻炼，你的首要目标肯定是希望自己变得更加健康快乐。

在这个基础上，每个人可能有不同的目标，比如想要改善身体形态、增长肌肉、跑得更快等。作为一名普通人，应该没有人想在牺牲健康的情况下，换取更好的运动表现，所以你需要了解以下 4 点内容，我认为这些对于大众健身人群来说都是必要的。

❶ 心肺功能训练

我以前说过我不推荐进行有氧运动这种话，但事实上我自己的观念也会随着时间和知识的积累而发生变化。我猜这也是你们愿意关注我的原因，我也在成长。

心肺功能训练能带来的心血管方面的好处，的确是大众健身人群所需要的，特别是在你有高血压的状况下，进行有氧运动可以帮助你降低血压。另外，进行低强度、长时间的有氧运动，会帮助你消耗更多的热量，这对于那些对身材有一些要求的人群来说，的确是个非常好用的工具。

你需要心肺功能训练，但不代表你需要一周进行 7 天。对于大众健身人群来说，一周进行 2~3 次、每次 20~30 分钟的心肺功能训练，也许就足以帮助你获得很多好处。如果你不满足于这些好处，想进一步增强心肺功能，你当然可以相应地提高训练频率和增加训练时间。

❷ 肌肉训练

我在教学过程中发现，大多数找我进行训练指导的大众健身人群，其实都需要增长一定的肌肉。无论他们是为了改善体型、减少脂肪，还是想要更好地进行那些所谓的体能训练，比如 CrossFit，均是如此。

有一定的肌肉会帮助你更好地实现这些目标，会在你减下体重或脂肪之后更容易长期维持住，也会让你能更好地应对不同的训练内容。但你千万不要在我说你需要肌肉训练的时候，就把自己和健美运动员画等号。二者其实是天差地别的，其具体的训练内容和方式也不太一样。

233

大众健身人群应主要关注自由重量和多关节复合动作。经过一段时间的积累，你就可以获得相对可观的肌肉量。一周进行 3 次、每次不超过 1 小时的肌肉训练，就可以给你带来非常好的增肌效果。

❸ 力量训练

你也不要把肌肉训练和这里的力量训练画等号，这里的力量训练是特指那些为了增强绝对力量而进行的训练。在训练形式上，力量训练会使用更大的重量，每组练习更少的次数，通过对神经系统进行训练来帮助提高身体的力量水平。

每个人都需要变得强壮，这是一个持续的过程。研究结果显示，如果你有更高的力量水平，那么你就容易活得更长、更加健康。

❹ 运动乐趣

采用以上这些运动形式的前提，是你喜欢这些运动过程，你可以在这些运动过程中找到乐趣。

如果你是为了运动而运动，为了达到某种目的而运动，那你很可能会发现运动过程中总是充满阻碍、坎坷，你会不断找借口让自己不去运动。你会觉得自己懒，其实这不是懒，而是缺乏动力。但如果你是为了享受运动过程而运动，你就不会懒，你也不会没有动力。因为你在运动过程中已经找到让自己开心快乐的地方，同时你也会自然而然地获得你期待的运动效果。

就像我经常会对学员说：晚上有时间就出去走走路，当然不是为了消耗热量而做，而是溜达溜达来缓解心情。

工作太累，不等于没有时间训练

你有过工作非常忙碌的时候吗？那段时间你是不是暂停了自己的训练计划，每当教练催促你去训练的时候你都会回复："我太忙了，没有时间。"作为教练，我以前听到学员说这些话的时候，第一反应是：这不过又是一个借口罢了，还是懒。但现在当我自己也开始忙碌，早出晚归，一天有很多事情等着解决的时候，我发现我也会暂停自己的训练计划。

❶ 不是没有时间训练

再忙都有时间训练，即使是从早忙到晚，我发现我也能找到训练的时间。事实上，关键也许不是我们没有训练时间，而是我们缺少了训练的精力。

当每天工作和生活中的事情很多时，我太多的精力和注意力都被消耗了。我的大脑在不停地运转，所以每当遇到可以喘息的机会时，平躺下闭目养神就是我唯一想做的事情。

这也许也是你经常遇到的情况，本来计划好晚上去健身房训练，但是白天工作太忙，晚上真的没有精力去健身房挥汗如雨，给教练发了信息"今天太累，练不了了"后，只想回家躺着休息。

❷ 允许自己暂停训练

如果这是你常会遇到的情况，那么请允许自己暂停训练，也不要因为自己又一次没有训练而产生负罪感。生活的确存在各种突发情况，我们不太可能完全按照计划行事。

在不同的生活阶段，我们的生活重心总是会发生转变。虽然很多人一开始都希望保持运动习惯，但在某个特殊的时间段内，运动也可以成为一件不是那么重要的事情，比如工作变得非常忙碌、需要筹划家里的装修或者举办婚礼等。

如果遇到这些情况，那就降低训练频率，试着维持训练效果，然后等到比较清闲的时候，再开始好好训练。

❸ 给自己一个期限

你可以允许生活有其他重心，允许自己运动的优先级发生变化，但一定要给自己一个期限，因为保持健康是我们生活中最重要的一件事情，我们每个人在生病的时候，都会深刻地体会到这一点。

给自己设定一个比较具体的期限。比如我开始装修健身房的时候，我知道大概在一个月之后，我就可以回到正常的训练生活中。如果你工作很忙碌，也可以试着给自己设一个忙碌的期限，比如要在几个月后重新开始训练。如果到了该重新开始训练的时间，你生活中的忙碌状态还是没有改善，那就重新为自己设定一个期限，或者思考一下这样的忙碌是否有意义。

在谈到压力的时候我讲到过：短期的压力是好事，身体会为之产生适应；但长期的压力对身体来说，是不好的事情，身体会开始崩溃。同理，短时间内的忙碌是好事情，但如果遇到了长时间的忙碌，也许我们该好好思考是否要调整一下了。

在困难的日子里，记住 8 件事情

你正在经历困难时期吗？不管是健身训练中的瓶颈，还是生活或工作中艰难的日子，不论你处于什么阶段，我都希望你了解这 8 件重要的事情，特别是你正在经历困难的时候。

❶ 现在并不代表永远，几乎所有的事情都会发生变化

没有事情会保持不变，即使看起来保持不变的东西实际上也在持续发生变化。比如我们的身体，每一秒，我们的身体都在发生各种各样的化学反应，以内在的动态来维持外在的稳态。比如我们进行深蹲时，即使每一次下蹲看起来都一样，但研究显示，实际上每一次深蹲所募集的肌肉纤维都不太一样。同样的概念可以迁移到生活的各个方面。

❷ 这不是你第一次经历困难时期，目前的你就是以前的你通过成功克服各种困难造就的

生活是一环套一环的，我们的现状是以前所经历的所有事情的结果，所以也正是以前的各种困难，塑造了现在的你；而你今天所遇到的各种困难，必定会塑造未来的你。就像我在《巨人的工具》一书中看到的一句话：My work isn't done tonight. My work was done three months ago, and I just have to show up.（我不是在今晚才付出努力，而是在 3 个月之前就付出了努力，今天我只需要将努力展现出来。）

❸ 每种逆境都会同时带来成长的机会

"塞翁失马，焉知非福。"我国古人已经知道逆境不一定是逆境，也可能是另一种形式的顺境。这就是人们现在常说的成长型思维，如果你可以在逆境中持续关注机会而不是困难，你会发现更多的成长机会和解决困难的办法。事实上，每一种困境都一定会有解决办法，而我们需要做的，就是找到办法并且坚持下去。

❹ 无法总是得到我们想要的东西，也许是我们的福气

叔本华说生活存在两种极端：贫穷和无聊。需要为生活奔波劳碌的人虽然不能得到所有想要的东西，但同时也会保持奋斗的动力，所以无法总是得到我们想要的东西，也许是我们的福气。

❺ 继续寻找给生活增添乐趣的方法，即使看起来几乎不可能

乐观就是一个人想哭的时候还能笑，即使生活再困难，我们也需要不断为生活增添乐趣。增添乐趣的方法也许不用很复杂，可能有的人感觉最幸福快乐的时刻，就是坐在天桥上看着太阳下山。

❻ 首先照顾好自己

乔丹·彼得森（Jordan Peterson）在《人生十二法则》中提到这样一个观点：对待自己，要像对待你有责任去帮助的人一样。在很多时候，我们对待其他人会比对待自己更好。我们需要明白，自己是特别的、独一无二的，首先学会照顾好自己。

❼ 其他人的负面评价应该首先被消灭，并且不要去回应

我们要分清楚破坏性评论和建设性评论的区别。别人的评价有时候是好的，会帮助我们持续保持进步；但有时候我们其实需要忽视他人的评价，因为太过关注别人对自己的评价，会让我们忘记自己真正想做的事情。

❽ 每一天都找到让自己感激的事情

当我写下这段文字的时候，装修工人们正在为我的场馆忙碌。我真的发自内心地感谢他们，因为他们正在帮助我实现我的梦想。想到感激的事情会让我们变得满足和平静。哪怕是生活中别人的点滴帮助，或者是自己给予别人的举手之劳，都会让生活变得更加有意义。

别羡慕身材好的人，而要同情他们

不知道你观察过没有，幸福感越低的人，越容易在健身和管理饮食的过程中坚持下去。反过来说可能也说得通，对目前生活越满意的人，越难坚持健身和饮食这一两件事。

尤其是当一个人有了和谐稳定的伴侣，身材焦虑对他们的影响就会较小。我们应该比较容易观察到那些新恋爱的情侣，以及新婚夫妇的体型是如何变化的。

也许处在这种关系状态下，当一方开始因为非健康原因关注身材的时候，反而恰恰是另一方需要多留心的时候。

所以以后有人前来咨询我减脂瘦身的时候，我想我应该问他们：

你是单身吗？

你目前有多么不幸福？

你正在经历怎样的困难？

当人的生活越艰难的时候，我想他才会越有动力执行健身和饮食管理计划，完成度会较高，效果也会更明显。

回想起我自己和一些学员的健身过程，这些学员的确都是希望通过健身这件事让自己当下的生活做出改变。

我想要通过健身使自己的身体变得健康，因为经历了家人生病的事情。

我想要在外形上展示出强壮，因为我不想再做冲突中的弱者。

我想要成功减脂展示好身材，因为当时我的健身房正需要宣传。

一名学员找我健身减肥，因为刚和对象分手。

一名学员找我增强力量，因为他腰椎间盘突出，怕后半辈子只能卧床。

一名学员找我锻炼肌肉，因为他的身材让他没有自信。

一名学员找我练习举铁，因为不想工作猝死。

这些因为痛苦和恐惧带来的需求，也许反而是最真实的需求。这使得他们不仅是训练最努力的人，还是回家反复练习琢磨的人。

和这些状态相对的一种状态，就是有的人虽然嘴上说着"我想要肌肉／减肥／力量／健康"，却没有实际行动。我曾经在文章里提到过，这就是"真的想要"和"假的想要"的区别。

他们对目前的生活状态也许不是十分满意，但至少应该没到不幸福的地步，他们通常伴侣关系和睦、工作可期、收入可观。他们对于健身目标的期待，应该就是"有了更好，没有也不赖"。因为他们没有经历相关的痛苦，健身的优先级自然就没那么高。

你不用再羡慕那些身材好／自律的人，而是应该同情他们。希望有人看到这里会在心里默念："可怜的舒教练，你正在经历痛苦。"

是的，我正在经历痛苦。但我也知道，正是苦难才会带来真正的成长。是它把我带到了目前这个状态，我仍然需要它才能走得更远。

选择私人教练的 5 个参考标准

你考虑过和私人教练一起训练吗？还是你目前已经开始和教练一起训练了？如果你正在选择教练，或者希望有教练可以帮助你使目前的训练效果更进一步，那么这里有 5 个参考标准，可以帮助你更好地选择教练。

❶ 什么样的教练才算专业

很多人选择教练的第一考量，就是教练是否专业，但存在的问题是，外行人往往无法判断教练具体的专业水平。是的，基本上每一个上岗的教练都会有所谓的教练资格证书，虽然网络上有很多人对不同资格证书进行了一些排名，但实际上，即使某位教练拥有很多的资格证书，他也不一定是一个会练、会教的教练。就像学校里的老师，能在学校教课的老师都经过资格认证，但你回想在学校时的经历，应该可以想起来为什么有些老师容易招人喜欢、能带出好的成绩，为什么有些老师就不太行。

对于专业的教练来说，也许有多少证书不是那么重要，重要的是证书能带给这名教练的其他的东西。这些所谓的其他的东西，包括持续学习的能力。因为如果你发现一名教练给你讲的方法都是"绝对的""没有依据和理由的"，那么他可能还没有成为一名我认为专业的教练。如果一个人有持续的学习能力，他会发现自己越来越不懂那些简单的东西，比如减脂、饮食、增肌等。

简单说就是：专业的教练会告诉你原理，给你介绍多种可行的方法。

❷ 教练要从经验中学习

没有比经验更好的老师，这就是为什么那些刚从健身学院出来的教练给你讲课时，你会感觉那么生硬，而在有经验的教练的课程中，你会发现所有的提示词或讲解的内容都很有效和顺畅。对于教练这个职业来说，也是存在所谓的职业天赋的。有的人天生就适合做教练，他善于观察动作细节、举一反三，甚至可以从其他人的经验中进行学习。

他们利用这种从不同经验中学习到的体会，可以更好地帮助其他训练者获得更好的训练效果和感受。

❸ 教练的训练要有效果

如果没有这一点，那么即使以上两点做得非常完美，也只是假象。事实就是：专业的、好的教练会带来训练效果。产生效果的程度和方向可能会因人而异，但好的教练会让更多的人尽可能多地获得效果。因为教练的关注点应该在"如何让我的学员获得更多效果"上，所以作为一名好的教练，他会调整自己的教学方式和手段来迎合不同类型的学员。

另外，不要只从教练口中了解训练效果，如果你有机会接触教练的学员们，你可以从他们的身上看到真正的训练效果是否存在。

❹ 教练应该是积极向上的榜样

私人教练在健身房里教授你如何合理地安排训练和饮食，但你到健身房训练的首要目标，肯定是让自己变得更健康或保持健康，其次是变得身材更好或达成其他训练目标。在你开始改变的道路上，合理的饮食、充足的睡眠、良好的生活习惯都是关键的影响因素。如果这时候，作为你的"健康引路人"的教练都没有合理的饮食、半夜才睡觉，不敢想象你的训练会如何进行。

作为处在健身行业中的教练，也应该能成为你在生活中积极向上的良好榜样。你在选择私人教练时，这些也应该作为你的考虑因素。

❺ 教练和学员可以建立良好的关系

教练和学员之间是一种商业关系，建立好这种关系的关键当然是教练需要做好以上4点，然后从学员那里得到尊重和认可。这种关系也是一种人和人之间的关系，从这个角度上说，建立好这种关系就更加复杂了。但简单来说，学员应该选择让自己感觉良好的教练，教练也应该拒绝那些让自己感觉不好的学员。

如果你是遵守约定的时间的学员，就不要选择那些时间观念不强的教练；如果你是严苛的教练，就试着拒绝那些需要人哄着训练的学员。

希望你可以找到好的教练，希望你可以成为好的教练。

做任何你想做的，今天就开始

你曾经是否有想做的事情，思前想后觉得可行，但是最终因为种种原因没有付诸行动？你是看大家都在做某些事情才有信心和动力去做，自己单独做就会迟迟不敢行动？

我有过类似的情况，而且有过很多次。我想你们应该也和我一样，对于很多事情，一定有过很多这样的想法。但我慢慢发现，我没有真正行动的原因，并不是我不想要那个结果，而是行动之后我需要承担很多额外的东西——包括压力。

对，压力。压力就是这么神奇的东西，你做很多事情会带给身体压力，你还没有做这些事情也会带给身体压力，更不要说做那些和大多数人不一样的事情，你就需要承担更多的压力。这种压力也许来自对未来不确定性的恐惧，也许来自我们过多地在意"别人如何看待我们"而影响"我们如何看待自己"。

恐惧不是真实的东西，唯一可以产生恐惧的就是我们对于未知（未来）的想法。这其实是我们对于现实中不存在的，或者从来都不存在的一种幻想而已。

生活中的危险是真正存在的，但恐惧只是一种选择。

我们过于在意别人的想法，就更容易去做那些"自己不想做"的事情。在这种情况下，我们并不是为了自己而做，我们更多的是为了别人如何看待自己而做。这样我们就会在生活中制造出很多矛盾和冲突。

从一开始就完全做自己想做的事情，的确会有些困难。但你需要试着开始，借着自己的冲劲儿开始。让这种"做自己想做"的雪球不断滚动起来，也许你会发现新的世界和新的自己。现在，当我不再特别在意别人如何看待我时，我发现自己又能开始享受训练的乐趣了，就像刚开始训练一样。

我期待着做一些不一样的事情，如在户外开设训练课，在小区里摆摊招募训练课程学员。在众多路人的注视下进行训练，确实会让我很不舒服，并且让我看起来有些"愚蠢和可笑"，但我根本不认识他们，我不再需要让他们会如何看待我来影响我如何看待我自己。

当我真正迈出这一步之后，我感觉舒服多了。我在"做我自己想做的"路上更近了一步。我更关注自己的想法，而不是别人的想法。所以，如果你现在还有任何想做的事情，你觉得可以做，你自己也想做，但是因为别人的压力还没有开始行动，不管是开始运动，还是在工作上做出一些改变，还是做其他的什么事情，从今天就开始做，因为我们没有时间可以浪费。

舒教练的"运动心理学"：运动是一把钥匙

为什么你还没有开始运动？我们常说："生命在于运动。"但运动绝不应该是一种手段，我们不应该为了运动而运动，或者为了达到某种现实的目标而运动，这样会很难让我们持续运动下去。除非现实的目标变得尤为关键，如当医生跟你说"再不减肥恐怕就太晚了"的时候，可能才是大多数想通过运动来达到某种现实的目标的人，真正得到十足的动力去运动的时刻。

能持续进行运动的关键，也许是在运动过程中变得更具主导性并且找到过程目标，而不仅仅是你想通过运动达到什么现实的目标。

这包括有的人在举铁过程中进行帮助自己精神和身体净化的"冥想"；有的人在跑步过程中不断引发对自身的思考；有的人在结伴运动的过程中进行人与人之间的社交；等等。

换句话理解就是：那些能持续运动下去的人，通常是为了体验"做这件事"的过程（感到愉悦），不是为了"做完这件事"才会实现现实目标（长多少肌肉、减少多少脂肪、获得多少健康好处）。

过程目标会偏离现实目标吗？并不会。当你开始关注过程目标时，现实目标也会更容易实现，因为你会把实现现实目标所需要的、过程中的每一步都做好，并且在这个过程中会开始真正"享受过程"。现实目标自然而然就会实现。

常见的现实目标通常会是那些有具体衡量标准的目标，比如减重多少千克，增肌多少千克，硬拉突破多少千克……

而合适的过程目标通常会是那些不好具体衡量的目标，比如我想打发下空闲时间，我想和朋友一起玩，我想挑战自己，我想让自己平静下来，我想要变得健康/积极，我想要流汗……

很多人无法找到过程目标或者体会到运动过程中的乐趣，也许是因为目前你选择的运动形式和你的过程目标不匹配。我很难相信，有人可以容忍没有任何"过程目标"地做事情。如果一个人的过程目标是陪伴（不论他自己是否发现），那么他一个人去健身房举铁，可能就不是一个匹配的运动形式；如果一个人的过程目标是享受安静/体会大自然，那么去室外跑步会是一个匹配的运动形式。

不要执着于大多数人采取的运动形式，如健身房举铁、跳操、跑步、舞蹈、羽毛球、瑜伽等。如果你没有通过那些运动形式找到 / 关注到过程目标，说明你目前所采取的运动形式可能不适合你，而你需要做的就是尝试新的运动形式。

找到并且关注过程目标是非常关键的。当我们真正找到并且关注过程目标时，给自身带来的改变会是你想象不到的大，包括身体上的和心灵上的。

当你关注过程目标时，说明你"喜欢"你正在做的事情，你找到了热爱的事情，你找到了自己的生活热情所在。以前你会为了达到某种现实目标而做事情，但现在是因为"自己想做"而做。你就像找到了一把钥匙，你把自己的内心真正打开了，探索到了自己的热爱所在、关注所在、需要所在。你通过找到适合自己的运动形式发现了自己。

发现自己带来的影响也非常深远。如果你还没有经历过，很可能难以想象这样的感受。但当你真正找到了那把钥匙，打开了自己的内心，你就会找到自己的热爱所在、关注所在、需要所在。就像一把钥匙打开了一道门，门里照映出了无数的光芒，充满了整个画面。

关注过程目标而不是现实目标，这句话会映射到你生活的其他方面，引导你进行食物选择、情感选择、工作选择、行为选择，以及生活中的所有其他选择。

运动也许不是唯一的途径。每个人的"钥匙"都不一样，有些人可能会通过某些运动形式找到自己的钥匙，某些人可能会通过某些艺术形式找到自己的钥匙，某些人可能会通过其他途径找到自己的钥匙。途径不重要，重要的是我们都需要找到自己的钥匙。

我自己对此有很深的感悟。我通过运动学会了很多东西，或者说，运动教会了我很多东西。这些在运动中学会的东西，对我的整个生活做出了启示。用一句话概括我的"运动心理学"就是：运动可以发现自己，发现自己会改变整个生活。

要学以致用

你是一名教练吗？或者你是有很多训练经验的健身爱好者？你会发现关于健身、训练这些方面的知识，其实网络上都有，如果你有心搜索和钻研的话，你可以懂得很多东西。一些找到我的学员说自己花了些时间了解，发现之前教练教的很多东西都过时了，所以来找我学习更多的知识。是的，健身训练和其他事情一样，也是在不断更新的。作为从业者要不断地更新知识储备，不然被学员超越是早晚的事。

在这里，我想分享一些作为教练在学习知识方面的一些感悟和体会。

❶ 不一定完全利用现成的体系

我知道，现在的很多教练喜欢说"体系"这类概念。在给学员介绍的时候，说"我们是有训练体系的"，会比"我们没有固定的训练体系"，听起来更加专业。但对我来说，如果你还在遵循固定的训练体系，那么我反而会觉得你还没有学以致用。

我也是这样过来的。我在追随学习查尔斯·波利金的过程中，感觉像是打开了一扇大门，各种新奇的知识点和方法让我非常欢喜。甚至有一段时间，我会完全信奉他所倡导的训练教条。随着不断实践，我意识到他主要为运动员水平的人员所制订的原则，可能对我目前面对的那些学员来说不太适用。这个感悟我也在经历其他训练体系的过程中体会到了。

拿 CrossFit 来说，如果你去过不同的场馆训练，应该可以明显体会到训练计划安排的不同。这就是不同教练对于同样一个训练体系的理解不同，甚至有些教练会比较严格地遵循 CrossFit 课程中教授的训练计划安排原则来安排场馆的训练内容，这也许是因为他们还没有形成自己对于这一训练体系的理解。

团体课程也是这样，莱美、杠铃操、TRX 等，很多教练只是遵循体系模板上课，并没有在其中加入一些自己的元素或理解。对于一些学员来说，他们应该可以体会到这些细微的差别。

事实上，这些体系也许都是很好的体系，但你也需要了解，体系可能是为了满足商业模式的一种手段。对于教练来说，从不同的训练体系中学到有用的内容和知识，但并不局限于特定的训练体系，可能是发展个人训练体系的一个必要条件。

❷ 自己的体系不需要取名字

当你开始从不同的训练体系中汲取知识，并且融合了一些自己在训练和教学过程中的体会和经验时，你也许就开始有了一套自己对于训练的理解。这就是你自己的训练体系，并且，你的训练体系不需要有一个特定的名字。你不需要将自己的理解命名为"××××-Fit"或者"×××体适能"，你这个人就能最好地展示你的训练体系。

如果拿我自己的训练体系来举例，我几乎会涉及训练的所有方面：力量训练，比如力量举和举重；肌肉训练，比如常规的健美训练；耐力训练，比如跑步；柔韧性训练，比如不同方式的拉伸等。甚至我最近开始玩杂技和踢毽子，请问这个体系需要取一个什么名字？

我也不知道！因为我也会做和你在其他体系学到的几乎相同的训练，深蹲、硬拉、俯卧撑、引体向上、土耳其式起立。这些都是我帮助学员达到训练目标的工具和手段，为什么要为这些训练工具和手段取一个名字呢？

就像众多的饮食方法一样，如素食、低碳饮食、生酮饮食、低脂饮食、地中海饮食、原始人饮食等，你的饮食方法不必完全遵循以上这些，你的饮食方法也不需要有一个特定的名字。如果你遵循以上这些饮食方法取得了不错的效果，并且享受其中可以长期持续下去，那当然是好的。但对于大多数人来说，完全没有必要把自己局限在这些概念里面，这就是我想表达的。

❸ 以开放式心态多接触、多学习

作为教练经常需要面对别人对自己所信奉体系的怀疑和否定，这也是我在接触不同教练时总会出现的情况。尤其在和互相不太了解的教练相见的时候，往往会发生"我认为我会练，你认为你练得好，有点意见分歧就认为对方不懂训练"的情况。但事实上，这也体现了这些教练对于训练内容理解的局限性。

就像以前，我说过"不要用有氧运动来减脂""为什么要做有氧运动"这样的话；但现在，在我无法要求学员日常增加活动，或者我自己需要调节身体健康状况的时候，我又开始重新认识到有氧运动的好处和价值。

训练里没有绝对的事情，哪怕是一个特定的动作，都有非常多的变式。所有的活动或训练形式都有各自的目的和效果。以前我绝对不会参加跑步活动，我搞不明白为什么要做跑步那么无聊的事情，但现在我希望通过这些活动来接触大自然、享受阳光。

我们的认知都有局限性，但是保持开放心态，多接触不同的内容，多学习新的知识，会帮助我们扩大自己的认知范围。你也许会发现，你不再需要通过否定别人来加强对自己体系的认可，你可以以平常心对待不同人对训练的不同理解，这时你会开始成为一名更好的教练。

解决目前生活中的问题的办法

你在目前的生活状态下挣扎多久了？你已经对你的工作有很多不满了，但你现在还没有想出该怎么做出改变？可能你的身体已经积累了一些多余的脂肪，你想要甩掉它们，虽然试过但没办法持续下去？

无论你目前在什么状态下纠结，这里我说的都可能成为你的解决方法。我在刚开始接触健身训练的时候就不经意地应用了这个方法，并且在整个自我训练和教练职业的发展过程中，我不断地利用这个方法指引我如何花费我的时间，如何做出我的选择。这个方法帮助我在迷茫的时候重新找到了方向。这也许正是你现在所需要的。

❶ 你到底想要什么

你到底想要什么？不要简单地回答"我想要有钱""我想要身材好""我想要谈恋爱"，这是大多数不知道自己想要什么的人的答案。如果这些是你真正想要的，那你现在不会纠结，你不会没有工作的动力，你不会没有锻炼的动力，你不会挣扎在现在的状态中。你需要深入地剖析自己、观察自己，这意味着你需要不断问自己问题：我为什么需要这个？这个真的是我需要的吗？不管你最终得到的答案是什么，任何你真正想要的都是值得奋斗和尊重的。但在得到最终答案的过程中，你需要不断面对真实的自我，面对自己内心最抗拒的那一面，承认自己最不敢承认的事情。

真正的答案也许会是这些：我因为身材弱小，所以想要变得强壮；因为感到非常孤独，所以需要陪伴；因为被忽视，所以需要得到尊重；等等。比如我最终发现想要变得身材好、想要变得强壮，是因为我在小时候和别人起争执和冲突的时候，总是说不出话或者是占弱势的那一方。

这些事情都让我感觉很憋屈，我希望通过外形上的改变得到更多人的尊重，希望自己可以在不同场合占据各种主动地位，所以我开始健身，让自己变得强壮。

❷ 获得想要的需要具备哪些条件

随着你越来越清楚自己想要的是什么，你的每一步似乎都会变得更加清晰，因为你会开始从目标倒着往回找到具体的路径。比如我现在想成为一名优秀的教练，我知道成为优秀的教练的条件：知识丰富、训练水平高、追随的学员多、学员有好的训练效果等。

那么为了拥有更丰富的知识，我需要去学习；为了达到更高的训练水平，我需要不断训练；为了得到更多的学员追随，我需要让更多人了解我；为了让学员取得好的效果，我需要不断询问和思考如何才能帮他们变得更好。也就是说，只要我做好这些事情，我就可以变成那样的人。所以不管你自己想要的是什么，你一定要知道为了达到这样的目标需要具备哪些条件，那样事情就变得非常简单了。

❸ **开始去满足条件**

现在事情变得简单多了，并且也非常明确：只要我们做到那些事情，做到那个水平，就可以变成那样的人。所有的汗水和努力都是在满足条件，是为了变成我们最终想要的那个样子，并且我们每一步确实都在向着自己的目标前进。

改善挣扎生活状态的秘诀就是这 3 步：第一，不断问自己想要什么，拨开各种假的需要、面对自己的内心找到真的需要；第二，反推获得真的想要的需要具备哪些条件，分别列举出来，越具体越好；第三，去做列举出来的那些事情，直到得到自己想要的。看到了吗？这种为了达成目标寻找方法的方式，其实就是在利用成长型思维：总是在寻找解决办法，而不是通过自暴自弃和萎靡不振来否定自己。别继续沉迷于目前的挣扎生活中，从今天开始，拨开迷雾，做出行动和改变，因为我们没有时间继续浪费。

健身教练的价值思考

健身教练如何让自己"生意"兴隆

你也是一名健身教练吗？你目前的教练"生意"如何？你目前获得可观的收入了吗？你得到了来自教练这一职业的成就感了吗？你对于自己的教练职业发展有所期待吗？如果你想让自己的教练生涯更加成功，除了众所周知的专业知识，其实还有很多其他方面的内容需要你学习并且付出更多的努力。作为一名教练，我希望可以帮助你在自己的教练生涯中取得成功。

❶ 你需要让你的客户进步

你想要一个良好发展的教练生意，但你的客户都没有取得进步？那么他们不会在一段课程结束之后，继续和你训练。他们不会向周围的朋友亲戚推荐你，让其他人也来找你训练。对于教练来说，学员的训练效果就是最好的广告。学员之间的推荐介绍，也是最有效的市场推广之一。现在更多的教练知道如何在朋友圈进行自我推广，但忽视了这个最基础的方法。

要想利用这个方法，首先要确保你为客户提供了真正有价值的服务，并且帮助他们达到了目标。如果你这样做了，他们就会给你的市场营销提供很多帮助。别人会看到他们的变化，问他们如何做到的，他们会向他人介绍你这名教练；而我们教练储备专业知识，最终的目的就是帮助学员达成目标。

如果你的学员没有取得进展，而你也只是每天在不断重复上课下课这件事情，你会感到无聊。你还可能会迷茫，甚至失去继续做教练的动力。当你失去动力，你自然不会发展出好的教练生意。

❷ 想要客户成功，你需要先成功

大腹便便的教练是否可以发展好的教练生意？没有训练痕迹的教练是否可以帮助学员取得身体塑形效果？晚睡晚起的教练是否能激励客户早睡早起？不爱读书学习的教练是否能指导高净值客户？如果你想要客户取得成功，你自己先要取得成功。也许你不需要经历客户需要经历的一切，但你至少需要经历过，或者了解客户可能会经历哪些情况。

你需要成为客户的范例。试想如果客户看到你每周都在努力地进行训练，在为了节假日或者拍摄进行饮食管理，他们在和你进行训练时可能会展现出完全不一样的能量水平。如果你每周都在努力学习专业知识，以期待帮助客户在训练上取得更多效果，更快达到他们的目标，他们就会知道你为了他们付出的努力，他们也会跟进。

作为教练，我们要有这种激励别人的力量，这种力量真的会影响客户训练的过程和效果。

❸ 指导学员训练只是生意的一部分

如果你每天都把学员的课程安排得非常满，每天训练结束之后肯定想休息放松一下。但如果你想要发展你的教练生涯，而不只是每天带别人训练然后计算上了多少节课，你需要知道：指导客户训练应该只是你每天的生活的一部分；想要发展你的教练生意和提高声誉，你需要持续不断地在不同方面取得进步。

自我学习和研究是建立教练声誉和带给客户更多效果的关键。所以你需要每天安排一些时间来增加你的知识储备。比如，在社交媒体上写文章或制作视频会让更多人了解你。如果你从来没有这样做过，那就从今天开始做。比如，对客户的训练进行分析和回顾。一个好的教练会在指导训练之外的其他时间，思考如何帮助客户更进一步；还会评估客户是否朝正确的目标和方向努力，如果不是，你应该思考如何帮助他们回到正轨。

是的，这些都需要花时间。你需要牺牲一些休息时间来完成这些内容，这并不容易。但你现在做的这些事情会决定你的未来。

❹ **如果你开始比较，你就已经输了**

如果你开始和其他教练比较，那你就会过度关注其他人在做什么。这时你可能会因竞争对手在做什么而做什么，而不是做你真正需要做的事情。

通常在和别人比较时，你没有找好自己的视角和目标，而那些被你关注比较的人，他们会有自己的视角、自己的价值，他们会向着自己的目标努力。

当然，了解市场上其他人在做什么也是非常重要的，但如果你了解之后太关注他们，会非常影响自己的教练生意。你应该想想你自己的教练生涯，想想你需要做哪些事情来达到自己的目标，确保你只和自己比较。

人们不谈论平均水平

如果你也是一名教练，你是否对自己的职业发展感到困惑？这个问题的答案几乎是肯定的。即使你目前正在经历新的挑战，对未来的生活充满了动力，但当工作变成更多重复性内容之后（上课一下课一卖课一上课），估计所有人都会开始思索为什么要继续做下去。即使那些卓越的顶级教练们一定也经历过这样的困境，也一定会质问自己："我为什么要成为一名教练？"所以当我在感到困惑，咨询导师蒂姆这个问题的时候，他的反应是："我最怕被问到这个问题。"

你是想要通过一些改变带给生活和工作一些新的挑战，还是只是单纯安抚自己躁动不安的心？这个问题的两种答案应该会带来两种完全不一样的反应和行动。在这里，我将分享我从马克·科尔斯（Mark Coles）那里了解到的几个关键信息，帮助你走出目前的职业困境。

❶ 停止教授不会的事情

"丢掉自信的最快办法就是试图教授、指导那些你根本不了解的事情"。如果你目前对自己没有足够的信心，那么这就是你需要记住的非常重要的一点：别试图指导那些你不能完全弄明白的事情。通常在你试图指点或教授某一件事情之后，人们自然会问你一些问题，甚至有的人会带着挑战或质问的语气来问。这正是大多数教练会感到焦虑和慌张的时候。因为如果你不太清楚那个问题的答案，你会开始自我怀疑，这时候不自信的情绪开始不断蔓延，甚至会严重到你开始质问自己到底是不是一个好教练。

如果你持续做这些事情，不断让自己的自信心水平下降，那就非常危险了。相反，你应该了解到，发生这种现象其实仅仅意味着那件事情只是不适合目前的你。你需要做的，就是开始去教授那些你已经了解的事情，并且持续关注那些事情，直到你的知识发展到更高的水平。

你所有的自信心都会为围绕那些你了解的事情来建立。给自己一些时间去掌握知识，你会看到你的自信心开始逐渐建立起来。

❷ 人们不谈论平均水平

"如果你想要你的客户和朋友谈论你，那就提供给他们一段值得被提起的经历"。客户推介（推荐介绍）对教练来说是最有帮助的营销工具之一。如果你想要有更多的客户，你需要非常努力。

- 你在持续保持专业水平吗？
- 你在持续提供同样水平的服务吗？

如果你在这些事情上有所波动，你的客户会看到。即使你认为他们不知道，实际上他们全都知道。想象一下推介的情景，如果你希望客户去和朋友们谈论你，那么他们为什么会谈论你？谈论你的前提是你需要做得足够好，从而赢得这样的机会。

为了赢得推介的机会，你需要清楚地知道自己可以在哪些方面做得足够好。

你可以想一想并且列出来那些你想到的职业水平标准；在接下来的 21 天里，每天都重新阅读其中的每一项，确保你面对的每个客户都可以接受到你高水平的服务。人们不谈论平均水平，如果你想要得到推介，你需要位于平均水平之上，并且超出很多，变得卓越。

❸ **你需要提供更多的价值**

"你提供的价值还不够多"。作为教练，你担心自己提供了过多的东西吗？你是不是想保留那些最好的东西，直到人们付费之后才让他们看到？如果你正在这样做事情，那意味着你忽视了教练营销最重要的一点——每个人都会按照不同的方式接受价值。对有些人来说，也许我每天分享的信息就已经很有价值了，但对有些人来说那也许还不够，他们需要得到更多，才会认为我分享的信息是真正有价值的。

这件事在健身房里意味着，即使对方还不是你的客户，你也需要和对方交谈，帮他们写一份训练计划，或者给他们一些饮食上的具体建议。在谈论提供价值的时候，教练会认为只需要提供一点价值就够了，但实际上那仅仅是起点。

所以当你考虑为客户提供更多价值的时候，试着提供更多、分享更多、帮助更多，超越平均，成为卓越，你自然会赢得更多的客户。

关于转行做教练

之前有关注者向我咨询，转行做一名教练需要准备什么。说实话，需要做的最大准备就是行动，而不是光想。即使我说了很多需要准备和注意的事情，也可能和你的具体情况不符合。

在做事之前，我们都希望咨询各种专家，让专家给自己指一条明路，我在其他方面也会这样。但我发现很多时候需要自己先去做，遇到困难后再解决困难，而不是一开始就尽可能避开困难。因为想要尽可能避开困难，很可能会让你觉得没找到最佳的方案而一直不行动。

这里还是说一些目前我关于教练这一职业的想法。

❶ **你想象成为的教练会和你实际成为的教练之间有很大的区别**

你做教练的初心是希望帮助他人改变自己的身体，提高他们的认知水平；但事实上，那都是每个人根据自己的情况做出的个人选择，教练只能利用自身的行为去感染他人。注意我说的是"感染"，为什么是这两个字?

让周围人看到我们的生活方式和样子，如果他们也想变成这样，我们就帮助他们达到目标，并且不断鼓励和激励他们；如果他们不想要我们这样的生活，也不能灰心丧气或埋怨他们，因为每个人的生活都掌握在自己手中。

教练绝不能以一种高高在上的姿态试图"拯救"其他人。我们其实没有这样的能力。

❷ 喜欢健身、热爱健身和喜欢授课是两码事

喜欢健身、热爱健身和喜欢授课是两码事。如果你喜欢授课，那么我还想告诉你，每天上 2 节课和每天上 10 节课又是两码事。你觉得自己可以吃苦，愿意为自己热爱的事情付出，那么试着每周连续 6 天，每天上 10 节课，持续 1 年，然后再看自己是不是愿意继续为这件事情付出时间、精力和汗水。

绝大多数教练的唯一收入来源就是课时费，所以限制教练收入最重要的一点就是时间。每天只有 24 小时，除去吃饭、睡觉、休息的时间，我们只有有限的时间可以用来上课，这也就意味着大多数教练有着时间上和收入上的天花板。

但是我相信很多教练都还远远没有达到这个时间上的天花板，他们要么因为太过辛苦而身心俱疲，要么根本没有足够的学员可以让他们触及时间上的天花板。这里又回到最根本的两个字：销售。

❸ 销售是教练工作的一部分，教练应该有能力把自己销售出去

虽然在传统健身房中，教练最被学员们讨厌的一点就是不断进行销售，但这没办法，这是健身教练工作的一部分。事实上，我们每个人都在生活中不断试图"销售"自己。比如我在微信公众号上写文章，比如你为了得到面试机会不断地修改简历，比如你约会之前精心打扮自己，甚至我们不断地学习专业知识，不也是希望自己有更好的资质可以更好地销售自己吗?

教练的确需要具备一定的销售能力，销售也确实是教练工作的一部分。即使有些健身房会宣传教练只需要上好课就行，不需要进行销售，但如果你既是一个可以上好课的教练，又是一个可以帮自己销售的教练，你怎么会为工作和收入发愁呢?

总之，我说了这么多，不如你自己去尝试。当你有了自己的心得体会，再来

回看我这些文字，也许会有不一样的感受。最后送你 10 个字：入行需谨慎，且行且珍惜。

给教练们的 36 条箴言

你刚刚开始成为健身教练吗？或者你正困惑于该如何让自己在教练职业生涯中取得良好发展？希望这里的 36 条箴言能帮助你在教练职业生涯中更进一步。如果你是新手教练，这些箴言也会帮助你尽快找到职业方向、有所收获。

- 今天的成功是之前几个月甚至几年积累的结果，所以别着急。
- 教学过程不是针对你，而是针对你的学员。
- 开一个自己的健身房不是教练生涯的必经之路。
- 做一个自由教练不适合所有人。
- 自我怀疑是正常的，关注引起自我怀疑的因素。
- 人们确实会因为你这个人才愿意跟你训练，所以首先要成为一个好人。
- 不仅要多跟进现有的学员，也别忘了之前的学员。
- 清闲的时候才知道忙碌有多幸福。
- 做教练的最开始几年不会很简单，也不会赚很多钱。
- 成为那种连你自己都愿意跟随的教练。
- 别和社交网络中或者生活中的其他教练比较。
- 尽可能把你的授课项目做得非常好。
- 如果大多数学员都续课困难，那么很可能是因为你自己有问题。
- 学会对学员提出的问题说不知道。
- 尽可能向更多人展示你每天都在做些什么。
- 别总是担心焦虑，大多数焦虑的事情都不会发生。
- 学习如何销售你所做的事情和拥有的东西。
- 规划、利用好你的时间，保持学习。
- 跟随那些你想要成为的教练去学习。
- 别让自己累到崩溃，安排一些休息时间。
- 要优先保持自己的精神健康。
- 做其他教练不愿意做的事，你就可以成为不一样的教练。

- 从积累每一个学员来慢慢发展自己的教练生意。
- 只教授自己练习掌握的内容，这会持续建立你的信心。
- 学员流失是正常的，你如何做出回应才是关键。
- 想象一下你理想中的一天，然后向着这个方向努力。
- 别把给学员和给自己的训练计划搞得太复杂。
- 建立你自己的训练动作库，围绕这些安排训练计划。
- 带给学员一个好的训练体验，并询问他们感觉怎么样。
- 询问学员是否有朋友可以推荐来训练。
- 邀请学员作为自己的例证学员，展示你的指导效果。
- 指学员动作的时候，先表扬再纠正动作。
- 教练也有职业形象，把自己的身体练得像个教练。
- 在合适的时间段睡足够的觉，会让你保持正能量。
- 可以和学员谈论你自己遇到的问题和困惑，做一个真实的人。
- 你越寻找动力就会变得越没有动力，记住只有不断行动才会持续产生动力。

如果你也想开自己的训练馆

作为教练，你肯定想过开设自己的训练馆吧。我敢肯定几乎每一个教练都想过这件事，而且不仅是教练，那些热爱训练的健身爱好者也都曾经希望有一个自己的专属训练场地。有些人靠着一股热情就直接从教练或健身爱好者变成了老板，然后发现原来梦想过于美好了，现实都是残酷的。我以为自己做出开设训练馆的决定是经过深思熟虑的，但现在回过头来看，也确实是拍脑袋就做出的决定。我说这些不代表我开始后悔做这些"麻烦"的事情，但我现在确实觉得一切没有想象中的那么简单。

❶ 开始前你一定要输得起

很多人在我刚开始决定开训练馆的时候告诉我："不赚钱做它干什么？"但事实上，我开自己的训练馆确实有比赚钱更重要的事情。如果你像我一样想要通过自己的空间发挥自己的想象力、带给自己新的机会和挑战、打造自己的个人品牌、让老朋友之间有更多的联系，那么做这些事情也许可以不赚钱。这意味着你需要在开始之前，确认自己输得起。

我在开始之前，都考虑过这些事情。我想过即使这几年没有盈利甚至会亏损一些，我认为都可以接受。因为我会收获很多快乐和宝贵的经验，我会再一次做自己想做的事情而不是被环境束缚，我在成为自己的路上更进一步。我觉得有这样的经历是更有价值的事情。

❷ 冠军永远是冠军

汤姆·普拉茨（Tom Platz）曾经说过："Muscle is temporary. Life is temporary."（肌肉是短暂的，生活也是短暂的。）这是有人在他年老之后，问他既然肌肉都流失掉了，为什么之前要那么努力练肌肉时，他的回答。如果你有一颗成为冠军的心，那么你永远都是胜者。

创业路上一定会有很多艰难险阻，但如果你有一颗愿意努力、愿意迎接挑战、想要征服自己的心，那么即使失败了很多次，你仍然会是胜者。因为在努力、迎接挑战、征服自己的过程中，你已经成功了。在用不断的失败和痛苦打磨自己的过程中，你终将会得到好的结果，或者结果也许并不那么重要了。

❸ 一定要相信自己

在这个过程中，你一定要相信自己。相信自己不是说如果自己有一个想法，实现这个想法的过程中你没有得到好的结果，你还要勇敢地坚持下去；而是相信自己一定会成长、会进步、会克服困难，相信自己有这种能得到好结果的能力。

真正的成功也许不是得到一个好结果，而是你可以在不断失败之后还保持热情。这种状态听起来就激动人心，当你可以在不断失败之后还保持着热情时，那你离成功也就不远了。

❹ 生活总是带来诡计

生活中充满了各种各样先苦后甜的诡计，尤其在我们觉得很难的时候还要不断相信自己，就是一个诡计。想想那些无法坚持训练的学员们，他们是不是就是因为无法在很难的时候持续相信自己，无法相信自己会克服这些身体上的困难而取得效果，所以放弃训练。现在看来，也许整个过程就是一个意志力的比赛，就是看谁更加专注，谁的动力更加强大，谁更相信自己。

在困难重重的时候选择相信自己，会产生两种互相矛盾的感觉。一种是自我激励所带来的感动，而另一种则是对于在这么困难的情况下还要激励自己的悲悯，整个感觉听起来又励志又可悲，但这整个过程就是我们自我成长的过程。

希望你一定要相信自己。

给教练的正能量，做得更多、得到更多

你是哪种类型的教练？

- 为达到自己的目标不惜一切。
- 在事情变得困难的时候寻找容易的实现方式。

在为自己教练生涯和教练事业不断建立名声的过程中，如果你有一种"想要做更少事情"的心态，你注定会得到更少。更重要的是，如果你现在被一群想着"做得更少"的人围绕，那么是时候更新你的教练／人际交往圈子了。

❶ 做得更多、得到更多

想想以下这些情况，看看你的思路会不会一下子变得清晰。

- 指导更多客户会给你更多机会来得到那些显著的效果。
- 更多的显著效果意味着有更多机会接触优质的客户。
- 更多的优质的客户意味着你会得到更多经验。
- 更多的客户也意味着你会有更多的收入，有更多的投资可以进行自我教育。
- 更多的自我教育会带来更多的效果，建立更好的教练声誉。
- 这会给你带来更多的客户、更多的收入。

虽然现在很多人都在说我们要先找到对的方向再付出努力，但事实上我们首先需要通过做得更多来得到更多。

❷ 没有辛苦就没有收获

我在近几年终于把这些思路整理清楚，并且现在试图利用更多的工作来取得更多的结果，帮助我成为自己想要成为的样子。

我了解到，健身行业中有很多想要寻找机会挣钱，但又想"逃避"辛苦的教练。这种心态不仅在教练这个职业中存在，在各行各业的人中都不少见。

我们需要认清一个事实：如果想要让以后的生活变得轻松，现在需要付出努力。

比如现在我们都在关注的各种各样的社交媒体健身账号运营者（抖音"达人"、微博博主、哔哩哔哩站 up 主等），他们就是很多教练想要成为的样子，但当我们注意到他们的时候，其实意味着他们已经进行了很多的努力，才达到了现在这个程度；并且在背后，他们一定还付出了很多我们根本没有看到的努力。

作为一名教练，特别是作为中国成千上万名教练中的一名普通教练，如果想要在教练事业上取得成功，不能总是想着如何通过让自己"做得更少"来取得成功；相反，成功需要我们通过不惜一切的努力来赢得。

❸ 主动变得辛苦

你在寻找让自己变得"更加辛苦"的方式吗？

在我开办现在这家训练馆的前两年，我每天在不同的场地做自由教练，工作稳定且自在，收入也还算不错。慢慢的，我认为是时候做出改变了，因为我希望得到更多的客户、获得更多的效果，也希望得到更多的收入。所以我在寻找一种可以让自己变得"更加辛苦"的办法，来达到以上这些目标。我开始写更多的文字，开始筹备经营自己的训练馆，开始让自己从早忙到晚。

我的生活立即从自由自在，转变成 7×16 小时的忙碌状态。我在早上 6~7 点起床、做饭、出门，早上 8 点到晚上 9 点在训练馆里指导学员，晚上 10~12 点回家继续写文章。

你想要得到一种更好的结果，也意味着你要牺牲一些东西。

如果我当时不冒着会员流失的风险，不愿意牺牲自己安稳的生活状态，并且没有在经济上主动承担一些压力，那么现在我也无法获得比以前多得多的客户。

不开始行动，好的事情就都不会发生。记住，新的挑战会带来新的机遇。

结束语

　　终于到了现在这个部分。我要和你们说再见，也要和你们说感谢。在写前言的时刻，我就在想象写结束语的时刻，现在我正在经历和体会这个时刻。我非常感动，一方面是想到未来的你们会看到我写下的这段文字，另一方面是我为自己这几个月的努力终于画上了句号。

　　生活并不简单，努力也不是件容易的事，这一点你们肯定也都深有体会。当我在年初与自己约定在一年内完成这本书的时候，我就知道这会是一件辛苦的事情，但我也知道我一定会完成，我需要完成它。完成它对于我的意义是，我再一次对自己言而有信，这是最重要的。

　　这本书并不完美，我或许应该可以写得更多、更好。但我想就到这儿结束了，相信你一定也收获了许多。请允许我为未来留下一些进步的空间，期待我们再一次的相遇（但也许没有下一次了）。

　　希望你会一直保存着这本书，和健身一起，直到永远。